中华人民共和国史研究文库

当代中国文化史探微

欧阳雪梅 主编

当代中国出版社
Contemporary China Publishing House

2020年 · 北京

图书在版编目(CIP)数据

当代中国文化史探微 / 欧阳雪梅主编 . -- 北京 : 当代中国出版社 , 2020.8
ISBN 978-7-5154-1046-3

Ⅰ . ①当⋯ Ⅱ . ①欧⋯ Ⅲ . ①文化史—中国—现代—文集 Ⅳ . ① K270.3-53

中国版本图书馆 CIP 数据核字(2020)第 138581 号

出 版 人　曹宏举
责任编辑　姜楷杰　葛灿红
责任校对　康　莹
印刷监制　刘艳平
封面设计　胡椒书衣
出版发行　当代中国出版社
地　　址　北京市地安门西大街旌勇里 8 号
网　　址　http://www.ddzg.net　邮箱：ddzgcbs@sina.com
邮政编码　100009
编 辑 部　(010)66572264　66572154　66572132　66572180
市 场 部　(010)66572281　66572161　66572157　83221785
印　　刷　北京润田金辉印刷有限公司
开　　本　720 毫米 × 1020 毫米　1/16
印　　张　20.75 印张　2 插页　305 千字
版　　次　2020 年 8 月第 1 版
印　　次　2020 年 8 月第 1 次印刷
定　　价　62.00 元

《中华人民共和国史研究文库》

总　序

历史研究是一切社会科学的基础，重视历史、研究历史、借鉴历史是中华民族5000多年文明史的优秀文化传统。中国共产党继承了这一优秀文化传统，积极倡导学习历史、研究历史，尤其是学习中共党史、中华人民共和国史（或简称“新中国史”）、改革开放史和社会主义发展史。习近平总书记指出：“重视历史、研究历史、借鉴历史，可以给人类带来很多了解昨天、把握今天、开创明天的智慧。”

党的历史、新中国的历史，是中国共产党为中国人民谋幸福、为中华民族谋复兴的奋斗史，是我们党、国家和民族的宝贵精神财富。中华人民共和国的成立，开启了中华民族发展进步的历史新纪元。从那时起，即有学者开始对中华人民共和国史进行研究。1956年6月，黄炎培在一届全国人大三次会议上提出，应“及时收集和保存建国史料”，并“加以整理”。

党的十一届三中全会后，伴随党的思想路线的重新确立和对中华人民共和国正反两方面历史经验的深刻总结，新中国史研究逐渐引起党和国家以及学术界的高度关注。经过多年的艰辛探索与开拓创新，新中国史研究取得了众多学术成果，成为中国历史研究中一个最年轻的学科。

党的十八大以来，以习近平同志为核心的党中央高度重视历史，特别是党史和新中国史。习近平总书记强调："历史是最好的教科书。""学习党史、国史，是坚持和发展中国特色社会主义、把党和国家各项事业继续推向前进的必修课。这门功课不仅必修，而且必须修好。"在开展"不忘初心、牢记使命"的主题教育中，党中央专门印发通知，要求各地区各部门各单位把学习党史、新中国史作为主题教育重要内容，不断增强守初心、担使命的思想自觉和行动自觉。

当代中国研究所于1990年6月28日经中共中央批准成立，研究和编纂中华人民共和国史、收集和编辑国史资料、出版国史研究著作，是当代所的主要职责，也是当代所人的崇高使命。当代中国研究所成立30年来，撰写并经中央审定出版了《中华人民共和国史稿》序卷和一至四卷，目前正在撰写五至七卷；编纂出版了每卷100万字的《中华人民共和国史编年》，该书为集资料性、研究性和学术性为一体的大型编年史书。在此期间，当代中国研究所和其主管的当代中国出版社，还参与组织编辑出版了152卷、210册、总计1亿字的大型史料性丛书——《当代中国》丛书；与中国大百科全书出版社合作编写了《中华人民共和国国史百科全书》。为迎接新中国成立70周年，受中央委托，当代中国研究所组织编写出版了《新中国70年》《中华人民共和国简史（1949—2019）》《新中国社会主义发展道路70年》等新中国史基本著作和六卷本《中华人民共和国史研究丛书》。此外，为了普及国史知识和消除历史虚无主义的影响，还编写出版了大众读物《中华人民共和国史小丛书》，并计划到2022年出版80种，向党的二十大献礼。上述图书均在国内外产生了重要影响，树立了新中国史研究的学术标杆，成为全国干部群众学习新中国史的基础性教材。

今天，我们已经进入中国特色社会主义新时代，正在向着社会主义现代化强国迈进，并日益走近世界舞台的中心，为整个人类社会做出越来越大的贡献。新中国的发展不是一帆风顺的，在探索建设社会主义的过程中，中国共产党遇到许多困难，也遭遇不少挫折。一些别有用心的人抓住新中国史上的曲折失误不放并夸大渲染，使一些领域成为历史虚无主义的重灾区。当代中国正经历着我国历史上最为广泛、深刻而急剧的社会变革，也正进行着人类历史上最为宏大而独特的实践创新。习近平总书记指出："当代中国是历史中国的延续和发展。新时代坚持和发展中国特色社会主义，更加需要系统研究中国历史和文化，更加需要深刻把握人类发展历史规律，在对历史的深入思考中汲取智慧、走向未来。"

历经30年不懈努力，当代中国研究所已经成为以马克思主义为指导、具有一流学术水平、汇聚一流科研人才的国史研究基地。30年来，当代所人始终以为国家写史、为人民立传为己任，牢记党和人民重托，真实记录中国共产党带领全国人民进行社会主义革命、建设和改革的光辉历程，全面反映中华民族从站起来、富起来到强起来的历史性进步，科学总结新中国每个历史阶段各方面建设的经验教训。

今年是当代中国研究所的"而立之年"，为进一步落实中央赋予当代中国研究所"存史、资政、育人、护国"的神圣职责，当代中国研究所决定设立《中华人民共和国史研究文库》（以下简称《文库》），为当代中国研究所以及国内外从事新中国史研究的专家学者提供一个发表学术成果的平台。入选本《文库》的标准为：以毛泽东思想、邓小平理论、“三个代表”重要思想、科学发展观和习近平新时代中国特色社会主义思想为指导，坚持辩证唯物主义和历史唯物主义的立场、观点、方法，坚持实事求是、论从史出的原则，书写和记录中国共产党领导中国人民进行社会主义和新中国建设与发展的理论创新和伟大实践，总结历史经验。《文库》的目标是打造一个能够充分展示中华人民共和国史研究成果，发挥经世致用、资政育人功能的高端权威学术平台。

“装点此关山，今朝更好看。”伴随着新中国前进的步伐，中华人民共和国史研究空间广阔，任重道远。我们希望中华人民共和国史研究工作者继承优良传统，以高度的历史自觉和历史意识、宽广的历史视野和唯物史观、强烈的文化自信和历史担当，总结历史经验，揭示历史规律，把握历史趋势，服务当代，垂鉴后世，承先启后，继往开来。当代中国研究所作为党中央赋予职能、中国社会科学院直接领导的专门研究中华人民共和国史的科研机构，有责任努力构建中华人民共和国史的学科体系、学术体系、话语体系，打造史学研究的中国学派。这一目标的实现，不仅有赖于所内全体人员的不懈奋斗，也需要所外各个方面的支持和参与。本《文库》就是这样一个服务于上述目标的开放的、持久的学术成果前沿阵地，我们期待所内外的学者写出无愧于时代和人民的历史著作并列入本《文库》，在存史、资政、育人、护国工作中做出更大贡献。

姜 辉

2020 年 5 月 22 日

目　录

第三篇

第四篇

前　言

当代中国研究所第三研究室于2001年成立，主要研究中华人民共和国文化史和社会史。2010年，从事社会史研究的成员拆分出去，组成第四研究室。第三研究室成为全国唯一专门从事中华人民共和国文化史研究的机构，在推进学科建设过程中发挥了较大作用。

中华人民共和国文化史研究的领域，是与经济、政治、社会相对应的文化，其内容很广泛，包括社会主义意识形态、社会主义核心价值体系、哲学社会科学、新闻出版广播影视、文学艺术、公共文化服务体系、文化产业、文化遗产保护、对外文化交流与合作、文化人才队伍等核心的文化领域；与文化紧密相关的教育、科学和体育，也归入文化史的研究范畴，但对教育和科技的描述偏重于其有关思想理念、政策、制度体制和成就方面的内容。文化史研究的是大文化，与联合国教科文组织定义的文化大部分重合，但范围更广阔。

作为中华人民共和国史的分支学科，中华人民共和国文化史是以新中国发展进程为历史背景，以中国特色社会主义文化发展道路探索为主线，梳理新中国成立70余年来文化建设与发展的主体脉络，重点关注国家层面有关文化建设理论、方针、政策的演变及实践成果，考察文化领域的制度建设，介绍分析文化领域具有重大意义的标志性事件和社会思潮，以及人民群众有代表性的文化创造，从总体上认识把握新中国文化发展的历程，以及每一历史时期文化建设与发展的阶段性特征，总结经验与教训，探究和揭示当代中国文化发展的规律。

2014 年，第三研究室完成了中国社会科学院创新工程项目《中华人民共和国文化史（1949—2012）》，该成果 2016 年由当代中国出版社出版，2019 年增补修订为《中华人民共和国文化史（1949—2019）》，并被列为中宣部年度主题出版重点出版物。在所党组指导下，第三研究室潜心从事新中国文化建设与发展史的研究，并开展国情调研和学术交流，取得了不少成果，初步奠定了当代中国文化史学科的基本框架，有了一支稳定的学科队伍，形成了学科梯队，建立了图书资料室，有了一定的学术影响力。同时，研究室还参与了《中华思想通史·社会主义社会编》《中华人民共和国史编年》《新中国社会主义发展道路 70 年》《改革开放 40 年：历程与经验研究》《国情十讲》《中华人民共和国史小丛书》等编研项目。

本书是研究室部分成员公开发表在报刊的有关中华人民共和国文化史研究的部分论文的汇集，收录有孙丹、曹光章、潘娜等副研究员，魏立帅、牛冠恒、苏于君等助理研究员的研究成果。内容包括当代中国文化建设与发展历程，中国共产党关于文化建设的重要思想、重要理论、重要政策、重要事件和重要人物及研究方法等方面的著述，有的以述事见长，有的是思想述论，不乏有深度的、填补空白的个案研究。本书内容结构原则上按时序排列，除了进行必要的校订，均按照发表时原文收录。共计 26 篇论文，供读者一窥中华人民共和国文化史研究这一学科的研究状况。作为一门日趋发展成熟的学科，它越来越受到学界的关注和重视，我们不揣浅薄，将研究论文结集出版，一是为当代中国研究所成立30周年献礼，二是抛砖引玉，以期更多学者和学术界同仁关注，并给予我们指导与帮助，这是我们出版这本论著的初衷与目的。

编 者

2020年3月

第一篇

五四运动：文化自信历程中的重要里程碑

曹光章

伟大的五四运动已经过去了整整100年。100年来，中国发生了三个重大历史性事件："建立中国共产党、成立中华人民共和国、推进改革开放和中国特色社会主义事业"，这是"近代以来实现中华民族伟大复兴的三大里程碑"[①]。100年来，"从五四运动到中国特色社会主义进入新时代，中华民族迎来了从站起来、富起来到强起来的伟大飞跃。这在中华民族发展史上、在人类社会发展史上都是划时代的"[②]。100年后的今天，"我们比历史上任何时期都更接近中华民族伟大复兴的目标，比历史上任何时期都更有信心、有能力实现这个目标"[③]。这就是五四运动100年后中华民族走过的光辉历程，以及即将迎来的光明前景。

在纪念五四运动100周年之际，回望光辉历程，展望未来光明前景，我们理应充分肯定和高度评价五四运动的伟大历史意义。从文化进步和历史进步的辩证法来看，五四运动以来，中华民族不但取得了伟大的历史进步，也取得了伟大的文化进步。100年来，中华民族伟大复兴的历程，也是不断走向文化自信的历程。五四运动，就是文化自信历程中的一个重要里程碑。

---

① 习近平：《在庆祝改革开放40周年大会上的讲话》，《人民日报》2018年12月19日。

② 习近平：《在北京大学师生座谈会上的讲话》，《人民日报》2018年5月3日。

③ 习近平：《在纪念孙中山先生诞辰150周年大会上的讲话》，《人民日报》2016年11月12日。

一、否定五四运动成为一种历史虚无主义思潮

五四运动，是以一批先进青年知识分子为先锋、广大人民群众参加的彻底反帝反封建的伟大爱国革命运动。它揭开了中国人民彻底反帝反封建的崭新篇章，标志着中国新民主主义革命的伟大开端；它也是一场伟大的思想解放运动和新文化运动，猛烈地冲击和荡涤了几千年来的封建旧礼教、旧道德、旧思想、旧文化，为新思想、新文化在中国的广泛传播开辟了道路，促进了马克思主义的传播，促进了马克思主义同中国工人运动的结合；它孕育了爱国、进步、民主、科学的伟大五四精神，是中华民族百折不挠、自强不息的民族精神的生动写照，是抵御外侮、赢得民族独立和人民解放的强大精神支柱，是激励全体中国人民为实现中华民族伟大复兴而团结奋斗的宝贵精神财富。[①]这是五四运动 90 周年之际中共中央对五四运动作出的评价。

然而，100 年来关于五四运动的评价，却始终众说纷纭。不但同样是参与五四运动的人对五四运动有不同评价，即便是同一个人在不同时期、不同社会形势下对五四运动的评价也可能会发生变化。比如，五四运动的重要参与者罗家伦曾多次回忆和评价五四运动，他在五四运动后不久撰文高度赞扬五四运动，称五四运动“是中国学生的创举，是中国教育界的创举，也是中国国民的创举”，并最早把五四运动的精神提炼概括为“牺牲的精神”“社会制裁的精神”“民族自决的精神”；[②]在大革命失败后，随着国民党思想控制的加强以及文化复古主义思潮的泛起，他着重批评五四运动缺乏一致的政治意识或主张；抗日战争时期，他强调五四运动已经成为过去，呼吁全国青年同志依着蒋委员长这个“总工程师”的指导，共同创造中华民族的乐园。[③]周策纵在其颇有影响的《五四运动史》中专设一章，以“繁多的阐释和评价”为题，介绍了关于五四运动的几

---

① 李长春：《在纪念五四运动 90 周年大会上的讲话》，《人民日报》2009 年 5 月 5 日。

② 毅（罗家伦）：《“五四运动”的精神》，载袁伟时：《告别中世纪：五四文献选粹与解读》，广东人民出版社 2004 年版，第 478 页。

③ 孟丹青：《罗家伦的教育思想及其实践》，江西人民出版社 2012 年版，第 57 页。

种最有代表性的评价。[①] 可以看出，出于不同的思想倾向或政治立场，人们对于五四运动的性质或历史意义的评价也会大相径庭。

正如李大钊所说，“历史学虽是发源于记录，而记录决不是历史”[②]。我们常说，“要正确地认识历史”，这其中不仅包含对历史事实的认知和叙述，更多的是指要科学地评价历史。21 世纪以来，史学界有人提出所谓历史研究应该保持“价值中立”的观点，可是，从事历史研究的人如何能摆脱历史观和价值观的影响呢？除非对历史不予评价，否则书写出来的历史必然有历史观和价值观潜藏其中。

就五四运动来说，对其进行评价尤其复杂。其评价除了受到上面所说的思想倾向或政治立场的影响之外，还因为五四运动有广义和狭义之区分。狭义的五四运动专指 1919 年 5 月由巴黎和会上的山东问题而引发的五四爱国运动；广义的五四运动则包括五四爱国运动前后的新文化运动。也有学者把狭义的五四运动和广义的五四运动分别称为“小五四”和“大五四”。学界一般认为，五四爱国运动和新文化运动是难以分割的，本文也是在这样的意义上来理解和使用“五四运动”这一概念的。不过，也有学者提出，“直到今天，中国学术界才逐渐形成共识，那就是对五四新文化运动的本质需要重新界定。人们开始发现，所谓‘五四新文化运动’，不过是两场截然不同又互相关联的运动——新文化运动（1915 年）和五四运动（1919 年）的戏剧性组合而已”[③]。其实，这里所说的中国学术界的共识，不过是秉承自由主义倾向的少数学者的一种解读罢了。在这种区分的基础上，他们着重肯定新文化运动追求自由、民主、宪政的思想启蒙意义。[④]

对五四运动的评价之所以复杂，更重要的还在于对五四运动之后历史发展走向和历史进步尺度的评价。“对部分中国人而言，五四运动是中

---

① ［美］周策纵：《五四运动史》，世界图书出版公司 2016 年版，第 323—338 页。

② 李大钊：《研究历史的任务》，载思勉：《历史的盛宴》，新世界出版社 2016 年版，第 228 页。

③ 许明、段钢：《思想的力量——〈社会科学报〉十年精粹（文化卷）》，上海社会科学院出版社 2012 年版，第 205 页。

④ 袁伟时：《厘清新文化运动与五四爱国运动的基本问题》，《社会科学战线》2010 年第 4 期。

国新生和解放的标志；而另一些人却把它看成是国家民族的浩劫。”[①] 近年来，一些否定五四运动的文章逐步汇成历史虚无主义思潮中的一个日渐明显的潮流，与中共和多数党史国史工作者对五四运动的高度评价形成针锋相对之势。比如，有人在网络上发表和传播《“火烧赵家楼”烧毁中国》《应从否定五四运动开始》《五四运动是文革的前奏》等文章，毫不隐讳地否定五四运动。这股否定五四运动的思潮，很重要的出发点就是否定五四运动之后中国的历史走向和历史进步，说到底，就是否定中国共产党领导的新民主主义革命、社会主义革命、建设和改革开放的历史，其目的和用意中有着明确的政治诉求，是再明显不过的。

对五四运动的评价之所以艰难而复杂，从学理上来说，最重要的原因则是关于文化进步和历史进步之间的对立或冲突。胡适晚年提出的五四爱国运动对新文化运动是“一项历史性的政治干扰”，李泽厚在 20 世纪 80 年代提出的“救亡压倒启蒙”，说到底都是把文化进步与历史进步对立割裂开来，片面强调文化革新、思想启蒙的价值，而贬低以政治运动推动历史进步的价值。在另外一些学者看来，五四运动对中国传统文化尤其是儒家文化的过激批判，使得中国传统文化从五四运动开始出现了断裂，他们甚至把“文化大革命”的错误也归咎为五四运动激进反传统的影响。上述观点肯定共产主义革命在改造国家和社会方面取得了成就，同时提出，对文化传统的改造可以根除某些不合时宜的或者有害的毒素，但也要继承并改造传统中的某些符号和价值，这有利于在文化变迁中保持文化认同。虽然如此，但它从保持文化传统的角度来否定五四运动的意味也是非常明显的。

与上述种种否定五四运动的观点或思潮相呼应，否定新民主主义文化、否定新中国成立后前 17 年的文化建设，说什么“1949 年以后中国出不了大师”“1949 年之后中国变成了文化的死地”等观点也屡见不鲜。要么否定五四运动之后的整个历史进步，要么只承认历史进步，否认文化进步，这大概是各种否定五四运动的思潮或观点难以逃离的窠臼。

---

① ［美］周策纵：《五四运动史》，世界图书出版公司 2016 年版，第 18 页。

二、在推动历史进步中实现文化进步

那么，五四运动以来的中国历史和中国文化，到底是进步了还是退步了？在五四运动100年之后的今天，由于新中国社会主义建设取得的伟大成就，尤其是改革开放以来中国特色社会主义建设的伟大成就，使得中国正逐步崛起为世界上举足轻重的大国，越来越走近世界舞台的中央。现实的历史进步使得各种“中国崩溃论”不断崩溃。在此背景下，否定五四运动之后整个历史进步的观点已经找不到现实依据。经济发展和人民生活水平提高是举世公认的历史进步最重要的内涵和衡量指标，以国际社会公认的标准来衡量，中国在这两个方面都取得了不可否认的巨大历史进步。以价值观念为核心的文化则不同，价值观念的主体性和多元性，为自由主义和传统主义否定五四以来的文化进步提供了活动空间。不过，历史进步和文化进步真的可以被分裂为两个南辕北辙、反向而行的历史进程吗？

习近平在党的十九大报告中指出：“当代中国共产党人和中国人民应该而且一定能够担负起新的文化使命，在实践创造中进行文化创造，在历史进步中实现文化进步。”[①] 这是当代中国马克思主义关于历史进步与文化进步的辩证法，阐明了历史进步和文化进步是统一的历史进程。近代以来中国的历史进步和文化进步就是这样一个统一的历史进程。

晚清以来，封建主义的腐朽统治和资本主义的野蛮入侵，使中华民族进入“三千年未有之历史大变局”，同时也促使中华民族开启了近代的觉醒进程。这是一个艰难的求索过程，梁启超把它划分为“从器物上感觉不足”“从制度上感觉不足”和“从文化根本上感觉不足”三个阶段[②]，为后来的学术界广泛认可。在第一个阶段，鸦片战争证明了西方列强的船坚炮利势不可挡，使先进知识分子认识到学习西方科学技术的必要。但是，除了寄望于“师夷长技”（魏源）开展洋务运动之外，他们一般都

---

① 习近平：《决胜全面建成小康社会 夺取新时代中国特色社会主义伟大胜利——在中国共产党第十九次全国代表大会上的报告》，《人民日报》2018年10月28日。

② 梁启超：《中国人的启蒙》，中国工人出版社2016年版，第95—97页。

认为中国传统的社会政治制度和思想文化无须变革，坚持所谓“衣冠不可变”（李鸿章），“三纲五伦不可变”（张之洞）。第二个阶段，甲午战争的惨败，引发了空前深重的民族危机，首次提出“救亡”（严复）的口号。“救亡”之路重在学习西方法律和政治制度，进行维新变法，文化上则秉持“中学为体，西学为用”（张之洞），依然认为中国的传统伦理和文化精神不应改变。第三个阶段，辛亥革命的失败，北洋军阀混乱黑暗的统治和沉闷压抑的社会空气，激起了“最后之觉悟”（陈独秀），迎来彻底批判旧伦理、旧文化的新文化运动。经过这三个阶段，中华民族经由它的少数先进知识分子实现了对近代历史使命和文化使命的自觉，先后提出了“救亡”的历史使命和“启蒙”的文化使命。

然而，在五四运动之前，历史使命和文化使命的自觉，主要是少数先进知识分子的自觉，他们一般属于资产阶级和小资产阶级的代表。他们用于“救亡”和“启蒙”的思想武器是西洋文化，以“民主”和“科学”为武器，以“独立人格”和“个性解放”为着眼点，对传统的旧伦理、旧文化展开毫不留情的批判。这虽然具有解放思想的巨大意义，但推翻帝国主义和封建主义的强大统治势力，拯救民族危亡，不是少数知识分子的个人奋斗所能实现的；民族的解放也不是单纯的思想解放可以实现的。“批判的武器当然不能代替武器的批判，物质力量只能用物质力量来摧毁；但理论一经掌握群众，也会变成物质力量。”[①] 在五四运动中，工人阶级作为觉悟了的独立的阶级登上历史舞台并显示出震惊中外的巨大革命力量。五四运动后，马克思主义的传播、中国共产党的成立，引导中国工人阶级成长为推动历史进步和文化进步的强大社会力量，深刻地改变了中国近代历史和文化的走向。以五四运动为标志，中国近代民主革命进入了新民主主义革命阶段。同时，“在中国文化战线或思想战线上，‘五四’以前和‘五四’以后，构成了两个不同的历史时期。在‘五四’以前，中国文化战线上的斗争，是资产阶级的新文化和封建阶级的旧文化的斗争。”“‘五四’以后则不然。在‘五四’以后，中国产生了完全崭新的文化生力军，这就是中国共产党人所领导的共产主义的文化思想，

① 《马克思恩格斯选集》第1卷，人民出版社1995年版，第6页。

即共产主义的宇宙观和社会革命论。”[①] 由此，五四革命开启了历史进步和文化进步的新方向。

中国共产党成立初期，就在工人和农民中开展了大量的文化教育和反帝反封建的思想启蒙工作，通过办自修大学、补习学校、夜校等形式，发现、教育和培养工人运动和农民运动骨干。在教育和启蒙工人、农民的过程中，注重把工人、农民的经济斗争、政治运动和思想文化提高紧密结合起来。对此，毛泽东曾经这样解释：“中国历来只是地主有文化，农民没有文化。可是地主的文化是由农民造成的，因为造成地主文化的东西，不是别的，正是从农民身上掠取的血汗。中国有百分之九十未受文化教育的人民，这个里面，最大多数是农民。农村里地主势力一倒，农民的文化运动便开始了。”“知识阶级和所谓‘教育家’者流，空唤‘普及教育’，唤来唤去还是一句废话。”[②] 中国革命要取得成功，最重要的在于教育和启蒙工农大众；对工农大众的教育和启蒙，又必须与政治运动和经济斗争结合起来。这是在 90% 的人口受着封建主义和帝国主义压榨因而没有条件接受教育的近代国情下，推动民族文化进步的最重要的成功经验。这一成功经验，贯穿着中国共产党领导的新民主主义革命的过程中，并创造了苏区文化、抗日文化和延安文化的辉煌成就。在新文化创造过程中，不仅研究和宣传有关中国革命道路的思想理论，而且注重塑造新型的人际关系、社会风气和道德观念。在革命队伍和根据地中，传承和弘扬勇敢、勤奋、节俭、友爱等优秀传统品质，树立起官兵平等、遵守纪律、爱护百姓、“只见公仆不见官”、“我为人人，人人为我”等新的社会风气和观念。特别是延安时期，中国共产党领导的思想文化创新，无论是在道德风气还是文学艺术创作普及上，都取得了辉煌成就，中华民族的文化获得了科学的、民主的、大众的品格。延安不但是革命圣地，而且成为国内外关注的文化圣地。

新中国成立后，执政的中国共产党在着手进行政治和经济建设的同时在全国范围内展开了大规模的改革旧文化、建设新文化的历史实践。

① 《毛泽东选集》第 1 卷，人民出版社 1991 年版，第 696—697 页。
② 同上书，第 39—40 页。

在有限的物力、财力和人力条件下努力发展惠及全民的教育、科学和文化事业，开展扫盲教育、推进文字改革、推广普通话和汉语拼音，建立起覆盖全国农村的有线广播事业，确立起以“为人民服务”为核心，以集体主义为原则，以“五爱”为规范的社会主义道德体系，整个中国人民的精神面貌焕然一新，整个中华民族的教育和文化水平大幅度提高。改革开放以来，深入探索在“以经济建设为中心”的前提下建设精神文明的问题，在大力建设物质文明的同时大力推动精神文明建设，并进一步探索社会主义市场经济条件下的文化发展道路，推动文化体制改革，发展各类文化市场和文化产业，建设社会主义公共文化服务体系，满足和提升人民群众的精神文化生活，中华文化影响力大幅度提升，走出一条中国特色社会主义文化发展道路。

五四运动以来，中国共产党领导中国人民勇担时代的历史使命和文化使命，在革命、建设和改革的进程中不断推动历史和文化进步，把民族复兴和文化复兴大业推进到新时代。在这个过程中也有曲折和失误。比如，土地革命时期，采取关门主义态度，没有吸收中间派知识分子加入文化队伍，造成新文化生力军在国内一度处于被孤立的境地；新中国成立后在思想文化领域开展的过火批判，还有十年“文革”期间文化工作走过曲折之路等。但是，今昔对比，中国人民在文化生活水平、受教育程度、科学素养、文明程度上都达到了前所未有的高度，中华民族在伟大的历史进步中也实现了伟大的文化进步。

三、走向文化自信

“在几千年的历史流变中，中华民族从来不是一帆风顺的，遇到了无数艰难困苦，但我们都挺过来、走过来了，其中一个很重要的原因就是世世代代的中华儿女培育和发展了独具特色、博大精深的中华文化，为中华民族克服困难、生生不息提供了强大精神支撑。”[①] 正因如此，中华民族始终是充满文化自信的民族。明清以来的海禁和闭关锁国政策，导致

① 习近平：《在文艺工作座谈会上的讲话》，《人民日报》2015年10月15日。

部分国人特别是上层统治者形成了盲目自大的文化心态。鸦片战争以来，西方资本主义列强的侵略和文化渗透，使一些中国人在与西洋文化的对比中，重新审视自己的文化，认识到“从器物上感觉不足”到“制度上感觉不足”再到“从文化根本上感觉不足”，中华民族的文化自信一步步丧失。在任何人类历史大转折的时代，都会经历文化的新旧转换。可是，中国近代的文化大变革不是自身社会和文化土壤上发展起来的新文化替代旧文化，而是由于遭受侵略被资本主义列强从外部输入的资本主义生产方式和资本主义文化所强迫而被动进行的。在五四运动以前，所谓的新文化主要就是西方资产阶级民主主义文化，新旧文化转换主要就表现为西方文化替代传统文化。在这一过程中，中国知识分子进行了保持文化自信的努力抗争，“师夷长技以制夷”“中体西用”都是希望既保持文化自信又借鉴、吸收和融汇西洋文化的努力。然而，如果拯救民族危亡的问题没得到根本解决，看不到民族的前途，保持文化自信的努力终归是要受挫的。从这个意义上来说，甲午战争的失败对民族自信、文化自信的摧残和打击是空前的。辛亥革命推翻封建君主专制，换来的却是形式上和实质上的封建军阀专制，国家在形式上的统一和实质上的分裂。于是，先进知识分子不得不对传统文化进行彻底的批判，希望借助西方资产阶级的“民主”和“科学”反对专制和愚昧。然而，他们“错误地以为既然是新文化，就不能带有任何民族的色彩，因此就抹杀了一切民族文化的传统，甚至抹杀中国民族生活的特点，将中华民族文化上的民族特性也反对掉了”①。如果没有了民族性，剩下的就只有“全盘西化”这一条路可走了，一些知识分子的文化自信彻底丧失。乃至国人“见中国式微，则虽一石一华，亦加轻薄”②。从根本上来说，文化自信的丧失是经济技术落后、制度腐败、国势颓败、民族危亡的一种文化反映，然而并非是必然的反映，只是弱小的民族资产阶级及其知识分子的反映。要拯救民族危亡，需要凝聚起全国人民的磅礴力量。五四运动中，工人阶级展现出了这种磅礴的力量。更磅礴的力量则蕴藏在广大农村的农民

---

① 《胡绳全书》第1卷（上），人民出版社1998年版，第306—307页。

② 《鲁迅全集》第8卷，人民文学出版社2005年版，第32页。

中。马克思主义作为无产阶级革命的理论、中国共产党作为无产阶级的先锋队，成为凝聚工农群众拯救民族危亡，重新走向文化自信的理论指南和铁骨脊梁。自此以后，新民主主义的文化创造逐渐成为主流，引领中国文化走出文化自信丧失的低谷，一步步昂扬向上地重新走上文化自信的道路。在这个意义上，五四运动是近代以来民族自信历程中的重要里程碑。

然而，在这一过程，多数资产阶级官僚和知识分子每当遇到坎坷挫折，就愈加不自信。比如，1931 年“九一八”事变、东北沦陷之后，面对亡国的危险，一批代表统治阶级利益的腐朽文人政客，先是寄希望于“国联”主持正义，后来又寄希望于达赖喇嘛的佛力“消此浩劫”。当时的《大公报》发表社论，指责中华民族失去了自信力，为国民党反动政府的无能推卸责任。对此，鲁迅写道：“然而，在这笼罩之下，我们有并不失掉自信力的中国人在。我们从古以来，就有埋头苦干的人，有拼命硬干的人，有为民请命的人，有舍身求法的人，……虽是等于为帝王将相作家谱的所谓‘正史’，也往往掩不住他们的光辉，这就是中国的脊梁。”“说中国人失掉自信力，用以指一部人则可，倘若加于全体，那简直是诬蔑。”① 历史证明，中国共产党自成立之后，它就成为挺立起中华民族文化自信的“脊梁”。

中共十八大以来，中国特色社会主义进入了新时代。习近平提出继续实现中华民族伟大复兴中国梦的历史使命，与此相应提出了实现文化自信的文化使命，并围绕这一问题发表了系列重要论述。高扬中华民族伟大复兴中国梦的旗帜，凝聚中国力量；要求坚定中国特色社会主义道路自信、理论自信、制度自信、文化自信；坚持在实践创造中进行文化创造，在历史进步中实现文化进步；引领全党全国人民不断向优秀的传统文化汲取自强不息的精神力量，向革命文化寻找红色基因的精神力量，在发展社会主义先进文化中创造新的精神力量，持续确立和巩固坚定的文化自信。

直到今天，文化自卑的心理依然在很多人头脑中盘桓不去。这一方

① 《鲁迅杂文精选》（下），作家出版社 2016 年版，第 788 页。

面是由于受历史虚无主义思潮、全盘西化论和复古主义思潮的影响，有人不断否定五四运动以来的历史进步和文化进步；另一方面是由于我们的文化改革和发展还面临着一系列现实挑战，巩固党的文化领导权问题、激发社会文化创造活力的问题、处理文化经济效益和社会效益的关系问题、提升文化软实力的问题等，都需要在进一步探索中来解决。

纪念五四运动100周年之际，我们要沿着五四运动开拓的文化自信道路继续前进，既要用坚定的文化自信与各种错误思潮进行坚决斗争；又要在自信的文化创造中创造文化的自信。“站立在960万平方公里的广袤土地上，吸吮着中华民族漫长奋斗积累的文化养分，拥有13亿中国人民聚合的磅礴之力，我们走自己的路，具有无比广阔的舞台，具有无比深厚的历史底蕴，具有无比强大的前进定力，中国人民应该有这个信心，每一个中国人都应该有这个信心。”①

［原载《中国井冈山干部学院学报》2019年第2期］

① 习近平：《在纪念毛泽东同志诞辰120周年座谈会上的讲话》，《人民日报》2013年12月27日。

坚守共产党人的马克思主义信仰

牛冠恒

人需要有信仰，共产党人也有自己的信仰。中共十八届六中全会通过的《关于新形势下党内政治生活的若干准则》明确规定："党员不准搞封建迷信，不准信仰宗教。"[①] 那么共产党人的信仰是什么？共产党人的信仰是马克思主义！"全党同志必须把对马克思主义的信仰、对社会主义和共产主义的信念作为毕生追求。"[②] 对此我们不能有丝毫的疑惑和动摇！

一、共产党人的马克思主义信仰是一种政治信仰

提起信仰，人们往往把它与宗教相联系，认为只有宗教信仰才是真正的信仰，其实这是对信仰的误解。信仰是人们对某种思想、学说、主义等的信服或尊崇，并用以作为自己的精神寄托和行动指南。根据信仰内容的不同，大致有三种不同类型的信仰：一是宗教信仰，信仰的思想、学说和主义是宗教性质的，如基督教、佛教和伊斯兰教；二是文化信仰，信仰的思想、学说和主义是文化性质的，如中国的儒家学说；三是政治信仰，信仰的思想、学说和主义是政治性质的，如共产党人所信仰的马克思主义。

---

① 《关于新形势下党内政治生活的若干准则》,《人民日报》2016 年 11 月 3 日。

② 同上。

共产党人所信仰的马克思主义是一种政治信仰。马克思主义既是共产党人的指导思想，也是共产党人的政治信仰。中共十八大通过的《中国共产党章程》总纲中明确规定："中国共产党以马克思列宁主义、毛泽东思想、邓小平理论、'三个代表'重要思想和科学发展观作为自己的行动指南。马克思列宁主义揭示了人类社会历史发展的规律，它的基本原理是正确的，具有强大的生命力。"①

马克思主义能成为共产党人的信仰，首先在于它是无产阶级及其政党的科学世界观，是指导无产阶级革命和建设的强大理论武器。马克思主义是十分完备而严谨的理论体系，它由三个部分组成：马克思主义哲学、政治经济学和科学社会主义。马克思主义哲学是无产阶级的科学世界观和方法论，是马克思主义的理论基础；政治经济学阐明了人类社会历史发展规律，是马克思主义的主要内容；科学社会主义是无产阶级革命运动的理论表现，是马克思主义的一个核心。正是由于马克思主义有着完备而严谨的理论体系，它能使人们科学、理性地认识马克思主义，最终让人从认识与情感的结合上坚信且崇尚马克思主义，并把它作为精神寄托和行动指南。

马克思主义能成为共产党人的信仰，还在于它把共产主义社会制度作为最高的奋斗目标。从这个意义上说，马克思主义信仰就是共产主义信仰。马克思主义揭示了人类社会历史发展规律，坚信按照人类历史发展的客观规律，共产主义社会理想必然会实现。对美好生活的向往是人类永恒的追求，只有到了共产主义社会，人类才能真正过上最理想的生活。共产主义社会是人类社会历史发展的最高阶段，在共产主义社会，社会生产力极大发展，物质财富极大丰富，人们具有高度的共产主义思想道德，实行"各尽所能，按需分配"的原则，劳动已经不是谋生的手段，而是生活的第一需要，消灭了一切剥削和阶级及阶级差别、消灭了一切社会不平等，人们过着自由、平等、幸福的理想生活，人的自由全面发展得以实现。

---

① 《中国共产党章程》,《求是》2012 年第 22 期。

二、坚守马克思主义信仰是中国共产党人的历史传统

中国共产党是以马克思主义为指导的无产阶级政党。从建党之初，中国共产党人就把马克思主义作为自己的信仰，以实现共产主义为毕生奋斗目标。1924 年 6 月 1 日，周恩来在《再论中国共产主义者之加入国民党问题——答胡瑞图、吴樵甫、威重三君》一文中指出：“觉悟成的无产阶级革命分子，必然地要信仰共产主义。”[①]1925 年 11 月 21 日，毛泽东在《答少年中国学会改组委员会问》中明确表示：“本人信仰共产主义，主张无产阶级的社会革命。”[②]

中国早期的共产党员多能坚守马克思主义信仰，那些没有坚守马克思主义信仰的投机分子多在革命受挫之时被检验出来并最终被中国革命所抛弃。干革命就会有挫折，中国共产党早期历史上也经历过几次大的挫折，每一次挫折都会在淘汰一批不能坚守信仰之人的同时，让另一批人更加坚守自己的信仰。20 世纪 30 年代中期，中央红军在受挫后曾被迫进行长征，长征是对中国共产党人能否坚守马克思主义信仰的真正考验。1939 年 5 月 30 日，毛泽东在延安庆贺模范青年大会上发表的讲话中曾说：“从前红军长征过草地的时候，有 50 天没有饭吃，吃树皮，这只有共产党能做到，别人是做不到的。”[③]中国共产党能做到是因为其能始终坚守马克思主义信仰。正是因为能够坚守信仰，红军在面对艰难险阻时才能表现出豪迈的气概，才能吟诵出“万水千山只等闲”的诗句来。也正是依靠坚守马克思主义信仰，红军才能在面对异常强大的敌人和自然困难时，没有被打垮，坚持到了陕北。

新中国成立后毛泽东曾回忆说：“我们经过了很多困难，从南方被赶到北方，从几十万人到只剩下几万人。长征二万五千里，剩下二万五千人。”[④]其中，中央红军出发时有近 9 万人，“当 1935 年冬季中央苏区红军

---

① 《周恩来早期文集》下卷，南开大学出版社 1993 年版，第 480 页。
② 《毛泽东文集》第 1 卷，人民出版社 1993 年版，第 18 页。
③ 《毛泽东文集》第 2 卷，人民出版社 1993 年版，第 193 页。
④ 《毛泽东文集》第 7 卷，人民出版社 1999 年版，第 72 页。

长征到陕北时，只剩下七千人，成了‘皮包骨’”[①]，但正是这“皮包骨”的7000人，刚到陕北还没站稳脚跟，便打败了装备精良、以逸待劳的东北军，这让张学良非常震惊：“红军经过二万五千里长途疲惫，还能击败东北军，是值得深思的。我常对我的部下说，我们都是带兵的，这万里长征，你们谁能带？谁能把军队带成这个样子，带得什么情况下都跟你走？如果换成我们，还不早就把兵都带没了？”[②]张学良经常和部下讨论为什么打不过红军，后来得出的结论是：“主要是共产党、红军信仰他的主义，甚至于每一个兵，完全是一个思想——共产主义。”[③]

2016年10月21日，习近平在纪念红军长征胜利80周年大会上发表的重要讲话中也特别强调：“长征胜利启示我们：心中有信仰，脚下有力量；没有牢不可破的理想信念、没有崇高理想信念的有力支撑，要取得长征胜利是不可想象的。”[④]

红军长征胜利后，随着日本帝国主义的进一步入侵，中国共产党开始考虑同国民党合作联合抗日，在同国民党谈判时，中国共产党表示在其他问题上都可以谈，唯独在党的信仰问题上没有谈判的余地。1937年1月24日，周恩来就关于共产党与国民党谈判方针的意见给时任中共中央负责人洛甫和毛泽东的电报中明确指出：“关于谈判方针，我意：一、可以服从三民主义，但放弃共产主义信仰绝无谈判余地。”[⑤]

是否真正信仰马克思主义或共产主义也是中国共产党早期发展党员的一个重要标准。1938年9月，时任中共中央组织部部长陈云在延安抗日军政大学发表的讲演中指出：“当我们发展党员的时候，凡是会说话的、有胡子的、懂得各党各派情形的，就以为他背景复杂，不敢吸收。然而这种人在社会上常常是比较有经验的，他们了解许多问题，只要他们真正信仰共产主义，而且现在愿意参加到无产阶级队伍里来，一同革命，

---

① 《毛泽东文集》第3卷，人民出版社1996年版，第139页。

② 高永中：《中国共产党口述史料丛书》第1卷，中共党史出版社2013年版，第124页。

③ 同上。

④ 习近平：《在纪念红军长征胜利80周年大会上的讲话》，《人民日报》2016年10月22日。

⑤ 《周恩来军事文选》第1卷，人民出版社1997年版，第598页。

一同前进，这又有什么不可以呢？”[①]

可以说，正是靠着有大批能够坚守马克思主义信仰的共产党人的不懈努力，才有了中国革命的胜利。1984 年 6 月 30 日，邓小平在会见第二次中日民间人士会议日方委员会代表团谈话时曾总结说：“如果我们不是马克思主义者，没有对马克思主义的充分信仰，或者不是把马克思主义同中国自己的实际相结合，走自己的道路，中国革命就搞不成功，中国现在还会是四分五裂，没有独立，也没有统一。对马克思主义的信仰，是中国革命胜利的一种精神动力。”[②]1985 年 9 月 23 日，邓小平在中国共产党全国代表会议上的讲话中也曾这样总结：“过去我们党无论怎样弱小、无论遇到什么困难，一直有强大的战斗力，因为我们有马克思主义和共产主义的信念。”[③]马克思主义和共产主义的信念便是共产党人的马克思主义信仰。

三、坚守马克思主义信仰是全面从严治党的需要

新中国成立后，中国共产党成为执政党，长期执政后，中国共产党也面临许多前所未有的新情况、新问题和新挑战。2011 年 7 月 1 日，胡锦涛在庆祝中国共产党成立 90 周年大会上发表重要讲话，指明中国共产党曾面临的“四大考验”和“四大危险”：“执政考验、改革开放考验、市场经济考验、外部环境考验是长期的、复杂的、严峻的。精神懈怠的危险、能力不足的危险、脱离群众的危险、消极腐败的危险，更加尖锐地摆在全党面前。”[④]究其原因，关键是一些共产党员丧失了马克思主义信仰。如脱离群众危险的出现，根本的还是党员没有马克思主义信仰；有信仰自然会敬畏人民群众，敬畏人民群众自然会把人民群众放在第一位，而不会只考虑个人利益，从而自觉地走群众路线。

改革开放以来，受各种因素的影响，有些共产党员开始动摇甚至最

① 《陈云文选》第 1 卷，人民出版社 1995 年版，第 110—111 页。

② 《邓小平文选》第 3 卷，人民出版社 1993 年版，第 63 页。

③ 同上书，第 144 页。

④ 胡锦涛：《在庆祝中国共产党成立 90 周年大会上的讲话》，《人民日报》2011 年 7 月 2 日。

终放弃了自己的马克思主义信仰。以邓小平同志为核心的党的第二代领导人在社会主义精神文明建设中，以江泽民同志为核心的党的第三代领导人和胡锦涛开始重视党员的信仰问题。党的十八大以来，习近平特别重视党员的信仰问题，在很多场合都谈到要坚守信仰，并最终把坚守马克思主义信仰上升为全面从严治党的一个重要方面。

2012 年 11 月 17 日，习近平在十八届中央政治局第一次集体学习时明确强调："对马克思主义的信仰，对社会主义和共产主义的信念，是共产党人的政治灵魂，是共产党人经受住任何考验的精神支柱。形象地说，理想信念就是共产党人精神上的'钙'，没有理想信念、理想信念不坚定，精神上就会'缺钙'，就会得'软骨病'。现实生活中，一些党员、干部出这样那样的问题，说到底是信仰迷茫、精神迷失。"[①]2014 年 9 月 30 日，习近平在庆祝中华人民共和国成立 65 周年招待会上的讲话中指出："我们要坚持党要管党、从严治党，增强党自我净化、自我完善、自我革新、自我提高能力，永不动摇信仰，永不脱离群众。"[②]2015 年 12 月 11 日，习近平在全国党校工作会议上的讲话中再次强调："马克思主义是我们党的指导思想，共产主义是我们党的远大理想。没有马克思主义信仰、共产主义理想，就没有中国共产党，就没有中国特色社会主义。"[③] 他还说："我们干事业不能忘本忘祖、忘记初心。我们共产党人的本，就是对马克思主义的信仰、对中国特色社会主义和共产主义的信念、对党和人民的忠诚。"[④]

作为中国工人阶级、中国人民和中华民族先锋队的中国共产党，要想永远保持先进性和纯洁性，从而带领中国人民在新中国成立 100 年之际实现中华民族伟大复兴中国梦的艰巨历史使命，就必须全面从严治党。全面从严治党涉及方方面面，其中主要的是要解决腐败问题。目前，反腐败斗争压倒性态势已经形成，不敢腐的目标初步实现，不能腐的制度日益完善，不想腐的堤坝正在构筑。今后要实现反腐向防腐转变，在不

---

① 《十八大以来重要文献选编》（上），中央文献出版社 2014 年版，第 80—81 页。

② 《十八大以来重要文献选编》（中），中央文献出版社 2016 年版，第 80 页。

③ 习近平：《在全国党校工作会议上的讲话》，《求是》2016 年第 9 期。

④ 同上。

敢腐、不能腐体系相对完善的基础上，在思想层面建立不想腐的堤坝，其实质就是思想建党，归根结底还是要解决信仰问题，一些人虽然在组织上入了党，但思想上还没有入党，就是因为没有信仰。

坚守马克思主义信仰才能真正筑牢不想腐的思想堤坝。有着马克思主义信仰的共产党人敬畏的是人民，因为人民群众是历史的创造者，为人民服务是党的根本宗旨。坚守马克思主义信仰，自然就会敬畏人民，敬畏人民自然就会全心全意为人民服务，全心全意为人民服务自然就会看淡职务、名誉、待遇，自然就不会贪腐，自然就会努力做一个信念坚定、为民服务、勤政务实、敢于担当、清正廉洁的好干部。“不想腐”的真正根源在于坚守共产党人的马克思主义信仰。

有无马克思主义信仰是共产党区别于其他政党的一个显著标志，也是共产党员区别于普通群众的重要标志。坚守马克思主义信仰需要每一位党员从自身做起，尤其是先从党的高级领导干部做起。当初很多人加入中国共产党，就是受了党的领导干部个人魅力的感召，党的领导干部之所以有个人魅力，其中一个重要原因在于他们始终坚守自己的马克思主义信仰。党的领导干部特别是高级干部要在坚守马克思主义信仰上做表率，同时，要把那些“不信马列信鬼神”人清除出去。只有坚守马克思主义信仰，才能在大是大非面前态度不暧昧，才能挺身而出，坚决表态，才能不动摇基本政治立场，一心为党，不搞团团伙伙，更不会被错误言论所左右。

每个党员都要忠于党、忠于组织，忠于党、忠于组织首先要忠于马克思主义信仰。信仰具有历史指向性，历史上为信仰而奋斗的人并不是每个人都能看到信仰的实现，关键是通过每个人的努力奋斗，为后人留下继续前行的坐标。信仰可以历经千载而不变，信仰能够穿越时空让人敬畏。党的十八大以来，习近平在纪念党的领导人——毛泽东、邓小平、陈云、朱德和胡耀邦等诞辰周年的讲话中，曾多次向全党号召，学习先辈们对马克思主义信仰的坚守，每一个共产党员都要坚守马克思主义信仰。

[原载《克拉玛依学刊》2017 年第 3 期]

弘扬英雄精神　激励时代前行

魏立帅

中华民族是一个崇尚英雄、成就英雄、英雄辈出的民族，中国人是有英雄梦想的。在漫长的历史长河中，在中国革命、建设、改革各个历史时期，各条战线各个领域涌现一批批英雄模范人物。党和国家历来高度重视对英雄模范的表彰。中共十八大以来，以习近平同志为核心的党中央从完善和发展中国特色社会主义制度、推进国家治理体系和治理能力现代化的战略高度，对党和国家英模表彰工作作出了一系列重要指示，进行了系统性设计和全方位部署。致敬英雄、争做英模的社会氛围日渐浓厚，英雄梦在人们心中牢牢地扎下根基。

首先，永远铭记英雄模范的牺牲和奉献。习近平强调，“对一切为国家、为民族、为和平付出宝贵生命的人们，不管时代怎样变化，我们都要永远铭记他们的牺牲和奉献”[①]。“要充分发挥党和国家功勋荣誉表彰的精神引领、典型示范作用，推动全社会形成见贤思齐、崇尚英雄、争做先锋的良好氛围。”[②]崇尚英雄才会产生英雄，争做英雄才能英雄辈出。2014 年国家立法增设了三个国家级纪念日：9 月 3 日中国人民抗日战争胜利纪念日，9 月 30 日烈士纪念日，12 月 13 日南京大屠杀死难者国家公祭日。2015 年 12 月 14 日，中共中央政治局审议通过《关于建立健全

---

① 《国家主席习近平发表 2015 年新年贺词》，《人民日报》2015 年 1 月 1 日第 1 版。

② 《发挥功勋荣誉精神引领典型示范作用　推动全社会见贤思齐崇尚英雄争做先锋》，《人民日报》2016 年 5 月 19 日第 1 版。

党和国家功勋荣誉表彰制度的意见》，成立党和国家功勋荣誉表彰工作委员会。2018 年 5 月 1 日起，《中华人民共和国英雄烈士保护法》正式施行。2019 年 9 月 29 日，中华人民共和国国家勋章和国家荣誉称号颁授仪式举行，习近平向国家勋章和国家荣誉称号获得者分别授予共和国勋章、友谊勋章和国家荣誉称号奖章。我们以前所未有的规格、隆重的仪式，致敬英雄模范为国家建设和发展建立的卓越功勋，致敬为促进中外交流合作作出杰出贡献的国际友人，号召人们敬仰英雄、学习英雄。9 月 30 日，党和国家领导人在烈士纪念日向人民英雄敬献花篮，以及 10 月 1 日，国庆阅兵中向英雄致敬环节，这些都在社会上产生了极大的致敬英雄的示范效应。党和国家以最高规格褒奖英雄模范，进一步激发了全党全军全国各族人民奋进新时代、共筑中国梦的壮志豪情。

其次，加强对英雄烈士的保护，禁止歪曲、丑化、亵渎、否定英雄烈士事迹和精神。习近平指出，“一个有希望的民族不能没有英雄，一个有前途的国家不能没有先锋”[①]。“有些人刻意抹黑我们的英雄人物，歪曲我们的光辉历史，要引起我们高度警觉。”[②]在全社会弘扬致敬英雄氛围日益浓厚的同时，我们也要看到一段时间里，受社会上一些不良风气和错误思潮的影响，一些人贬低英雄烈士精神；以学术研究、商业营销活动等手段，以互联网为主要工具，诋毁、侮辱、诽谤英雄人物，丑化英雄人物的形象，贬损英雄人物的名誉，削弱他们的精神价值。如网络上有段时间出现一些恶搞、抹黑革命先烈、抗战英雄的言论，在社会上产生了极其恶劣的影响。与抹黑英雄相似的是社会上出现的所谓“翻案”现象。有人打着还原历史真相的旗号，给慈禧、袁世凯、汪精卫等人翻案，以此篡改历史、贬低英雄人物的历史功绩。这类文章要么主观臆断历史人物心理，要么只选取于己有利的历史片段，使人真假难辨。

2016 年 10 月，最高人民法院通报人民法院依法保护英雄人物名誉权等人格权益典型案例，五个案例主要涉及诋毁“狼牙山五壮士”及邱

① 《中国人民抗日战争胜利 70 周年纪念章颁发仪式在京隆重举行》，《人民日报》2015 年 9 月 3 日第 1 版。

② 习近平：《切实加强和改进新形势下我军政治工作》，载《十八大以来重要文献选编》(中)，中央文献出版社 2016 年版，第 205 页。

少云等英雄人物的问题。依法保护包括英雄人物在内的合法权益，彰显了社会公平正义，维护了社会主义核心价值观，产生了极好的示范效应。而《中华人民共和国英雄烈士保护法》的颁布更是起到了巨大的威慑作用。统编道德与法治、语文和历史教材中，涉及300多位英雄人物，既有卫青、霍去病、岳飞、文天祥、戚继光等古代英雄，也有黄继光、邱少云、焦裕禄等英烈，进一步通过这些英雄人物的事迹对学生进行爱国主义教育。这些举措都向社会传达了致敬英雄的正能量，起到了弘扬社会正气的良好效果。当然，抹黑英雄、诋毁英模的行为不会轻易消失，这也提醒我们要时刻关注历史虚无主义等错误思潮的影响。其目的就是想在历史认识领域造成思想混乱，从而影响人们的世界观、人生观和价值观。因此，开展英雄主义教育必须以正确的世界观和价值观为根基，加强马克思主义唯物史观宣传教育，加强党史国史教育，在全社会树立正确的历史观。在进行历史的宣传普及活动中，我们需要具备专业历史知识的专门人才，改变以往单纯说教或一味进行道德批判的机械做法，用专业知识批驳抹黑英雄的言论和行为，运用多种手法展开宣传教育。这样才能做到以理服人、以情动人，使人们对英模产生真情实感，让英模教育入脑入心。

再次，弘扬英雄模范高尚品格，浓墨重彩塑造英雄模范光辉形象。习近平在中华人民共和国国家勋章和国家荣誉称号颁授仪式上的讲话中强调："今天我们以最高规格褒奖英雄模范，就是要弘扬他们身上展现的忠诚、执着、朴实的鲜明品格。"忠诚，就是英雄模范们都对党和人民事业矢志不渝、百折不挠，坚守一心为民的理想信念，坚守为中国人民谋幸福、为中华民族谋复兴的初心使命，用一生的努力谱写了感天动地的英雄壮歌。执着，就是英雄模范们都在党和人民最需要的地方冲锋陷阵、顽强拼搏，几十年如一日埋头苦干，为国为民奉献的志向坚定不移，对事业的坚守无怨无悔，为民族复兴拼搏奋斗的赤子之心始终不改。朴实，就是英雄模范们都在平凡的工作岗位上忘我工作、无私奉献，不计个人得失，舍小家顾大家，具有功成不必在我、功成必定有我的崇高精神，其中很多同志都是做隐姓埋名人、干惊天动地事的典型，展现了一种伟大的无我境界。在新时代，我们要弘扬英雄模范们的光辉品格，进一步坚定理想信念，脚踏实地把每件平凡的事做好，以不懈的奋斗精神在继往开来中推进伟大事业。只有这样，我们才能让平凡的生命获得不平凡的人生，创造不平凡的成就。

对中华民族的英雄模范，要时刻心怀崇敬之情，运用各种方式塑造英雄的光辉形象，引导人民树立正确的历史观、民族观、国家观、文化观、世界观、人生观、价值观。当前，人们利用多种渠道和多种形式致敬英雄、学习英雄。一些电视台制作了有关英模人物的公益短片和影视节目，一些报刊网站有固定介绍英模的栏目。如《国家记忆》《致敬英烈》《闪亮的名字》《寻找英雄》等节目，营造了很好的致敬英雄、宣传爱国主义的氛围。国庆献礼电影《我和我的祖国》在刷新献礼片票房历史纪录的同时，更创下了国庆档历史最高票房纪录。文化和旅游部发布的 2019 年国庆假期文化和旅游市场情况显示，红色旅游成为国庆假日旅游市场主旋律，前往北京感受国庆氛围的游客人数远超往年。除了北京，上海、南昌、井冈山、延安、湘潭等具有革命文化历史的城市也颇受游客青睐。从红色旅游的年龄层来看，年轻人参与红色旅游的热情持续高涨，成为红色旅游的主力军。可见，英雄教育已经在全社会尤其是青少年中取得了明显成效。

最后，继续加强青少年的英雄主义教育。青少年是国家的希望和未来，英雄主义教育应该从孩子抓起。我们必须旗帜鲜明推动英雄主义、爱国主义教育，利用各种资源、探索多种形式，做到英雄进教材、英模进学校，为学生提供接近英模、学习英模的良好氛围。一是加大英模进国民教育体系、进教材力度。我们要使课本教材与辅助教材相结合，让英雄模范进入各级各类教材。二是增加英雄主义教育主题活动。充分利用各地的红色资源和英雄烈士纪念设施，让红色教育进学校、进课堂，组织学生进行红色文化体验，在清明节和烈士纪念日等重要时间节点开展为英雄烈士扫墓、献花等活动。三是固定教育机制与随机教育活动相结合，组织英雄影视作品进校园、英模先进事迹宣讲团进校园活动。四是积极探索新时代大学生英雄主义教育新模式，把英雄主义教育与思想政治教育、体育教育和文化传承创新相结合，增强学生爱国主义情怀，提升他们的思想道德素质。

每一个伟大的时代都在呼唤英雄人物的产生。新时代中国特色社会主义伟大事业需要千千万万个英雄模范群体和无数个英雄模范人物。站在新的历史起点，我们要传承英烈精神，宣传他们的先进事迹，弘扬他们的高尚品格，引导人们向英雄模范学习，为实现“两个一百年”奋斗目标、实现中华民族伟大复兴中国梦而努力奋斗。

［原载《中国社会科学报》2019 年 11 月 26 日］

“1956年《人民日报》改版”学术研究述评

魏立帅

1956年是中国新闻史上的改革年，以《人民日报》改版为起点，整个新闻界呈现少有的活跃繁荣局面，人们称之为1956年新闻改革。其中，影响最大的当属中共中央机关报《人民日报》改版，这次改版成为新闻史研究的一个热点。20世纪80年代讨论新闻改革时，《人民日报》曾专门总结过1956年改版的经验教训并上报中央。另外，还有一些论著对该问题进行了研究。相关研究主要集中在以下方面。

一、1956年《人民日报》改版的缘起研究

中共中央机关报《人民日报》，是1949年8月1日由华北局机关报《人民日报》升格而来的，中央任命胡乔木担任社长，邓拓为总编辑。关于1956年《人民日报》改版的原因，一般研究者认为主要包括两方面。

一是内部原因，20世纪50年代中期《人民日报》确实存在一些问题需要改进。对此，《人民日报》原总编辑，也是改版亲历者李庄的认识最具代表性：“所以必须改革，是因为上上下下、四面八方，包括报社工作人员，对当时的报纸都不满意。……那种程度不高且不巩固的生动活泼，逐渐被沉闷、死板所代替。”[①] 他认为造成这种局面的原因，既有报社自身

---

① 李庄:《我所见证的人民日报》,《新闻战线》2008年第6期。

因素也与当时的环境息息相关。一方面，报社许多人长期在农村根据地办报，习惯于直接代党政机关发言，进行自上而下的指导和某种直接灌输，缺乏城市办报的经验。新中国成立后，报纸面临的形势、任务和读者要求都发生了很大变化，但报社没有跟上这种新变化，对新情况还不适应。另一方面，一些人为因素影响了报纸发挥作用，比如报纸的批评作用，《人民日报》曾对某些省市党代会不民主、干部搞特权、有些省市搞浮夸等情况进行报道和批评。但这些批评几乎无一例外地遭到责难和非议，导致报纸不再出现批评的声音，全是正面报道。再者，机械学习苏联《真理报》办报经验产生了不少负面作用。新中国成立初期，学习苏联新闻工作经验成为中国新闻事业建设的一个重要指导思想，“一切向《真理报》学习”成为《人民日报》的一个工作方针。在学习苏联新闻工作经验过程中存在不从中国实际出发的教条主义错误。另外，有一段时间《人民日报》跟不上中央领导的要求（某些要求事后看来也并不客观恰当），经常受批评。报社很多同志有一种动辄得咎之感，越受批评越拘谨，越拘谨越无所作为。凡此种种，造成无论领导者还是群众，甚至包括报社工作人员，都对当时的《人民日报》不满意。由此可见，《人民日报》改版是有其客观需要的。作为亲历者，李庄的分析是客观、全面和深刻的。

二是受外部条件影响，1956 年苏共二十大后，中国共产党开始探索中国社会主义建设道路，为《人民日报》改版提供了客观环境和条件。1956 年 2 月，苏联共产党第二十次代表大会召开。苏共二十大一方面全盘否定斯大林，另一方面也揭露了苏联和斯大林在社会主义建设和国际共产主义运动中的一些严重错误，给正在学习苏联经验的中国等国家提供了正视苏联斯大林模式，探索适合本国国情社会主义道路的机会。1956 年中国经过“三大改造”已经基本进入社会主义社会，中国共产党和全国人民在社会主义初级阶段的主要任务，就是要集中力量把中国尽快地从落后的农业国变为先进的工业国，为此必须在经济、政治、文化等方面采取正确的政策，团结国内外一切可能团结的力量。中国共产党开始探索适合中国国情的社会主义建设道路。这种背景下，在革命中诞生的、与战争年代相适应的“以宣传为本位”的党报模式，到了社会主义建设时期因社会需求和办报条件的改变而必须加以改革。因而在社会主义改造完成之后，在探索独立自主的社会主义建设道路之时，就有了“如何在社会主义建设条件下办好一张能够体现报纸本质的党报”的积极探索。[①]这就是1956年《人民日报》改版的大历史背景。

对于此次改版的历史背景和《人民日报》自身情况，大多数著述没有异议。但是，很多人只强调后来中共中央主席毛泽东对《人民日报》的批评，没有注意到他在改版中所起的推动和支持作用。苏共二十大后，毛泽东在1956年3月间先后召开的中央书记处会议和政治局会议上指出，赫鲁晓夫的报告，一是揭了盖子，表明苏联、苏共、斯大林并不是一切都是正确的，这就破除了迷信；一是捅了娄子，他的这个秘密报告，无论在内容上还是方法上，都有严重错误。毛泽东又说，揭了盖子，又捅了娄子，有利于反对教条主义，探索在我们国家建设社会主义的道路。[②]4月5日，毛泽东主持中央政治局会议讨论写成的《关于无产阶级专政的历史经验》在论述宣传工作时指出：“我们有不少宣传工作者常常只是依靠行政权力和党的威信，把马克思列宁主义当作教条灌输给群众，而不是辛勤努力，掌握大量材料，用马克思列宁主义的分析方法，用人民的语言，很有说服力地去说明马克思列宁主义的普遍真理和中国具体情况的统一。若干年来，我们的哲学、经济学、历史和文艺批评的研究领域中有了一些成绩，但是一般说来，还有许多不健康的状态存在着。我们有不少的研究工作者至今仍然带着教条主义的习气，把自己的思想束缚在一条绳子上面，缺乏独立思考和创造精神，也在某些方面接受了对于斯大林个人崇拜的影响。”[③]这段话在一定程度上推动了新闻界的改革探索。在此背景下，胡乔木向毛泽东请示《人民日报》改版，他回忆说：“人民日报改版，从1956年7月1日起，由原来的一张扩大为两张，主要是当时有个指导思想，要打破陈规，办得生动活泼，让各种意见在报纸上发表，包括对党的批评。毛主席不仅作了口头指示，中央还有正

---

① 王晓梅：《1956年〈人民日报〉改版探源》，复旦大学2005年博士学生论文。

② 吴冷西：《忆毛主席》，新华出版社1995年版，第4—7页。

③ 《人民日报》1956年4月5日。

式文件。”[①] 另外，“王揖回忆说：‘改版的事情，是胡乔木直接请示（毛）主席后定下来的。’”[②] 也可作为佐证。由此可见毛泽东对此次改版的推动支持。

二、《人民日报》改版的经过和改版内容研究

目前为止，学术界和相关亲历者关于 1956 年《人民日报》改版过程的论述已经相当可观，对其过程的描述也已非常清晰。其中尤以钱江的研究引人注目，他在采访当事人基础上写成《〈人民日报〉1956 年的改版》，详细介绍了改版的实施过程和具体内容，极具史料价值。综合相关研究，改版过程大体轮廓为：

1956 年 2 月苏共二十大后，中共中央开始反思学习苏联经验，新闻方面也不例外。“从目前所知的情况看，改版意图的明确并成为中央的决心，当在 1956 年 2—3 月间。”[③] 2 月 23 日和 25 日，编委会两次举行会议，研究和讨论苏共二十大已发表的文件，并就有关国际形势的若干问题交换了意见。4 月 2 日，人民日报编委会讨论通过《关于讨论改进〈人民日报〉工作的计划》，发动全体编辑人员开展讨论如何丰富和改进报纸的内容，如何消灭错误以及怎样处理版面等问题，并要求编辑部各部门向中央和国家机关、各省市区党委书记、宣传部部长、首都六家新闻单位以及各方面读者征求意见。同时，报社还成立了具体实施改版工作的七人小组和八个专门问题研究小组。4 月 6 日，胡乔木在改版动员大会上做报告，正式宣布《人民日报》将进行改版。4 月 7 日，人民日报编委会召开扩大会议宣布，中央要求迅速改进报纸内容并筹备出版八个版。胡乔木在四五月间同《人民日报》负责同志多次谈话，就编辑工作各部门、各方面的改进工作问题发表意见、进行指导。5 月 15 日，编委会向中央呈送第一份报告，提出 7 月 1 日改出八个版。5 月 17 日，中共

---

① 胡乔木：《关于写作〈回忆毛泽东〉一书的设想（三）》（1991 年 9 月 6 日），载《胡乔木回忆毛泽东》，人民出版社 2003 年版，第 23 页。

② 钱江：《〈人民日报〉1956 年的改版》，《新闻研究资料》1988 年第 3 期。

③ 同上。

中央书记处书记邓小平批复报告，同意改版。1956 年 6 月 20 日，经胡乔木修改、定稿的第二份改版报告以编委会名义正式报送中央。1956 年 7 月 1 日，《人民日报》在头版头条位置发表社论《致读者》，同时版面由每天四版改为八版，改版正式开始。8 月 1 日，中共中央向各省、市、自治区党委批转《人民日报》的改版报告，要求各地报纸参照改进工作。

关于改版内容，学界分歧不大，基本包括如下内容：首先，改版体现了党报“是党的报纸，也是人民的报纸”的思想。7 月 1 日《人民日报》在《致读者》中明确强调“《人民日报》是党的报纸，也是人民的报纸，从它创刊到现在，一直是为党和人民的利益服务的”①。8 月 1 日，中共中央批转《人民日报》给中央的报告中指出：“为了便于今后在报纸上展开各种不同意见的讨论，人民日报应该强调它是中央的机关报又是人民的报纸。”② 这篇社论由胡乔木执笔，经中央领导人审定后公开发表，一定程度上体现了当时中共中央和毛泽东的新闻思想。其次，改版体现了“百花齐放、百家争鸣”思想。《致读者》明确提出改进工作的第二条就是开展自由讨论，“在开展讨论方面，过去我们的报纸是作得很不好的，因而也减少了报纸的生气。今后我们希望力求改进”③。7 月 2 日，《人民日报》头版头条报道了科学规划委员会组织 600 多位科学家讨论“百家争鸣”的消息。再次，改版体现了新闻工作要始终与党在一定时期的中心工作目标相一致的思想，以及社会主义建设时期“反应和指导经济建设是新闻工作的新使命”④ 的思想。毛泽东认为“各地党报必须无条件地宣传中央的路线和政策”⑤，为党的各个阶段的基本路线服务。《人民日报》改版后改进头版头条新闻，为适应国内经济建设的需要大大增加经济新闻。最后，改版要求报纸新闻要采取群众喜闻乐见的文风。改版的第三条内容就是改进文风：“除了编辑部自己努力以外，我们请求作者们在给

---

① 《人民日报》1956 年 7 月 1 日。

② 钱江：《〈人民日报〉1956 年的改版》，《新闻研究资料》1988 年第 3 期。

③ 《人民日报》1956 年 7 月 1 日。

④ 魏国英：《略论毛泽东新闻思想的当代价值》，《北京大学学报（哲学社会科学版）》1993 年第 6 期。

⑤ 中共中央文献研究室、新华通讯社编：《毛泽东新闻工作文选》，新华出版社 1983 年版，第 156 页。

我们稿件的时候，也务必注意到广大读者的呼声，尽量把文章写得有条理，有兴味，议论风生，文情并茂，万不要让读者看了想打瞌睡。报纸是给几百万人看的，他们中间的绝大多数人很难有时间看长文章，因此，除了很少的例外，报纸上的文章总是越短越好。”①

在1956年《人民日报》改版研究中，此次改版与“双百”方针的关系问题引起了研究者的注意。沈晓瑾《“双百”方针：贯穿1956年新闻改革的历史线索》认为，纵观此次改革，“双百”方针犹如一条线索贯穿始末，一直发挥着重要的指导作用。文章从“双百”方针的提出推动了新闻改革的开展、“双百”方针的贯彻实施在新闻改革中的体现、“双百”方针向整风“鸣放”的演变最终导致了新闻改革的夭折三个方面进行了论述。最后，文章从二者的关系中总结出启示：当“双百”方针提倡自由讨论，认同“真理愈辩愈明”时，新闻事业便得以解放思想，追寻和探索社会主义的新闻自由，并因此实现繁荣的改革景象。当“双百”方针的实施逐渐过渡为整风“鸣放”，反右派斗争开始压制不同的声音、将学术讨论归为阶级斗争时，新闻事业便因此失去必要的自由而禁锢不前。文章认为，“双百”方针与1956年新闻工作改革的关系归根结底体现了新闻政策与新闻传播内在规律的关系问题，其核心便是社会主义的新闻自由。当新闻政策能够给予新闻界一定的探索“新闻自由”的空间，允许人民内部实行“舆论不一律”的方针，允许人民表达思想和批评，允许人民内部展开自由而公开的讨论，新闻事业便会因为有多元的声音而活跃和发展起来。反之，新闻事业便会被束缚，失去生机，无力反映各种意见，也无法真正成为人民的喉舌。②

这篇文章关于《人民日报》改版与“双百”方针关系的认识很有代表性。但是其中“‘双百’方针的提出推动了新闻改革的开展”这个结论是比较模糊的。还有人依据《人民日报》改版是从1956年7月1日开始，而“双百”方针是在4月提出，仅从表面时间先后顺序就得出结论：《人民日报》改版是在“双百”方针的指导和影响下进行的。其实，二者

---

① 《人民日报》1956年7月1日。

② 沈晓瑾：《“双百”方针：贯穿1956年新闻改革的历史线索》，《新闻知识》2007年第3期。

的关系要复杂得多。通过当事人回忆和相关史实考证我们发现："双百"方针的形成和提出过程，与《人民日报》改版的酝酿成熟过程是同步的。"从目前所知的情况看，改版意图的明确并成为中央的决心，当在1956年2—3月间。"[①] 而且从这时起，《人民日报》就已经开始酝酿和准备改版工作。4月，毛泽东完整地宣布了"百花齐放、百家争鸣"的方针。5月26日，中共中央宣传部部长陆定一向科学界、艺术界和社会公众宣布并阐述了"双百"方针。由此看出，"双百"方针的形成和提出过程，与《人民日报》改版的酝酿成熟过程是同步的。而且《人民日报》改版的酝酿时间要早于毛泽东明确提出"双百"方针的时间。另外，《人民日报》改版的范围也超出了"双百"方针精神的内容，这一点可以从改版内容明确看出。当然，我们也不能因此而否认"双百"方针对改版的影响，"双百"方针提出后所造成的宽松氛围，进一步推动和影响了《人民日报》改版，同时也在一定程度上指导了改版。

三、《人民日报》改版终结的原因研究

正当《人民日报》改版之时，国际国内形势也在悄然发生变化。1957年4月10日，毛泽东批评了《人民日报》："最近对党的政策的宣传，《人民日报》不是没有抓紧，而是没有抓。……最高国务会议以后，《人民日报》无声音，非党的领导在起领导作用。党报被动，整个党的领导也被动。过去说是书生办报，现在应当说是死人办报。你们到底是有动于衷，还是无动于衷？我看是无动于衷。"[②] 4月12日，胡乔木在编辑部全体人员大会上讲话，根据毛泽东的意见批评了《人民日报》前一阶段工作。4月底，《人民日报》开始整风。反右斗争开始后，《人民日报》改版就此终结。如何理解《人民日报》改版突然中断这个问题呢？

关于1956年中国新闻改革的失败原因历来有两种看法，可概括为"突变说"和"阳谋说"。"突变说"倾向于认为新闻改革原先目的是好的，

---

① 钱江：《〈人民日报〉1956年的改版》，《新闻研究资料》1988年第3期。

② 同上。

但由于反右派斗争的严重扩大化等原因不幸中途夭折。[①]“阳谋说”则认为所谓新闻改革，只是为了达到“引蛇出洞”这一既定目的的必经途径而已，是一时的权宜之计，原苏联领导人赫鲁晓夫就持此观点。[②]应该如何科学认识这个问题呢？王中伟、于溯《毛泽东的“匈牙利情结”与1956年中国新闻改革》分析了这两种观点：如果“突变”是新闻改革失败的原因，缘何在“双百”方针指导下本开展得“十分活跃”的舆论界仿佛于转瞬之间就急转直下，并“在一个相当长的时间内社会主义新闻事业踌躇不前”？而“阳谋说”在很大程度上也只是一种怀着敌意的情绪化的评论，抹杀了毛泽东原本确有的消除弊端的愿望，把复杂的事情简单化了。此说可谓至论。该文认为，如果考虑到当时的国际背景——匈牙利革命及毛泽东对此的反应，可以得出结论说，新闻改革的初始并非“阳谋”，其之所以终止亦非“突变”，贯穿其中而又长期为人所忽略的条线索就是毛泽东的“匈牙利情结”。[③]吴廷俊的《“政治家办报”——研究二十世纪五六十年代中国新闻史的一个关键词》[④]认为：“政治家办报”是毛泽东1957年出于阶级斗争需要提出来的办报主张，直接针对邓拓的“书生办报”和刘少奇的新闻观点以及1956年的新闻改革；这种办报主张以“社会主义计划经济”为基础，要求报纸“紧密结合政治形势”，无条件地紧跟政治家的个人意志“转”，使其成为政治家手中进行政治斗争的工具。[⑤]王晓梅《一次注定失败的新闻改革——对1956年人民日报改版夭折的探讨》认为，许多研究探讨中常将它与反右运动紧密联系，归责于最高领导人某一次或几次的不满和斥责。这样搭建的线性“逻辑”关系，从出发点上较少关注新闻自身的发展和具体改革进程，忽略了改版的巨大意义；也未能在社会情境中考察其发生、发展，没有获得对新闻

① 方汉奇主编：《中国新闻事业通史》第3卷，中国人民大学出版社1999年版。

② 王中伟、于溯：《毛泽东的“匈牙利情结”与1956年中国新闻改革》，《东南传播》2009年第1期。

③ 同上。

④ 吴廷俊：《“政治家办报”——研究二十世纪五六十年代中国新闻史的一个关键词》，《国际新闻界》2010年第3期。

⑤ 吴廷俊：《新闻媒体必须按新闻规律行事——对共和国新闻史上三个指导方针的反思》，《新闻与传播评论》2009年第1期。

发展的规律性认识，模糊了新闻事业与其他社会存在的关系，得到的只是因纠结于政治而欲言又止的陈述。[①]这个观点是对“阳谋说”的一个深刻评价。许鑫《中共三次新闻改革与传媒公共性的变迁》认为，新闻改革失败的直接原因是反右斗争的扩大化，但根本原因在于改革超越了当时的社会经济、政治和文化环境。[②]有学者进一步指出：“计划经济要求传媒是计划的工具，要求统一、集中、控制，而第二次新闻改革却强调传媒是社会公器，倡导多元、多样、自由。到底是传媒服从计划经济还是计划经济服从传媒？两者冲突的结果是不言而喻的。”[③]上述观点有一定说服力，同时还应该把改版放到当时的历史时空来考察。用李庄的话说就是“从当时的政治形势看，它不可能不中断”[④]。

毛泽东一向强调党的路线、方针、政策必须与现实相适应。他非常关注《人民日报》的工作，经常强调报纸要随着革命形势和社会状况的变化而变化。1949年12月1日，邓拓写报告给中央宣传部部长陆定一和胡乔木并报毛泽东、刘少奇，汇报了《人民日报》当时存在的问题：（1）严重脱离实际的现象；（2）游击习气积重难返，编辑部的领导实际上是多头的，而不是逐级的个人负责制；（3）干部量多质低，并且使用不当，不能发挥积极性；（4）行政管理工作对编辑工作配合不好。为了使《人民日报》担负起全国性报纸的任务，针对以上存在的问题，邓拓建议：（1）增调懂业务的领导干部，加强领导；（2）改组编辑部，以德、才两项标准为主，调整编委、组长与编辑人员，严格审稿制度，实行逐级个人负责制；（3）由副社长或正副总编辑一人专门负责上下联系工作，按领导意图主动组织思想性、政策性较强的综合新闻和评论，并轮流组织各部门专门问题的通讯报道和论文；（4）挑选部分得力记者到各大行政区建立联系，组织各区的通讯报道；（5）各省市普遍设立特约通

① 王晓梅：《一次注定失败的新闻改革——对1956年人民日报改版夭折的探讨》，《新闻记者》2009年第9期。

② 许鑫：《中共三次新闻改革与传媒公共性的变迁》，《暨南学报（哲学社会科学版）》2012年第4期。

③ 李良荣：《社会生态和中国新闻改革》，载《李良荣自选集》，复旦大学出版社2004年版，第178页。

④ 李庄：《我所见证的人民日报》，《新闻战线》2008年第6期。

讯员。[①]12 月 4 日，毛泽东在邓拓的报告上写批语给胡乔木：“乔木：此事应早日解决，不应拖得太久。邓拓意见是好的。”[②]还有一例，就是 20 世纪 60 年代初国民经济调整时，1961 年 10 月 23 日《人民日报》编委会向中央书记处上报《关于人民日报改出六版的几个问题的报告、请示》后，顺应形势发展需要，中共中央和毛泽东再次同意《人民日报》进行改版。由此可见，“阳谋说”是有失偏颇的。1956 年《人民日报》改版的终结是中共中央和毛泽东对当时形势判断发生变化的结果。这个变化，就是众所周知的国内反右运动，国际上发生了匈牙利事件，国内出现了少数人闹事的情况，这些状况加在一起使中共中央和毛泽东对形势产生了误判，从而导致《人民日报》改版终结。毛泽东当初批准《人民日报》改版和后来对《人民日报》的批评都是出于工作的考虑，而非“阳谋说”那样的观点。

作为亲历者，李庄从新闻工作者角度对此次改版终结进行了反思，他说：可惜好景不长，翌年 6 月，反右斗争开始，新闻改革自然中断了。我当时曾发奇想，“双百”方针的积极宣传和逐步实践，对反右斗争可能起了某种催生的作用，得失之间，实难预测。或者由于心中余悸未消，或者由于“不求有功，但求无过”的消极心理作祟，或者被这次反复弄糊涂了，此后 20 多年，新闻改革再也无人提起，许多人甚至没有再想过，实在是新闻界难以补救的损失。现在看“报告”中的一些意见，中央批示中的一些要求，在“左”的路线时，当然绝难考虑。属于新闻业务方面的某些改革，在一定范围内，应该说是有可能继续下去的。我们对此也未敢未能坚持，不能不说是一个退步。[③]尤其难能可贵的是他对《人民日报》自身工作也作了剖析。

四、1956 年《人民日报》改版的经验教训研究

1956 年《人民日报》改版在中国新闻史上产生了深远影响。方延明

① 《建国以来毛泽东文稿》第 1 册，中央文献出版社 1996 年版，第 177—178 页。

② 同上书，第 177 页。

③ 李庄：《我所见证的人民日报》，《新闻战线》2008 年第 6 期。

在《中国共产党90年新闻思想自觉与新闻实践新境界》一文中回顾中国共产党成立以来的新闻史，认为其间有六次主要的新闻思想自觉。文章将围绕1956年《人民日报》改版进行的新闻改革称为第三次思想自觉。[①]夏杏珍在《1956年〈人民日报〉改版》一文中结合新闻传播学知识，从改版背景、过程和影响三个方面分析了此次改版。文章认为：从传播学的角度看，如果说1942年《解放日报》改版完成了从社会传播向组织传播的过渡，《解放日报》从此不再是既有社会性又有无产阶级倾向的普通新闻报纸，而是无产阶级政党的旗帜、号角和鼓风机，是以传播为手段，去实现组织的目标。那么，1956年7月1日《人民日报》的改版则是试图从组织传播部分地回归社会传播。这是从夺取政权年代无产阶级政党的报纸向建立国家政权后面充当全社会媒介转变的开始。在当时，《人民日报》改版推动了全国报纸的改革。当年的创新和改革为后人留下了宝贵的财富，为改革开放新时期的新闻改革提供了很好的借鉴。[②]如何认识这种经验教训呢？

许多论者将1956《人民日报》改版放在中国新闻史和中共新闻史的广阔历史背景来认识。王文利《中共党报史上两次新闻改革之比较》认为，1956年的新闻改革开始不久就由于反右派斗争扩大化等诸种因素而中途夭折。但这次改革的思想和成果，在中国当代新闻史上闪耀着光辉。这次改革为如何办好社会主义制度下党和人民的新闻事业开辟了道路，是一次思想的解放。改版不盲从迷信，批判地吸收苏联以及国内外资产阶级的办报经验，并明确要办好社会主义中国的新闻事业，就必须从中国的实际出发，认真研究总结和继承党和人民新闻事业的优良传统，并在此基础上进一步创新。[③]吴华清、郑旭辉《三次党报改革与新闻话语变迁》将三次党报改革置于党报赖以存在的社会生态背景中，分析“构成社会生态的政治、经济、文化和社会体制之间的相互关系及其逻辑发展”怎样影响、改变着党报自身发展规律与路径，来把握党报时政新闻话语

① 方延明：《中国共产党90年新闻思想自觉与新闻实践新境界》，《社会科学战线》2011年第6期。

② 夏杏珍：《1956年〈人民日报〉改版》，《党史文汇》2011年第5期。

③ 王文利：《中共党报史上两次新闻改革之比较》，《黄冈师专学报》1998年第2期。

变迁。认为，第一次党报改革（1942 年 4 月延安《解放日报》改版）是“集体的宣传者和组织者”定位下党报的宣传色彩凸显；第二次党报改革（1956 年《人民日报》改版）是“党和人民的报纸”的定位下党报的亲民色彩渐显；第三次党报改革是新媒介环境下党报功能调整与党报舆论引导实效性的追求。[①] 李良荣在《艰难的转身：从宣传本位到新闻本位——共和国 60 年新闻媒体》一文中认为第二次新闻改革试图解决党报和公众的关系问题，并试图以“读者需要”为核心概念使党报既宣传党的政策也体现公众的意志。其实质问题是探讨在和平建设年代党报新的办报模式，试图把党报从原先的宣传本位转向新闻本位。[②]

吴风写出《政党政治与新闻党性原则——新中国六十年新闻史的理论反思》一文以新中国 60 年新闻史为基本考察对象，将政党政治与新闻党性原则联系起来，探讨两者之间的历史互动关系，并以政党政治的兴衰作为理解中国新闻史的一条理论路径。文章认为，中国共产党在新中国的框架下建立起来的政党政治思想价值体系深刻地影响了中国的新闻事业和文化艺术各领域，无产阶级政党政治在历史发展进程中经历了由“政治化”向“去政治化”的转变，新闻事业的党性原则在此转变过程中也发生了深刻而显著的改变。[③] 许鑫在《中共三次新闻改革与传媒公共性的变迁》一文中认为，反思中共三次新闻改革可以发现：1942 年改革强调了党性，弱化了公共性，1956 年改革试图回归公共性，1978 年以后的改革确立了新闻事业的双重属性，并在不经意间产生了有限的公共性。从性质上说，这次新闻改革反映了当时新闻界对党报属性和功能的一次反思和超越，是试图改变党报单纯的政治属性（党性），向人民性（公共性）回归的一种尝试，有着重要的理论意义和实践价值，对改革开放后的第三次新闻改革影响深远。1956 年新闻改革夭折后，中国传媒作为无产阶级专政工具，主要职能是宣传党和政府的路线、方针、政策，传

① 吴华清、郑旭辉：《三次党报改革与新闻话语变迁》，《新闻实践》2013 年第 2 期。

② 李良荣：《艰难的转身：从宣传本位到新闻本位——共和国 60 年新闻媒体》，《国际新闻界》2009 年第 9 期。

③ 吴风：《政党政治与新闻党性原则——新中国六十年新闻史的理论反思》，《山西大学学报（哲学社会科学版）》2013 年第 2 期。

媒的公共性（人民性）被党性所替代，长期被有意无意地忽略，到了“文革”时期，传媒进一步异化为阶级斗争的工具，其公共性彻底消失。同时，总结三次改革的经验教训后得出结论，随着观念、市场、政策和技术的推动，传媒公共性在逐步生长，但在传媒体制没有根本突破情况下，传媒公共性依然生存艰难。传媒公共性的充分发挥，最终取决于政治体制和传媒体制改革。① 总结新中国新闻史，李庄认为：“新中国建立以来，有个规律性现象：哪个时期路线正，形势好，哪个时期新闻工作就活跃、有生气，思想上清规戒律就少，反之就平淡刻板、死气沉沉。”②

［原载《北京科技大学学报（社会科学版）》2013 年第 6 期］

---

① 许鑫：《中共三次新闻改革与传媒公共性的变迁》，《暨南学报（哲学社会科学版）》2012 年第 4 期。

② 李庄：《我所见证的人民日报》，《新闻战线》2008 年第 6 期。

毛泽东《在延安文艺座谈会上的讲话》的历史命运及其现实意义

曹光章

1942年5月，在延安整风期间，毛泽东亲自主持召开了由文艺工作者和中央各部门负责人参加的文艺座谈会。毛泽东在座谈会上围绕文艺为什么人和如何服务的问题，发表了长篇讲话，其中谈到文艺与人民、文艺与政治、文艺与生活、文艺与时代、内容与形式、继承与创新、歌颂与暴露、普及与提高、世界观与文艺创作等一系列重大问题，提出了革命文艺要为人民大众，首先是为工农兵服务，文艺工作者要和工农兵相结合的结论，从根本上回答了革命文艺的方向、道路等重大原则问题。毛泽东《在延安文艺座谈会上的讲话》（以下简称《讲话》）发表之后，对当代中国的文艺乃至整个文化事业的发展产生了深远的历史影响。胡乔木1992年指出："历史已经过去了半个世纪。50年来中国文学艺术的整个历程与毛泽东的讲话密切相关。"[①]2012年，李长春在纪念《讲话》发表70周年座谈会上也强调:《讲话》"作为毛泽东思想的重要组成部分，不仅是我们党领导文化建设和文艺工作的重要里程碑，也对整个中国革命事业的发展和胜利产生了广泛而深远的指导作用；不仅将中国革命文艺运动推进到了一个崭新的阶段，也为我们今天探索和开拓中国特色社

① 胡乔木:《延安文艺座谈会前后》,《中华魂》2012年第8期（上）。

会主义文化发展道路提供了重要的理论指南”[①]。在纪念毛泽东同志诞辰120周年之际，回溯《讲话》发表后的历史命运，分析它对于党领导的文艺工作以至整个文化工作所产生的历史影响，对于我们搞清楚如何在新的历史条件下继承和坚持毛泽东的文化思想，用以分析和指导中国特色社会主义文化建设，具有重要的理论意义和现实意义。

一、座谈会和《讲话》的历史背景

从1942年春开始，毛泽东在全党范围内领导开展了长达三年的整风运动。毛泽东明确提出，这次整风的主要任务是“反对主观主义以整顿学风，反对宗派主义以整顿党风，反对党八股以整顿文风”[②]。虽然整风运动经过了充分的准备，在党的高级干部中已经达成了共识，但是，当整风运动在全党普遍开展起来的时候，也暴露出一些问题，“主要反映在延安文艺界中”[③]。“如对政治与艺术的关系问题，有人想把艺术放在政治上，或者脱离政治。对作家的立场观点问题，有人以为作家可以不要马列主义的立场观点，或者以为有了马列主义的立场观点就会妨碍写作。如对写光明写黑暗的问题，有人主张对抗战与革命应‘暴露黑暗’，写光明就是公式主义（所谓歌功颂德），还是‘杂文时代’（即主张用鲁迅对敌人的杂文来讽刺革命）一类口号也出来了。代表这些偏向的作品在文艺刊物甚至党报上都盛极一时。”[④]这种现象引起毛泽东和党中央的高度注意，在经过充分调查研究，对文艺界存在的问题有了充分了解之后，中央决定召开延安文艺座谈会。毛泽东在会上发表的《讲话》主要就是针对上述问题而展开的。毛泽东把文艺界出现上述问题的原因归结为文艺工作

---

① 李长春：《在新的历史条件下继承和弘扬〈讲话〉精神奋力开拓中国特色社会主义文化发展道路——在纪念毛泽东同志〈在延安文艺座谈会上的讲话〉发表70周年座谈会上的讲话》，《党建》2012年第6期。

② 《毛泽东选集》第3卷，人民出版社1991年版，第812页。

③ 金冲及、陈群主编：《陈云传》（上），中央文献出版社2005年版，第337页。

④ 西北五省区编纂领导小组：《陕甘宁边区抗日民主根据地·文献卷》（下），中共党史资料出版社1990年版，第449—450页。

者“头脑中间还保存着资产阶级的思想和小资产阶级的思想”[①]。针对这一思想问题，毛泽东把《讲话》要阐述的问题集中概括为“是一个为群众的问题和如何为群众的问题”。《讲话》即以这两个问题为中心展开。

延安文艺界存在的问题，有着深刻长远的历史原因。说到底，延安文艺界当时存在的问题，是近代以来一直没有得到解决的中国文化发展道路问题在延安时期的具体表现。自鸦片战争以来，中国文化开始重新审视和反思自身，这是近代以来中国文化转型的开端。接下来，围绕古今问题、中西问题，思想界进行着关于发展道路和方向问题的持久争论和艰难选择。在这一过程中，知识界、思想界长期争论，却终无定论。另外，占人口绝大多数的人民群众依然局限在传统的文化精神家园中，丝毫没有被触动，人民群众作为中国文化最重要的主体部分尚未觉醒。这是五四新文化运动前夕，中国文化变革面临的态势。五四运动开启了文化启蒙与群众运动结合的第一步，但也仅仅是开端，也仅仅是昭示了新道路、新方向的曙光。这样的方向和道路还没有在思想知识界成为共识，更没有系统、成熟的理论表达。多数的进步知识分子和文艺工作者，都还不懂得如何与文化运动和群众运动相结合。

1941 年 1 月，毛泽东在陕甘宁边区文化协会第一次代表大会上提出新民主主义文化的主张，为中国新的文化发展道路和方向作出了科学的界定：民族的、科学的、大众的文化。这个方向虽然提出来了，但是直到延安文艺座谈会召开以前，我们党“对于文学艺术工作，还没有一个统一的很好的决定”[②]。也就是说，在具体工作中，如何贯彻新民主主义文化方向，组织和教育文化队伍，开展文艺创作，都缺少明确的政策。特别是针对抗战之后大批来到延安的知识分子如何开展工作还缺少经验。在抗战初期，我们采取的方式是“来来去去，听其自便”，“我们对文化人的工作，多半只着重于招待、优待他们，而对于在思想上团结他们，教育他们，做得非常不够”[③]。即便在毛泽东提出新民主主义文化之后，党

---

① 《毛泽东文艺论集》，中央文献出版社 2002 年版，第 90 页。

② 同上书，第 87 页。

③ 西北五省区编纂领导小组：《陕甘宁边区抗日民主根据地·文献卷》（下），中共党史资料出版社 1990 年版，第 449、450 页。

的文化工作也还没有充分注意到对知识分子和文艺工作者进行思想改造的问题，而是强调了文化人的特点，对他们采取了自由主义的态度。[①]这就使得多数抗战后到延安的知识分子和文艺工作者在思想上都没有经历过一个改造的过程，还深深地受着原来所形成的小资产阶级思想的影响。

《讲话》发表之后，关于整风运动的性质，中央特别强调了克服小资产阶级思想的问题。比如，1942 年 6 月 5 日《解放日报》的社论中说："整顿三风运动的性质，正如毛泽东所说：是无产阶级思想与小资产阶级思想的斗争。这个运动，是要以无产阶级的思想克服小资产阶级的思想，不但要克服旧有的三风不正的残余，而且还要克服新的小资产阶级的不正确思想。"[②]

二、座谈会之后对《讲话》精神的贯彻和落实

"毛主席在文艺座谈会的讲话，把延安文艺家们的思想引入一个新的境界。文艺界的整风虽然在座谈会之前就已开始，但真正开展起来，则是在座谈会之后。从这时起，文艺界出现了一种从来没有的自我反省、相互批评的风气。"[③]各文艺团体和文艺工作者在学习、讨论《讲话》精神，进行自我反省和相互批评的同时，也开始思考如何在实际工作中贯彻和实践《讲话》对革命文艺提出的要求。5 月 29 日，陕甘宁边区文化工作委员会召集剧协、音协、美协等团体举行会议，决定成立临时工作委员会，实行文化人战时动员，号召大家都到部队去，到地方民兵队伍里去，开展"文化入伍"运动。7 月 9 日，陕甘宁边区文化工作委员会又召开会议，决定成立关于艺术作品的评选委员会；奖励反映边区工农兵生活的艺术作品，奖金从优。[④]9 月，延安文化俱乐部开始在延安街头举

---

① 西北五省区编纂领导小组：《陕甘宁边区抗日民主根据地·文献卷》（下），中共党史资料出版社 1990 年版，第 449 页。

② 《建党以来重要文献选编（1921—1949）》第 19 册，中央文献出版社 2011 年版，第 319 页。

③ 胡乔木：《延安文艺座谈会前后》，《中华魂》2012 年第 8 期（上）。

④ 第四次文代会筹备组起草组、文化部文学艺术研究院理论政策研究室：《六十年文艺大事记（1919—1979）》（未定稿），1979 年 10 月，第 100 页。

办“街头画报”“街头诗”“街头小说”等大型墙报。1943年春节开始，延安和各根据地掀起了大规模的“秧歌运动”。1943年3月10日，为贯彻《讲话》精神，中组部和中央文化工作委员会在延安召开文艺工作者会议，为即将下基层工作的同志送行。陈云在《关于党的文艺工作者的两个倾向问题》的讲话中，论述了文艺工作者的党性要求，并要求文艺工作者克服小资产阶级情绪，学习实际的政治，了解工农兵的斗争生活。刘少奇也讲话，要求文艺工作者直接向实际学习，直接从改造实际中学习。这些讲话都是对毛泽东《讲话》的具体阐发和运用。特别是陈云的讲话，针对文化人以什么资格做党员和文化人如何正确估计自己两个问题的论述，使文艺工作者“明白无误”地“了解到工农兵的斗争生活是第一性的，是我们的写作源泉”[①]。这次会议之后，延安各剧团纷纷下乡演出运动，“这是延安文艺界的一个重大的举动，在中国文艺运动史上产生了深远的影响。新的广阔的生活天地，给作家们提供了取之不尽的创作源泉，使解放区的文学艺术呈现出崭新的面貌”[②]。

1943年10月19日，《讲话》在延安《解放日报》全文发表。1944年1月，《讲话》在重庆《新华日报》发表，在国统区产生了巨大影响。中共南方局在董必武的领导下，组织了对《讲话》精神的学习，要求共产党员文艺工作者要深刻认识思想改造的意义，以准备迎接抗日战争的全面胜利。不过，“在重庆那样的特殊环境和条件下，主要是学习《讲话》的精神，作为不断改造思想的武器。但要具体贯彻执行深入工农兵，为工农兵服务，是不符合实际的，也是不可能的”[③]。为此，不少进步文艺工作者学习了讲话之后，要求立刻到延安或解放区，参加“真正的”革命行列。

通过对《讲话》精神的学习和贯彻，“文艺界在思想上和行动上的步调渐渐归于一致。毛泽东同志所提出的为工农兵大众服务的方向，成为

---

① 草明：《五月的延安》，载艾克恩主编：《延安文艺回忆录》，中国社会科学出版社1992年版，第120页。

② 胡乔木：《延安文艺座谈会前后》，《中华魂》2012年第8期（上）。

③ 张颖：《〈在延安文艺座谈会上的讲话〉在国统区的传播与学习》，载中共重庆市委党史工作委员会：《南方局领导下的重庆抗战文艺运动》，重庆出版社1989年版，第415页。

众所归趋的道路”[①]。在《讲话》引导下，产生了秧歌剧《兄妹开荒》，新歌剧《白毛女》，小说《小二黑结婚》《李有才板话》《太阳照在桑干河上》《暴风骤雨》，长篇新诗《王贵与李香香》等大批深受工农兵群众喜爱、影响巨大的文学艺术作品。延安文艺运动真正发挥了“团结人民、教育人民、打击敌人、消灭敌人”的作用，为革命胜利作出了巨大的历史贡献。

成功的文艺实践，使得《讲话》获得了极高的历史地位，并逐渐被提高和总结为毛泽东继马克思、恩格斯、列宁、斯大林的文艺思想之后，对马克思主义文艺思想的新发展。1943 年 11 月 7 日，中共中央发布《关于执行党的文艺方针政策的决定》，首次以党的文件的形式对《讲话》作出评价，指出，《讲话》“规定了党对于现阶段中文艺运动的基本方针”，并要求全党的文艺工作者都应该研究和实行这个文件的指示。1944 年，周扬在《马克思主义与文艺》一书的长篇序言中指出：《讲话》给革命文艺指示了新方向，这个讲话是中国革命文学史、思想史上的一个划时代的文献，是马克思主义科学与文艺政策的最通俗化、具体化的一个概括，因此又是马克思主义文艺科学与文艺政策的最好的课本。”“毛泽东同志的这个讲话一方面很好地说明了马克思、恩格斯、列宁等人的文艺思想，另一方面，他们的文艺思想又恰好证实了毛泽东同志文艺理论的正确。”[②]这是《讲话》第一次被提高到马克思主义文艺发展史的高度来予以评价。此外，郭沫若、茅盾、夏衍等也都撰写文章，介绍《讲话》内容，畅谈学习体会。《讲话》作为马克思主义文艺理论经典著作的历史地位得到了理论的阐发和说明。

三、新中国成立后前 17 年对《讲话》的贯彻和实践

1949 年 7 月，全国第一次文代会召开。毛泽东的贺电和讲话、朱德的祝词、周恩来的政治报告、郭沫若的总报告、茅盾的报告等，都坚持

---

① 《胡乔木文集》第 1 卷，人民出版社 2012 年版，第 101 页。

② 《周扬文艺论选》，人民文学出版社 2009 年版，第 112 页。

和强调了《讲话》所提出的为人民服务的社会主义文艺方向。周恩来的报告中专门讲到为人民服务的问题，要求文艺工作者继续熟悉工人、农民和士兵，主要的力量应该放在反映工农兵身上，不然就不可能反映出这个伟大的时代，不可能反映出创造这个伟大时代的伟大劳动人民。周扬的报告则提得十分明确："《在延安文艺座谈会上的讲话》规定了新中国的文艺的方向，……除此之外再没有第二个方向了，如果有，那就是错误的方向。"①经过第一次文代会,《讲话》阐述的坚持文艺为人民服务的方向被确立为新中国文艺的发展方向。1953 年 9 月 10 日，中共文化部党组向中共中央提交《关于目前文化艺术工作状况和今后改进意见的报告》；1954 年 1 月 8 日，中共中央批准了这个报告，并在批语中说：文化工作的首要任务是积极发展适合群众需要的新的文学艺术和电影的创作，应抓紧对文艺创作（包括文学、戏剧、电影、美术、音乐等）的领导，引导作家按照文艺为工农兵服务的政治方向和社会主义现实主义的创作原则前进。这个批示提出了过渡时期党领导文化艺术工作的方针和任务，坚持了《讲话》所提出的为工农兵服务的方向，并把它和社会主义现实主义创作原则结合起来，对于繁荣中国文化艺术事业具有重要指导作用。1962 年,《讲话》发表 20 周年之际，广大文艺工作者向全国发出"为最广大的人民群众服务"的口号，号召文艺工作者自觉地以《讲话》精神为指导，进行新时代的艺术创作。

社会主义建设全面开展以后，在文化工作中如何对待传统的、西方的文化资源问题，也就是古今、中西问题，又一次摆在共产党人面前。这一问题就是：在新的形势和任务下，如何使我国的传统文化和西方的文化为社会主义文化建设所用，为人民服务的问题。围绕这一问题的思考，毛泽东提出了"古为今用、洋为中用"，以及"双百"方针等理念和原则。此外，伴随着四个现代化的社会主义建设目标而提出了"科学文化现代化"的远大目标。上述种种，都体现了共产党人在革命胜利后，在新中国奠基、开展社会主义建设的历史背景下，对于文化发展方针、路线和目标的探索，其中始终贯穿着《讲话》精神的光芒。

---

①《周扬文艺论选》，人民文学出版社 2009 年版，第 371 页。

在《讲话》指导下，新中国的文艺创作取得了辉煌的成就。新的文化艺术很快代替旧的、腐朽、落后的文化艺术，到20世纪60年代前期，涌现了《创业史》《林海雪原》《青春之歌》《铁道游击队》《智取华山》《渡江侦察记》《上甘岭》《红旗谱》《红色娘子军》《野火春风斗古城》《小兵张嘎》《白求恩大夫》《冰山上的来客》《霓虹灯下的哨兵》《英雄儿女》《雷锋》《红岩》《敌后武工队》《洪湖赤卫队》《江姐》《长征组歌》等众多的文学、电影和戏剧作品，创造了新中国文艺发展史上辉煌的历史篇章。同时，也培育了无数优秀的人民艺术家。1987年5月，王震在纪念《讲话》45周年的讲话中指出：可以毫不夸张地说，从《讲话》发表以后成长起来的、卓有成绩的中国作家，都曾程度不同地受到过它的教育和影响。[①]这一估计，不但对于延安时期的文艺工作者适用，用在五六十年代涌现出的人民艺术家身上，也是十分恰当的。《青春之歌》的作者杨沫曾深情地说：《讲话》是部划时代的宏伟巨著。我个人如果不是受《讲话》的影响，比较认真刻苦地改造世界观、人生观，我想是不会写出《青春之歌》的。[②]

从新中国成立，到20世纪60年代前期，《讲话》的贯彻和实践也并非十分顺利，其中包含着对错误思想的斗争，也包含着斗争过程中我们的失误。

新中国成立之后，思想文艺界的队伍又面临新的重大变化：大批未经改造的资产阶级、小资产阶级的文艺家参加了革命文艺的队伍。党对他们的思想状况的基本判断是："从他们中间带来了一些旧社会的意识残余和非无产阶级的文艺思想。一部分来自老解放区的文艺工作者在进入城市以后，受了资产阶级思想的侵蚀和影响，迷失了原来的方向，而文艺界的许多领导同志又放弃了或惰怠于思想领导的工作，陷入事务主义的泥坑。这就使文艺工作中产生了相当严重的思想混乱的现象，使文艺创作缺乏生气，使文艺工作不能有效地担负起它应有的教育人民，鼓舞

① 王震：《满腔热情地对待人民事业——1987年5月10日在纪念〈在延安文艺座谈会上的讲话〉发表45周年学术讨论会上的讲话》，《人民日报》1987年5月23日。

② 杨沫：《我的切身体会：〈讲话〉没有过时》，《阵地》1992年第3期。

人民前进的重大任务。”[①] 为此，1951 年，中共中央在文艺界开展了一次整风学习运动，通过“发动严肃的批评和自我批评，克服文艺干部中的错误思想，发扬正确思想，整顿文艺工作，使文艺工作向着健康的方向发展”[②]。还有另一方面的情况，“和上述倾向看来似乎相反，而实际上也是脱离群众脱离生活的，便是文艺创作上的公式化和概念化的倾向。这种倾向主要地是由于庸俗地了解文艺的政治任务而来的。这类作品，除了掇拾来一些口号和概念之外，空无所有。它的人物是没有血肉没有性格的，它的内容是缺乏生活的。它只是把肤浅的政治概念和公式化的故事粗糙地揉合在一起。它既不是现实生活的深刻的反映，因此，也就不会对群众产生真正的教育作用”[③]。

上述两种倾向和问题，毛泽东的《讲话》中都已充分地讲到了，但是在新中国成立后的新的历史条件下，依然不时表现出来。早在延安文艺座谈会后不久，毛泽东就指出：“现在是过渡时期，我看这一时期在中国要五十年，这五十年是很麻烦的，这是资产阶级、小资产阶级出身的文艺家和工人农民结合的过程。在此期间，有点麻烦，出点乱子，是不可避免的，我们的政策是要小心地好好引导他们自觉地而不是勉强地和工农打成一片。”[④] “我们要慢慢地来，要进行宣传解释，光是写几篇文章作几次演说办不了事，一定要具体地一步一步地来，没有一次就成功那样容易的事。”[⑤] 这是一种冷静、客观的估计。不过，由于党的指导思想从 1957 年反右派斗争扩大化开始，逐渐走向“左”倾，毛泽东对于文艺界存在的问题，特别是小资产阶级的思想影响问题，显得越来越急躁，以致在 1957 年开展的反右派斗争中，发动了对思想文艺界的过火批判，丁玲、陈企霞被错误认定为“反党集团”，大批知识分子被划为右派。在当时，毛泽东认为反右派斗争对促进无产阶级文学艺术的发展有着重要意

---

① 《人民日报》社论:《继续为毛泽东同志所提出的文艺方向而斗争——纪念毛泽东同志的“在延安文艺座谈会上的讲话”发表十周年》,《人民日报》1952 年 5 月 23 日。

② 《毛泽东文艺论集》，中央文献出版社 2002 年版，第 138 页。

③ 《人民日报》社论:《继续为毛泽东同志所提出的文艺方向而斗争——纪念毛泽东同志的“在延安文艺座谈会上的讲话”发表十周年》,《人民日报》1952 年 5 月 23 日。

④ 《毛泽东文艺论集》，中央文献出版社 2002 年版，第 93—94 页。

⑤ 同上书，第 96 页。

义，他指出："在我国，1957 年才在全国范围内举行一次最彻底的思想战线和政治战线上的社会主义大革命，给资产阶级反动思想以致命的打击，解放文学艺术界及其后备军的生产力，解除旧社会给他们戴上的脚镣手铐，免除反动空气的威胁，替无产阶级文学艺术开辟了一条广泛发展的道路。在这以前，这个历史任务是没有完成的。这个开辟道路的工作今后还要做，旧基地的清除不是一年工夫可以完成的。但是基本的道路算是开辟了，几十路、几百路纵队的无产阶级文学艺术战士可以在这条道路上纵横驰骋了。"①

然而，后来的历史发展并没有成为毛泽东所期望的样子，社会主义文学艺术并没有由此走向蓬勃发展的道路，而是从这时起越来越受到"左"倾思想的影响。尽管如此，新中国成立后的前 17 年中，党的路线总的来说是正确的。至于文艺工作方面，也如邓小平在第四次文代会上所说的，错误是有的，但 17 年的文艺路线基本是正确的。因此，我们可以说，17 年间，《讲话》所确立的社会主义文艺发展方向得到了基本的坚持，这正是新中国成立后社会主义文艺取得重大成就的根本原因。

十年"文革"期间，在"左"倾错误路线的影响下，《讲话》提出的"为人民服务的方向"在口头上、意识形态上，依然被作为文艺工作的方向，但是，在"左"倾思想路线的影响下，虽然也产生不少优秀文艺作品，但不可能真正解决文化如何为人民服务的问题，也就不可能坚持为人民服务的方向。《讲话》中关于"文艺与政治""文艺与时代""文艺与生活""形式与内容"的科学内容，都不可能得到正确的理解和运用。《讲话》甚至被极左化阐释，被"四人帮"拿来当作"黑线文艺专政论"的理论依据，被歪曲化利用，变成政治斗争的工具。这样错误地对待《讲话》，当然是为错误的政治路线服务的。

四、新时期对《讲话》精神的继承与发展

"文革"结束后，历史进入了拨乱反正的时期。对于《讲话》的态度

① 《建国以来毛泽东文稿》第 7 册，中央文献出版社 1992 年版，第 94 页。

和研究，同样也首先经历了一个拨乱反正的阶段。1977 年是《讲话》发表 35 周年。《红旗》杂志、《文汇报》、《解放军报》、《人民日报》等，都发表了文章。这些文章主要还是停留在批判和肃清“四人帮”流毒的层面上，反对从“左”的方面歪曲《讲话》精神。

十一届三中全会之后，对于《讲话》的科学继承和发展才成为可能。1979 年 10 月，邓小平在第四次文代会上的祝词是《讲话》发表之后对于《讲话》精神的第一次重要的丰富和发展，其中关于党的领导和文艺工作者的关系，政治和文艺的关系等问题的论述，意义重大。邓小平的祝词，继承了《讲话》关于文艺要服务于人民的根本方向，又总结正反两方面经验和教训，根据新的形势和任务阐述文艺与政治的关系，为新时期思想解放运动和文学艺术的发展奠定了理论基础，同时也为以科学的态度研究《讲话》提供了理论依据。1981 年 8 月，胡乔木在中宣部召集的思想战线问题座谈会上讲话中指出：毛泽东同志的文艺思想要求作家深入到生活里面去，深入到群众里面去，坚定不移地站在人民的立场上，为人民服务，首先是为工农兵服务，这是我们必须坚持而不能动摇的。但是，“长期的实践证明，《讲话》中关于文艺从属于政治的提法，关于把文艺作品的思想内容简单地归结为作品的政治观点、政治倾向性，并把政治标准作为衡量文艺作品的第一标准的提法，关于把具有社会的人性完全归结为阶级性的提法……虽然有它们产生的一定的历史原因，但究竟是不确切的，并且对于建国以来的文艺的发展产生了不利的影响”。因此，对于毛泽东文艺思想的核心要坚决加以维护和发展，对于它的某些不正确方面不要重蹈覆辙。[①] 贺敬之也明确提出：我们对待延安文艺的成就和经验既不能采取虚无主义的态度，也不能采取教条主义的态度。现在，我们国家已经消灭了剥削制度，阶级斗争虽在一定范围内还存在，但已不是主要矛盾，党和国家的工作重点已转移到“四化”建设上来，在这种条件下，就不能照搬针对当时情况的论断原封不动地用于今天。[②]

在提倡以科学态度对待《讲话》的同时，也出现了否定《讲话》、否

① 《胡乔木文集》第 2 卷，人民出版社 2012 年版，第 493—494 页。

② 《继承·发扬·革新·创造——答〈延安文艺研究〉主编问》，载《贺敬之文集·文论卷》（下），作家出版社 2004 年版，第 125—126 页。

定毛泽东文艺思想的现象。这突出表现在20世纪80年代资产阶级自由化思潮泛滥期间，特别是1989年，发表了许多这方面的文章，提出毛泽东“用的是比‘五四’远远落后得多的思想理论武器”，结果“彻底埋葬了‘五四’的全部精神遗产，使中国社会倒退到‘五四’以前的文化状态中去”，毛泽东文艺思想是“阴谋文艺”的根子，“给当代文坛注入了不安定因素”；等等[①]。这些言论，针对《讲话》而发，但是其攻击目标则是整个毛泽东的文艺思想，甚至是社会主义的文艺方向。针对上述错误言论，1990年5月，中国延安文艺学会、中国艺术研究院等15个单位和团体，在人民大会堂小礼堂联合召开《讲话》发表48周年学术研讨会。会议就如何沿着《讲话》的正确道路，端正文艺方向，整顿文艺队伍，深入批判资产阶级自由化的教育和斗争，应对“精英”们的挑战等问题展开讨论。李希凡在闭幕词中说：真要使广大文艺工作者都回到社会主义文艺方向上来，深入开展对资产阶级自由化的批判，那斗争将是持久的。[②]

20世纪90年代以来，我们不断推进文化体制改革，加快对社会主义文化发展道路的探索。特别是党的十六大以来，逐渐走出一条中国特色社会主义文化发展道路。看起来，今天我们对于社会主义文化建设的布局已与延安时期、新中国成立之后大不相同。但是，《讲话》的核心立场原则始终没有改变，只是为人民服务的方式随着时代条件的发展发生了巨大改变。在文化内容上，文学艺术作品的主要内容不再是反映阶级斗争、革命需要，而是在强调弘扬主旋律的前提下，为人民群众提供丰富多样的文化产品，满足人民群众读书、学习、陶冶情操、提升素质以及休闲娱乐等多重文化需求。在文化产品生产和供给方式上，改变了过去主要是按计划、统一生产和供给的模式，采取基本公共文化服务产品无偿供给与个性化文化消费市场供给相结合的方式。所以，过去只有文化事业，现在既有文化事业，也有文化产业。具体采取的模式就是建设覆

---

① 转引自余飘：《关于毛泽东文艺思想问题的论争》，载艾克恩主编：《延安城头望柳青——毛泽东同志〈在延安文艺座谈会上的讲话〉学习文集》，文化艺术出版社1991年版，第57页。

② 李希凡：《用〈讲话〉精神抓好整顿与繁荣》，载艾克恩主编：《延安城头望柳青——毛泽东同志〈在延安文艺座谈会上的讲话〉学习文集》，文化艺术出版社1991年版，第41页。

盖城乡的公共文化服务体系和繁荣文化市场、发展文化产业相结合，两翼齐飞，两轮齐驱。

这也就是我们今天对于延安讲话精神的传承和创新：文艺为什么人的问题始终没有改变，就是坚持为人民服务。但是如何为人民服务，服务的途径是怎样的？我们在市场经济条件下构筑了崭新的服务体系，使更多的百姓更充分地享受到来自政府和市场两方面的文化服务。因此，改变了的只是服务群众的方式。2012 年，李长春在纪念《讲话》发表 70 周年座谈会上的讲话中鲜明地指出："在新的历史条件下继承和弘扬《讲话》精神，最重要的就是坚持中国特色社会主义文化发展道路。"[①]

五、《讲话》的现实意义

同多数马克思主义的经典文献一样，《讲话》发表后，在 70 多年的时间长河中经历了曲折的历史命运。在被用以指导文艺实践的过程中，它取得过成功的经验，也遭遇过严重的挫折。对于成功的经验，应该归功于《讲话》，归功于它准确科学地分析了新民主主义革命时期文艺工作所面临的形势和任务，提出了文艺为工农兵服务的正确方向，并解决了如何为工农兵服务的问题。对于《讲话》所经历的挫折，责任在于我们没有采取科学的态度来继承和运用《讲话》所体现的科学的方法论原则。

在《讲话》发表后的延安文艺时期，它对于文艺实践所起的作用，可以说是一纸雄文定天下。之所以定天下，首先是它蕴含着马克思主义的实事求是的基本原理，蕴含着历史唯物主义的群众创造历史的观点，坚定地站在为人民大众服务的正确立场上。更重要的是，它对于当时的现实进行了透彻的分析，对于文艺运动中的问题具有极强的针对性，并且提出了系统的、可行的解决方法。这就是文艺工作者要走到群众中去，与工农兵相融合。我们今天来学习《讲话》，不应该苛求《讲话》要完全适应今天的现实，能够对今天的现实有直接的针对性。而是学习《讲话》

① 李长春：《在新的历史条件下继承和弘扬〈讲话〉精神 奋力开拓中国特色社会主义文化发展道路——在纪念毛泽东同志〈在延安文艺座谈会上的讲话〉发表 70 周年座谈会上的讲话》，《党建》2012 年第 6 期。

所体现出来马克思主义的立场，历史唯物主义的观点和方法，能够真正地面对实际问题，把实际问题研究和分析透彻，并且有勇气站在群众的立场上，提出正确的、可行的路径和方法。

在今天，我们的中国特色社会主义文化建设，当然要坚持为人民服务的方向，问题的关键还在于如何解决好为人民服务的问题。今天，我们面临的是一个存在多个社会阶层、寻求不同社会阶层和谐共处的时代，团结一致建设中国特色社会主义是各个社会阶层共同的目标。那么，在这样的社会条件和目标任务之下，文艺为人民服务主要应该是为哪些人服务？人民的主体是谁？我们的文艺作品有没有很好地反映他们的现实生活，以及从他们由自己的现实生活中而产生出来的思想和情感，意志和追求？如果没有的话，该如何改进对文学艺术工作的领导？

今天的文艺工作在取得了较大成绩的同时，也存在一些问题，例如，能够反映广大人民群众，特别是工人、农民现实生活的作品太少。一些作品中越来越多地充斥着所谓“精英”“成功人士”“高富帅”“白富美”的形象。在这类作品中，普通人民群众的生活被虚无化，他们的劳动和人生价值得不到肯定。比如，有一部反映医患关系的电视剧，选题按说是不错的，切中当下医患关系冲突的现实，但是帅气、靓丽的男女主角完全把这样一个严肃话题演绎成了时尚偶像剧。其中，还刻画了一个愚笨可笑的农民工形象作为男女主角施舍善意的陪衬物。试想，我们的农民工兄弟看了会作何感想？他们在城市中的现实生活已委实不易，而艺术作品中又这样来刻画他们，那么，他们会对自己的身份、自己的生活、自己的劳动感到骄傲吗？会对自己的人生产生肯定吗？

如果说，毛泽东毕生的文化追求，是要让人民群众在文化上高大起来、自信起来；如果说，《讲话》发表后曾经非常成功地发挥着这样的作用；那么，今天恰恰有不少作品，正在把广大的普通群众矮化，使他们矮小下去，卑微下去！这是需要我们深刻反思的。

[原载《西部学刊》2013年第12期]

第二篇

新中国文艺的启航：基于第一次文代会的历史考察

潘　娜

1949 年 1 月 31 日，北平和平解放标志着平津战役胜利结束。华北解放区的大批文艺工作者随部队进城，原国统区的革命文艺工作者和进步文艺人士相继来到北平，200 多名国共和谈破裂时疏散到香港的文艺界人士也于 3 月中旬到达北平。[①] 与此同时，部队文艺工作者大量增加[②]，军民联欢的文艺演出活动在北平迅速而热烈地开展起来。在这种条件下，中国共产党倡议召开一个文艺大会，把分散的文艺力量团结在一起，并成立全国性的文艺组织。目前，学界关于 1949 年 7 月召开的第一次文代会的研究成果主要集中在文学领域，其关注焦点多为第一次文代会对中国当代文学形态和文学体制的影响以及对某些具体问题的考察，[③] 国史领域关于第一次文代会的专门研究不充分。本文在相关档案文献、汇编资料、回忆录和口述实录等资料的基础上，对中国共产党在倡议召开第一次文代会过程中所发挥的思想领导和组织领导作用进行一些探讨，以期推动

---

① 李伟江编：《冯乃超研究资料》，陕西人民出版社 1992 年版，第 153 页。

② 当时，人民解放军招收了大量平津地区的学生入伍，又由高校分配学员，再加上地方军区文艺单位调来的文艺骨干，使得入城部队的文工团、宣传队大为充实。

③ 相关研究成果主要有：斯炎伟：《全国第一次文代会与新中国文学体制的建构》，人民文学出版社 2008 年版；王本朝：《第一次文代会与中国当代文学的发生》，《广东社会科学》2008 年第 4 期；黄发有：《〈文艺报〉试刊与第一次文代会》，《文学评论》2014 年第 1 期；王秀涛：《"新的人民的文艺"的示范——第一次文代会招待演出考论》，《文艺研究》2018 年第 7 期；等等。

这一问题的深入研究。

一、第一次文代会筹备委员会的推选

由合适的人选组成筹备委员会是顺利开展第一次文代会筹备工作的前提。1949 年 2 月 15 日，中共中央向华北局宣传部部长周扬和解放区各局发出《中共中央关于召开文协筹备会的通知》。该通知主要是指示华北文协①与全国文协②联名发起会议，筹备新的全国文协大会，“大致拟定参加此项会议的人数（不要多）及主要的人选”③。全国文协是抗日战争时期中国共产党领导的文艺界统一战线组织，分会遍布全国各地并开展对外工作，在广泛联系爱国文艺人士和鼓舞军民团结抗敌方面发挥了重要作用。④该协会共有理事 45 人，大多数为国统区的革命文艺工作者和进步文艺人士，如通知中提到的已经到达解放区的郭沫若、茅盾、叶圣陶、田汉、洪深、胡风等人和正在约请中的曹禺、巴金等人。⑤该通知还提到了“各解放区文协”和“新的全国文协”。“各解放区文协”是指华北、东北、西北、华东、华中五大解放区已经成立或正在成立中的文艺界协会。其中，华北文协聚集了大批从解放区和国统区汇聚而来的文艺界人士。“据粗略估计，1948—1949 年，云集石家庄的革命文艺工作者有近千人之多，其中驰誉中国文坛的佼佼者就有 100 多位。”⑥“新的全国文协”是指拟成立的“中华全国文学艺术界联合会”（以下简称全国文联）。

1949 年 3 月 5 日，周扬致电中共中央及中共中央宣传部部长陆定一，

---

① 华北文协于 1948 年 8 月 8 日由晋察冀边区文联和晋冀鲁豫文联在河北省石家庄市合并成立。

② 全国文协即 1938 年 3 月 27 日成立于湖北省武汉市的中华全国文艺界抗敌协会，1945 年 10 月 21 日改名为中华全国文艺界协会。

③ 中共中央党史研究室、中央档案馆编：《中共党史资料》第 84 辑，中共党史出版社 2002 年版，第 1 页。

④ 中共中央党史研究室一室编著：《〈中国共产党历史（上卷）〉注释集》，中共党史出版社 1991 年版，第 266—268 页。

⑤ 中共中央党史研究室、中央档案馆编：《中共党史资料》第 84 辑，中共党史出版社 2002 年版，第 1 页。

⑥ 石家庄市政协编：《转折：1947 石家庄》，中国文史出版社 2007 年版，第 363—364 页。

提出由华北文协及原全国文协在京理事发起、产生筹备委员会，并拟出了筹备委员会名单，茅盾为主任，周扬、沙可夫为副主任。9 日，中共中央复电周扬，要其“与罗迈（即中共中央统战部部长李维汉——引者注）及党外人士从长计议，再行商定，务使各方均感满意，以利团结”[①]。同日，周扬再次致电中共中央及陆定一，表示上次电报发出后又与郭沫若、茅盾、田汉、洪深等人进行了磋商。他根据商议情况重拟了一份由 19 人组成的筹委会名单，并提出了第一次文代会召开的初步方案，同时强调：“筹委会正副主任委员人选，未便与他们交换意见。前电所提当否，请一并考虑示知。”[②]16 日，中共中央再次复电周扬，提出筹备委员会正副主任人选“以郭、茅、周扬三人担任为宜”[③]。

对于筹备委员会正副主任人选，中共中央有较为周全而长远的考虑。“皖南事变”后，在同国民党分裂倒退和专制统治的斗争中，中共中央实际上已经确定了“郭沫若在进步文化队伍中领军人物的地位”[④]。1941 年 11 月 16 日，周恩来撰写了《我要说的话》刊载在重庆《新华日报》头版。文章指出：“鲁迅是新文化运动的导师，郭沫若便是新文化运动的主将。鲁迅如果是将没有路的路开辟出来的先锋，郭沫若便是带着大家一道前进的向导。”[⑤] 中央充分考虑了郭沫若的影响力、号召力以及为党作出的重要贡献，因此推举其为第一次文代会筹备委员会主任。茅盾、周扬两位副主任分别来自国统区和解放区，比全部由来自解放区的文艺干部担任副主任更具有代表性。

中共中央对筹备委员会委员的业务领域也有充分考虑，在 3 月 16 日给周扬的复电中提出：“文协筹委会 19 人名单同意。但其中无电影及新派画家代表。请考虑增加袁牧之、叶浅予、欧阳予倩、赵树理、古元等

---

① 中共中央党史研究室、中央档案馆编：《中共党史资料》第 84 辑，中共党史出版社 2002 年版，第 2 页。

② 同上书，第 4 页。

③ 同上书，第 2—6 页。

④ 中共四川省委党史研究室编：《中共中央南方局的文化工作》，中共党史出版社 2009 年版，第 158 页。

⑤ 《周恩来文化文选》，中央文献出版社 1998 年版，第 759—760 页。

24人。”[①]这就尽可能地将各个领域的代表都汇聚到筹备委员会中，从而使其具有更加广泛的团结和动员能力。

1949年3月22日，全国文协在北平的“总会理监事与华北文协理事”在北京饭店举行联席会议。会议决定召开中华全国文学艺术工作者代表大会，成立新的全国性文艺界组织，参会文艺界人士一致表示赞成并当场推选了由37人组成的筹备委员会，并选举郭沫若为筹备委员会主任，茅盾、周扬为副主任。[②]筹备委员会后来又增加到42人，其中常务委员为郭沫若、茅盾、周扬、叶圣陶、沙可夫、艾青、李广田7人。沙可夫为秘书长，[③]黄药眠、陈企霞、沈图为副秘书长。[④]由此，筹备委员会正式成立，开启了第一次文代会的实际筹备工作。中共中央在3月16日给周扬的复电中还特别强调：“与文艺界人物来往，要采取坦白诚恳态度，如正副主任委员人选问题，必须与他们交换意见。其他各项亦然。在开会之前，要多花时间与各方作幕后协商，商妥后再开会通过。”[⑤]从第一次文代会筹备委员会的形成过程，可以看出中共中央对文艺工作的高度重视。

二、文代会党组的领导作用

在非党文艺团体的会员代表大会及其领导机构中成立党组，是中国共产党为充分发挥党员在非党文艺团体领导机构中的关键作用，从而加强党的影响、实现党的政策而作出的规定。1928年7月10日，中共六大通过的《中国共产党党章》（以下简称《党章》）中专门设有“党

---

① 中共中央党史研究室、中央档案馆编：《中共党史资料》第84辑，中共党史出版社2002年版，第6页。

② 《重建全国文艺组织将召开全国文艺界代表大会推选郭沫若等为筹备委员》，《人民日报》1949年3月25日。

③ 中华全国文学艺术工作者代表大会宣传处编：《中华全国文学艺术工作者代表大会纪念文集》，新华书店1950年版，第125—126页。

④ 中国文联编著：《文联工作概论》，中国文联出版社2011年版，第50页。

⑤ 中共中央党史研究室、中央档案馆编：《中共党史资料》第84辑，中共党史出版社2002年版，第6—7页。

团”[①]一章，规定：“在非党组织（如职工会、农会、社会团体及文化组织等）之各种代表大会和会议上及机关中，凡有党员三人以上者均成立党团”“党团选举党团干事会”“党团所在组织中各项要解决的问题，应该先经党团会议或党团干事会之讨论”。[②]第二次国内革命战争时期，中国左翼作家联盟（以下简称“左联”）党团就在该组织中为传播无产阶级文艺理论和进步文艺创作而发挥过重要的领导作用，潘汉年、冯乃超、阳翰笙、钱杏邨[③]、叶林、周扬等先后担任过左联党团书记。[④]在第一次文代会筹备的过程中，文代会党组干事会起到了关键作用。党组干事会成员由文代会筹备委员会中的16位党员、5个解放区代表团的5位党组负责人和部队代表团的2位党组负责人组成，共计23人。其中，周扬任党组干事会书记，常委有周扬、沙可夫、丁玲、柯仲平、周文、何其芳、冯乃超7人，陈企霞任秘书。[⑤]党组干事会主要负责将中共中央的指示精神落实到大会主题报告起草、作品选评、会议期间的演出和展览、组织宣传等各项关乎文艺方向的具体工作中。

在文代会筹备期间，周恩来亲自指导了文代会党组的工作，并反复强调巩固和扩大文艺界统一战线的重要性。1949年5月13日晚，周恩来邀请周扬、茅盾、萨空了、胡愈之、袁牧之、钱杏邨、郑振铎、潘汉年、许涤新、夏衍等文代会党组成员和文艺界、新闻界知名人士座谈。关于举办第一次文代会的方针和主旨，周恩来指出：“这次文代会是会师大会、团结大会，团结的面要宽，越宽越好。不只解放区和大后方的进步文艺工作者要团结，对过去不问政治的文艺工作者要团结，甚至对反

---

① 中共七大通过的《中国共产党党章》将“党团”改称“党组”。

② 《建党以来重要文献选编（1921—1949）》第5册，中央文献出版社2011年版，第481—482页。

③ 钱杏邨（1900—1977），著名文学家、戏剧家、文艺理论家。天津解放后，曾任该市文化局局长。第一次文代会后当选为中华全国文学艺术界联合会全国委员会委员、指导部副部长。新中国成立后，曾任华北文联主席、中国文联副秘书长等。笔名阿英。参见刘绍唐主编：《民国人物小传》第6册，上海三联书店2015年版，第435—438页。

④ 中共中央组织部编：《中国共产党组织工作辞典（修订本）》，党建读物出版社2009年版，第87页。

⑤ 中共中央党史研究室、中央档案馆编：《中共党史资料》第84辑，中共党史出版社2002年版，第8—9页。

对过我们的文艺工作者，只要现在不反共，也要团结。总方针是：凡是愿意留下来的、爱国的、愿意为新中国工作的文艺工作者，我们都要团结、争取。这只是一个‘闻道有先后’的问题。还说：上海有许多专家学者和全国闻名的艺术家，你们到上海一定要一一登门拜访，尊重他们，听取他们的意见。总的一句话，要团结，要安定。”①据钱杏邨日记记载，这次座谈从晚10时一直谈到次日凌晨3时。会后，文代会党组根据周恩来的指示精神召开党组会议集体讨论并形成了一致意见。②6月22日，文代会党组在给中共中央的报告中关于大会的方针问题写道：“一致同意此次大会应是一个团结大会。在反帝、反封建、反官僚资产阶级的共同原则下，团结一切爱国的民主的文艺工作者，在无产阶级思想领导即毛泽东文艺方向的领导下，容许小资产阶级、资产阶级的思想及各种不同的艺术倾向”，并提出“大会必须着重宣传毛主席文艺方向，要通过各种实例进行宣传”。③由此可以看出，第一次文代会方针明确提出了团结和争取文艺力量的范围及以1942年毛泽东《在延安文艺座谈会上的讲话》为思想引领。

此外，文代会党组还就一些重要问题进行集体议决。6月24日，文代会党组召开了讨论大会主席团名单、各代表团组织、全国文联章程草案等问题的会议。④周扬等人于26日晚向周恩来汇报，从晚9时一直谈到次日凌晨4时。⑤由于中共中央的高度重视，第一次文代会筹备工作中的各项重要事宜得到了切实落实。关于各代表团的人数比例问题，文代会党组在筹备过程中根据实际情况向中共中央请示汇报并作出相应调整。当时，野战军因为有作战行动而不便派代表参会，代表人数仅占8.02%。⑥对此，文代会党组向中央请示在野战军派来演出的剧团和各地方

---

① 《周恩来年谱（1898—1949）》，中央文献出版社2007年版，第847页。

② 阿英：《第一次文代会日记》，《新文学史料》1978年第1期。

③ 中共中央党史研究室、中央档案馆编：《中共党史资料》第84辑，中共党史出版社2002年版，第10页。

④ 阿英：《第一次文代会日记》，《新文学史料》1978年第1期。

⑤ 钱璎、钱小惠：《镜湖水——钱杏邨纪传》，山西人民出版社1999年版，第180页。

⑥ 中共中央党史研究室、中央档案馆编：《中共党史资料》第84辑，中共党史出版社2002年版，第9页。

军区中选出一些代表，中央对此表示同意。第一次文代会召开之时，部队代表团人数为 99 人，占代表总数的 12.02%，[①] 从而使部队文艺工作者的代表性得到体现。可以说，文代会党组作为筹备委员会的领导核心，在大会筹备过程中发挥了思想领导和组织领导的关键作用。

三、文艺创作的交流与示范

解放战争时期，各路文艺队伍基本处于分割隔绝状态，彼此之间难有思想沟通和创作交流的机会。文代会筹备委员会委员张庚[②]曾回忆："开这个会的时候是一个什么情况呢？就是长期在解放区工作的是一部分，长期在国统区工作的又是一部分。这些人过去当然也有许多是互相认识的，但也有七八年不见面了，各人做的工作也不一样了——国统区的工作和解放区的工作完全不一样，因此这两家这次见面，党提出的口号是：大家互相团结，共同来为新中国的文艺发展尽力。"[③] 不仅国统区的进步文艺人士与解放区的文艺工作者彼此知之甚少，各解放区的文艺工作者之间也同样如此。据部队代表团成员胡可[④]记述："譬如我身处晋察冀解放区，就不太了解山东地区有多少剧社和戏剧作品，作为八路军，我也不知道南方新四军的文艺动向。"[⑤] 因此，文艺演出和文艺作品的交流与示范

① 中华全国文学艺术工作者代表大会宣传处编：《中华全国文学艺术工作者代表大会纪念文集》，新华书店 1950 年版，第 556—557 页。

② 张庚（1911—2003），著名戏剧理论家、戏剧教育家、戏剧史家。第一次文代会后当选为中华全国戏剧工作者协会副主席。新中国成立后，历任中央戏剧学院副院长、中国戏曲研究院副院长、中国戏曲学院院长、中国艺术研究院副院长等。参见李维民主编：《中国人物年鉴（2012）》，中国人物年鉴社 2013 年版，第 433—434 页。

③ 张军锋编：《延安文艺座谈会的台前幕后》上册，陕西师范大学出版社 2014 年版，第 85—86 页。

④ 胡可（1921—2019），剧作家。新中国成立后，曾任华北军区政治部文化部创作员，1958 年任中国人民解放军石家庄军分区副政委。他创作过多幕话剧《战线南移》《槐树庄》等，获得戏剧界的高度评价。曾参加第一次、第二次、第三次全国文代会，并当选为中国作家协会和中国戏剧家协会理事。参见《中国文学家辞典》现代第 1 分册，四川人民出版社 1979 年版，第 411—412 页。

⑤ 中国文联理论研究室编：《美好回忆盛世华章——庆祝中国文联成立 60 周年"我与文联"大型征文集粹》（上），中央文献出版社 2009 年版，第 58 页。

成为第一次文代会议程之外的重要内容。

大会安排了解放区和国统区文艺队伍的合作演出，以加深彼此之间的交流。如《黄河大合唱》的指挥小组就是由解放区和国统区的指挥家共同组成。来自国统区的指挥家严良堃在回忆文章中生动地记述了当时排练磨合的过程："在一次排练中，首席定音之后，有一位吹黑管的同志说音准太高，都是血气方刚的小伙子，两人为此争执不下，最后首席竟被气得夹着提琴就走了。我只好从中调解，化解两人的误会，最终由来自两个区的乐队协同努力，将《黄河大合唱》完美地呈现出来，展现了一派团结奋进、欣欣向荣的新气象。"①

在加深创作交流的同时，文艺工作者的思想交流也在不断深入。在大会筹备召开过程中，《文艺报》作为第一次文代会的会刊试刊出版了13期，发表了大量介绍各地文艺创作活动和实践经验的文章，并鼓励有关全国文联的各方面问题的商讨。②第一次文代会成功召开之后，《文艺报》正式创刊。1949年9月25日，茅盾在《文艺报》创刊号上发表了《一致的要求和愿望》一文，系统总结了第一次文代会期间大会提案委员会归纳整理的几百件提案所反映出的思想认识和基本共识，归纳起来即："'第一，是加强理论学习'；'第二，是加强创作活动'；'第三，是加强文艺的组织工作'；'第四，继续对封建文艺以及买办文艺、帝国主义文艺展开顽强的斗争'。"③可见，创作交流和文艺组织工作的探讨对于促进文艺工作者加深思想共识起到了积极的引导作用。

此外，通过演出活动展现出解放区文艺的吸引力也是第一次文代会引领文艺方向的重要方式。1949年6月28日至7月28日，有35个文艺团体演出了戏剧、舞蹈、杂技，14个音乐团体连续举行了4场演奏会，

---

① 中国文联理论研究室编：《美好回忆盛世华章——庆祝中国文联成立60周年"我与文联"大型征文集粹》（上），中央文献出版社2009年版，第116页。

② 《文艺报》试刊的《发刊词》提出特别希望做到三件事：（1）随时报道文代会筹委会工作进展；（2）征求并发表关于全国文联的任务、组织、工作方式、会员成分等问题的意见；（3）关于五六年来优秀文艺作品的意见。参见《发刊词》，《文艺报》1949年5月4日。

③ 《茅盾年谱》，长江文艺出版社1985年版，第342页。

还有15部电影放映。[①]演出队伍主要为各野战军、军区、地方文艺工作团体等，演出人员达2000余人。[②]文艺演出的节目大多为表现人民群众生产生活的优秀作品，如歌剧《白毛女》《刘胡兰》，戏剧《保卫工厂》《炮弹是怎么造成的》，合唱《工人阶级向前进》《工人阶级万岁》《新中国颂》，管弦乐《新中国青年》《人民的西北》等。从法国留学回国的上海代表周小燕[③]深受解放区文艺节目的感染，她在回忆文章中写道："看歌剧《白毛女》时我是一边看一边哭，在眼泪中度过的，感动得不得了。我感觉革命文艺队伍很强大，有很多杰出的人才"，"第一次文代会是我人生的一个重要转折点。我通过这次会议找到了自己'为人民歌唱''为人民教育歌唱家'的终身努力方向。"[④]与此同时，大会期间还展览了1905件美术作品、750件戏剧音乐资料和700件左右的文学资料。[⑤]大会期间，与会代表均领到一套"中国人民文艺丛书"。这套丛书全面系统地展现了解放区历年来尤其是1942年延安文艺座谈会以来各种优秀文艺作品，包括小说、剧本、诗歌等，[⑥]为代表们学习如何在创作中与人民群众相结合提供了有益的参考。

四、毛泽东文艺方向指导地位的奠定

1949年6月30日上午8时举行了第一次文代会预备会议，通过了大会全体代表名单和大会主席团名单等六项议题。大会代表共计753人

① 中华全国文学艺术工作者代表大会宣传处编：《中华全国文学艺术工作者代表大会纪念文集》，新华书店1950年版，第127页。

② 柏生：《中共中央军委会招待演出工作者会上 周副主席讲述胜利形势》，《人民日报》1949年7月21日。

③ 周小燕（1917—2016），花腔女高音歌唱家、声乐教育家，历任上海音乐学院声乐系主任、副院长、中国音乐家协会副主席等。参见李维民主编：《中国人物年鉴（2012）》，中国人物年鉴社2013年版，第132页。

④ 中国文联理论研究室编：《美好回忆盛世华章——庆祝中国文联成立60周年"我与文联"大型征文集粹》（上），中央文献出版社2009年版，第47、49页。

⑤ 中华全国文学艺术工作者代表大会宣传处编：《中华全国文学艺术工作者代表大会纪念文集》，新华书店1950年版，第127—128页。

⑥ 《中国人民文艺丛书已由新华书店出版》，《人民日报》1949年6月29日。

（大会开幕后增加到 824 人）。大会主席团由 99 人组成，其中常务主席团成员为丁玲、田汉、李伯钊、钱杏邨、沙可夫、周扬、茅盾、洪深、柯仲平、郭沫若、曹靖华、阳翰笙、张致祥、冯雪峰、郑振铎、刘芝明、欧阳予倩 17 人。郭沫若为大会主席团总主席，茅盾、周扬为副总主席。[①]大会领导机构确立后，随即召开了大会主席团会议和大会主席团常委会议，至下午 3 时半左右会议结束，紧接着召开了大会党员代表会议，周扬在会上做报告。据党员代表王林在日记中记载，周扬的报告核心是向全体党员代表提出两个要求：一是在团结问题上还要党员做工作；二是要坚持毛泽东文艺方向的宣传教育。关于第二个问题，周扬要求："着重宣传毛主席文艺方向，吸引他们接近工农兵方向。领导谁不是向谁要东西，而是给他们东西——方向。靠成绩影响人们，不要卖老资格。允许自由主义发表，但党员不能发表自由主义文章。如发表此反党路线文章，须先声明脱离共党。"[②]这就明确地规定了党员代表必须遵守的政治纪律，提出了要积极宣传毛泽东文艺思想的要求。

经过三个月筹备，7 月 2—19 日，第一次文代会在中南海怀仁堂召开。7 月 2 日，《人民日报》刊发了中共中央致大会的贺电。这封贺电由毛泽东亲自修改定稿，体现出他对大会召开的高度重视。在中央档案馆保存的贺电原件上，可以看到大段仔细修改的内容。[③]毛泽东改写的内容正是党在新中国成立前夕必须向文艺界讲清楚的根本问题。第一，关于文艺界生存发展的政治前提。贺电言简意赅地指出："人民革命的胜利，人民政权的建立，是决定一切的。如果没有人民革命的胜利，如果没有人民政权的建立，进步的文学艺术工作者就不可能有今天这样的大团结，进步的文学艺术工作就不可能在全国范围内和全体规模上获得自己的发展。"第二，关于新中国成立后文艺界的根本任务。"全中国一切爱国的文艺工作者，必能进一步团结起来，进一步联系人民群众，广泛地发展为人民服务的文艺工作，使人民的文艺运动大大发展起来，借以

① 中华全国文学艺术工作者代表大会宣传处编：《中华全国文学艺术工作者代表大会纪念文集》，新华书店 1950 年版，第 126、559—560 页。

② 王林：《第一次文代会期间日记》，《新文学史料》2011 年第 4 期。

③ 卢洁：《读解毛泽东修改审定的中共中央致第一届文代会贺电》，《秘书工作》2011 年第 2 期。

配合人民的其他文化工作和人民的教育工作，借以配合人民的经济建设工作。”[①]6 日下午 2 时，周恩来作政治报告。报告涉及文艺方面的六个问题：团结问题、为人民服务的问题、普及与提高的问题、改造旧文艺的问题、文艺界要有全局观念的问题、成立全国文联组织的问题。[②]这六个问题具体地讲明了新中国成立后文艺建设的主要任务和全国文联的领导职能。在报告即将结束时，毛泽东来到会场并发表了简短的讲话。据华中解放区代表团代表李蕤回忆：“他的讲话简短有力：‘我代表党中央欢迎你们，因为人民需要你们，我就有理由欢迎你们！’他的这句话，引起全场代表暴风雨般的掌声。正因为短，这几句话便落在每一个人的心灵深处，一直到几十年后的今天，我仍不能忘记。”[③]无论是在中共中央的贺电、周恩来的政治报告还是毛泽东的讲话中，“人民”都是出现频率最高的一个关键词，这体现出新中国文艺要将为人民服务作为根本宗旨。

7 月 3 日，郭沫若以《为建设新中国的人民文艺而奋斗》为题作总报告。总报告深刻分析了新民主主义文艺运动路线斗争的实质：“中国文艺界的主要论争是存在于这样两条路线之间：一条是代表软弱的自由资产阶级的所谓为艺术而艺术的路线，一条是代表无产阶级和其他革命人民的为人民而艺术的路线。”斗争的结果是资产阶级文艺理论的完全破产，这样的历史事实说明：“中国资产阶级虽然也想在文艺上争取领导，但因为他们不能和人民结合，也就没有争取到的可能”，“任何文艺工作者如果不接受无产阶级的领导，他的努力就毫无结果”。[④]这就进一步深刻阐释了毛泽东文艺方向的正确性。在此基础上，总报告提出了新中国成立后文艺队伍的具体任务，并真诚呼吁文艺知识分子和人民大众相结合，完成用文艺吸引和教育人民的历史使命。随后，7 月 4 日和 5 日，茅盾、周扬分别做的报告也先后清晰地阐释了毛泽东文艺方向的指导作用。茅盾

---

① 《中共中央委员会电贺文代大会开幕 相信人民文艺运动能大大发展》，《人民日报》1949 年 7 月 2 日。

② 《周恩来选集》上卷，人民出版社 1980 年版，第 351—358 页。

③ 宋致新：《父亲李蕤参加全国第一次文代会》，《武汉文史资料》2016 年第 9 期。

④ 郭沫若：《为建设新中国的人民文艺而奋斗——在中华全国文学艺术工作者代表大会上的总报告》，《人民日报》1949 年 7 月 4 日。

指出："曾经在国民党反动派统治下坚持进步的革命的文艺工作的朋友们，现在应抱定最坚强的决心和勇气，在毛主席领导下和老解放区文艺工作者共同担负起新时代所给予的新任务，努力参与人民民主的新中国的文化建设事业！"[①]周扬在题为《新的人民的文艺——伟大的开始》的报告中提出："自从毛主席在延安文艺界座谈会上讲话以来，最近七八年间，解放区的文艺面貌和解放区的文艺工作者的面貌已经有了根本改变，解放区文艺工作的全部经验证明了毛主席文艺新方向的完全正确。"[②]7月12日，中国人民解放军军委政治部副主任傅钟做了题为《人民解放军文艺工作》的报告，总结了部队文艺工作的三个显著特点："第一，它是有党的坚强领导；第二，它是完全从实际出发，服务于群众，服务于战斗的需要；第三，它是广大群众性的，内容生动丰富。"[③]19日，在中共中央及中央军委招待参加第一次文代会演出的各个文艺工作团体的会上，周恩来强调："在今天新民主主义的社会下旧的落后的东西必然要趋于没落，人民需要新的东西，所以旧文艺工作者应当努力改造自己，为人民服务，只有这样才能有远大的前途。"陆定一号召文艺工作者"对文艺的普及工作要更加努力发展，同时注意在思想上提高自己，并帮助改造旧文艺，团结学习为人民服务"。傅钟指出："部队文艺工作的方向，主要是普及、与群众结合一起才能提高。"[④]

会议期间，代表们真诚而热烈地交换着思想感受。据华中解放区代表团团长于黑丁回忆："代表们群情激昂，盛况空前。毛泽东的讲话、周恩来的政治报告、朱德的讲话和郭沫若、茅盾、周扬的报告，博得全场代表们的热烈的掌声。当时李蕤同志坐在我的旁边，他把记得密密麻麻的日记本往膝盖上一放，侧过脸来，激动地对我说，这几个讲话和报告，

---

① 《全国文代大会第三日茅盾报告十年来国民党统治区的革命文艺运动》，《人民日报》1949年7月5日。

② 《周扬同志在文代大会 报告解放区文艺运动 解放区文艺工作的全部经验 证明毛主席新方向完全正确》，《人民日报》1949年7月6日。

③ 柏生：《全国文代大会第十日 傅钟同志报告部队文艺 内蒙及东北境朝鲜代表献旗献词》，《人民日报》1949年7月13日。

④ 柏生：《中共中央军委会招待演出工作者会上 周副主席讲述胜利形势》，《人民日报》1949年7月21日。

是‘五四’以来中国新文学发展的历史经验的总结，很值得认真学习和思考。”[①] 第一次文代会的一系列重要讲话和报告深深地触动了文艺工作者的思想，为奠定毛泽东文艺方向的指导思想地位打下了坚实的基础。

五、全国文联的成立

如果说第一次文代会的前半程主要解决思想领导的问题，那么，后半程则主要解决组织领导的问题。7 月 8 日，大会主席团召开第二次全体会议，决定按文学、戏剧、美术、电影、音乐、舞蹈、旧剧、曲艺几个小组分别召集会议，商讨组建文艺各部门协会的方案。14 日，大会通过了《中华全国文学艺术界联合会章程》和《全国文联委员会选举条例》。[②] 章程规定，全国文联为全国各文学艺术团体的联合组织，其宗旨是“团结一切爱国的、民主的文学艺术工作者，和全国人民一起，为彻底打倒帝国主义、封建主义和官僚资本主义，建设中华人民民主共和国和新民主主义的人民文学艺术而奋斗”[③]。全国文联采取团体会员制，组织原则是民主集中制。全国文学艺术界大会为全国文联的最高权力机关。在全国文学艺术界大会闭会期间，由全国委员会选出的常务委员会负责处理会务。常务委员会设立正副秘书长，帮助正副主席处理日常工作。常务委员会下设各处部，其组织章程由常务委员会制定。[④] 这就明确了全国文联的性质、地位、作用和制度等重要问题。

7 月 15—17 日，各代表团讨论全国文联委员会候选人名单，酝酿各协会组织问题，通过全国文联委员会委员候选人名单并举行投票选举。19 日，全国文联委员会委员名单在大会闭幕式上正式公布，共计 87 人，另有候补委员 26 人。郭沫若任全国文联主席，茅盾、周扬任副主席。常务委员会由郭沫若、茅盾、周扬、丁玲、曹禺、沙可夫、赵树理、袁牧

---

① 《于黑丁选集》第 2 卷，大众文艺出版社 2003 年版，第 312 页。

② 中华全国文学艺术工作者代表大会宣传处编：《中华全国文学艺术工作者代表大会纪念文集》，新华书店 1950 年版，第 135 页。

③ 同上书，第 572 页。

④ 中国文联编著：《文联工作概论》，中国文联出版社 2011 年版，第 53 页。

之、田汉、夏衍、萧三、欧阳予倩、阳翰笙、柯仲平、郑振铎、马思聪、李伯钊、洪深、徐悲鸿、刘芝明、张志祥 21 人组成。常务委员会秘书长为沙可夫，副秘书长为黄药眠、周巍峙。全国文联机关设有四个机构：联络部负责人为萧三、冯乃超、叶浅予；编辑部负责人为丁玲、曹禺、何其芳；福利部负责人为郑振铎、阳翰笙、江丰；指导部负责人为柯仲平、张致祥、钱杏邨。[①] 这就正式确立了全国文联的组织体系和领导结构。

在全国文联成立的同时还成立了七个全国性文艺协会，即中华全国文学工作者协会[②]、中华全国戏剧工作者协会、中华全国美术工作者协会、中华全国电影艺术工作者协会、中华全国音乐工作者协会、中华全国舞蹈工作者协会筹备会、中华全国戏曲改进会筹备委员会。这些协会成为全国文联的团体会员。全国各省市文联也作为团体会员加入全国文联。[③] 当时，全国文联与中华全国文学工作者协会合署办公，在编人员共有 128 人。[④] 中华全国文学工作者协会主席为茅盾，副主席为丁玲、柯仲平。丁玲为党组组长，冯雪峰为副组长。[⑤] 第一次文代会期间试刊的《文艺报》正式成为全国文联的机关报。第一次文代会闭幕后，全国文联领导各文艺协会的思想学习与创作活动，并联络、协调、指导省级文联的工作，在新中国成立初期的文艺建设中发挥着重要的组织领导作用。1953 年第二次文代会召开后，全国文联更名为“中国文学艺术界联合会”（以下简称“中国文联”），主要职能从组织领导文艺界的具体工作转为在政治上发挥团结、联系文艺界的桥梁纽带作用。

总而言之，第一次文代会作为文艺界第一次大团结、大会师的盛会，翻开了新中国文艺事业的新篇章。这次大会的成功召开，为新中国的文艺事业积累了三条主要经验：第一，必须加强党对文艺工作的领导，尤其要发挥党组在非党文艺组织中的思想领导和组织领导的重要作用。第

---

① 中华全国文学艺术工作者代表大会宣传处编：《中华全国文学艺术工作者代表大会纪念文集》，新华书店 1950 年版，第 572、579—580 页。

② 1949 年 10 月更名为中国作家协会。

③ 中国文联编著：《文联工作概论》，中国文联出版社 2011 年版，第 57 页。

④ 中央机构编制委员会办公室一司编：《19 个社团组织机构》，华夏出版社 1996 年版，第 119 页。

⑤ 同上书，第 205 页。

二，要帮助文艺工作者把思想上、政治上、行动上与党中央的高度一致性落实到文艺创作中去，对优秀文艺作品的宣传和展示有利于形成积极的示范效应。第三，要始终重视文艺队伍的团结问题，积极发挥中国文联等群团组织在广泛联系和紧密团结文艺工作者的独特优势。这些宝贵经验是中国特色社会主义文艺建设思想资源的重要组成部分，对新中国文艺事业的成长和成熟起到了积极而深远的作用。

［原载《当代中国史研究》2019 年第 5 期］

论抗美援朝战争的国内宣传工作

孙　丹

抗美援朝战争期间，中国对反对美国侵略、保卫和平及抗美援朝必要性进行了广泛宣传，后来随着形势发展转变为对支援抗美援朝战争和争取战争胜利进行的宣传。这一时期中国国内宣传工作的特点是建立覆盖党内党外和城市乡村的宣传网，用社论和时评指导运动，赋予爱国主义具体、可行、人性的内涵。抗美援朝战争时期的国内宣传工作不仅进行了成功的经济建设动员和战争动员，也成功地诠释了民族精神和马克思主义思想意识，掀起了新中国成立后第一次爱国主义教育高潮，不仅帮助中国取得了抗美援朝战争的伟大胜利，而且稳固了新生政权，保证了各项社会改革、经济重建工作的顺利进行，极大地提高了民族自信心和凝聚力。

抗美援朝战争期间的宣传工作是在党的领导下，由新中国成立后迅速建立的宣传网络和组织系统通过一系列运动，于 1950 年底到 1952 年上半年进行的，核心内容是要打破 100 多年来中国孱弱受欺凌的自卑心理，树立民族自信心和自尊、自强的爱国主义精神。当代中国研究所编纂的《中华人民共和国史编年》1950 年卷和 1951 年卷，[①] 收录了有关抗美援朝的条目约 800 条，其中首次公布的档案有 5 件。本文主要以该书

---

① 本文除注明出处的，所用资料均引自当代中国研究所编《中华人民共和国史编年》1950、1951 年卷，当代中国出版社 2006、2007 年版。

的相关资料为线索，将抗美援朝战争期间的宣传工作分为两个阶段，探讨其特点和经验。

一、反对美国侵略、保卫和平及抗美援朝必要性的宣传

对反对美国侵略、保卫和平及抗美援朝必要性的宣传主要集中在朝鲜战争爆发到 1950 年 11 月初，是抗美援朝的思想动员和准备阶段。美国军舰侵入台湾海峡时，中国舆论宣传的重点是“反对美国侵略台湾朝鲜，保卫世界和平”，围绕保卫国防和解放台湾进行了准战争动员，并没有入朝参战的含义。随着朝鲜战局的变化，针对国内各阶层存在的厌战情绪以及“亲美、崇美、恐美”思想，提出中朝之间是“唇亡齿寒”的关系，宣传工作的目的是使全体人民明确抗美援朝的必要性，消除恐美意识和美国文化的影响。

朝鲜战争爆发后，中国密切地注视着朝鲜战局的变化，一开始就做了被卷入战争的准备。1950 年 6 月 30 日，中共中央作出推迟解放台湾的决定。7 月初，中共中央决定成立东北边防军，增加东北边境的兵力。8 月 4 日，中共中央政治局在开会讨论朝鲜战局时，毛泽东和周恩来都提出，中国在必要时要帮助北朝鲜。8 月 13—14 日，东北边防军召开高级干部会议，提出了政治动员和军事、物质准备的要求。但是，当时中国正在全力准备解决台湾问题和经济重建工作，党内、军内决策层对于是否出兵朝鲜意见并不统一，军事部署也处于极其机密的状态，因此舆论宣传集中在台湾问题和中朝边防安全方面，对边防军的宣传主要侧重于“保卫国防安全”。

为了开展宣传工作，中国迅速成立了宣传机构，并展开反对美国侵略中国台湾、朝鲜的宣传。7 月 10 日，中华全国总工会响应世界工会联合会“支援朝鲜人民周”的号召，召集在京的全国各团体负责人开会，决定于 7 月 17 日至 23 日在中国举行“反对美国侵略台湾朝鲜运动周”①，并由中华全国总工会、中国保卫世界和平大会委员会、中华全国民主青

① “反对美国侵略台湾朝鲜运动周”实际延长至 8 月 1 日。

年联合会、中国新民主主义青年团、中华全国民主妇女联合会、中华全国学生联合会、中华全国文学艺术界联合会、中苏友好协会总会、中国人民救济总会、中国人民外交学会和台湾民主自治同盟这 11 个团体组成了“中国人民反对美国侵略台湾朝鲜运动委员会”（以下简称“反侵略委员会”），成为领导抗美援朝宣传工作的专门机构，要求各地成立分会，根据党和政府的指示领导这一运动。7 月 14 日，反侵略委员会向全国发出《关于举行“反对美国侵略台湾朝鲜运动周”的通知》，要求各地开展为期一周的宣传教育活动。16 日，中宣部发出《关于“反对美国侵略台湾朝鲜运动周”的指示》，对运动提出了具体的指导性的意见。22 日，反侵略委员会发表《告台湾同胞书》，号召台湾同胞和国民党官兵一起努力反抗美国，解放台湾。此后，全国各地从中心城市到偏僻乡村都开展了声势浩大的运动，通过举行座谈讨论、集会、万人以上大游行、文艺表演等方式，进行广泛的揭露美国侵略罪行的宣传教育。

9 月以后，朝鲜半岛战局发生了逆转，美国增派兵力迅速向北推进。9 月 15 日，美国从朝鲜西海岸仁川登陆，朝鲜人民军主力被包围，情势危急。9 月 28 日，朝鲜劳动党中央政治局会议决定，请求苏联或中国派出志愿部队援朝。在这种情况下，9 月 30 日，周恩来在国庆节大会上所作的《为巩固和发展人民的胜利而奋斗》的报告中，代表中国政府第一次在公开场合透露可能在朝鲜战争中参战的信息。10 月 1 日，斯大林和金日成又提出希望中国出兵的请求。10 月 3 日，朝鲜再次发出求援信。周恩来则通过印度驻华大使传递如果美军“越过三八线”“扩大战争”“我们要管”的信息。但是美国人却认为中国受实力所限不可能参战，于 10 月 7 日悍然越过“三八线”。

10 月 8 日，毛泽东发布《组成中国人民志愿军的命令》，将东北边防军改编为中国人民志愿军，在获得苏联援助武器装备的允诺后，于 10 月 19 日晚秘密入朝参战。随后，周恩来代表中共中央政治局和政务院分别邀请各民主党派人士及负责人谈话。民主党派人士对美国干涉朝鲜问题特别是入侵台湾普遍不满，但不少人担心中国海、空军力量不足，而美国实力强大，参战对中国不利。周恩来详细说明了朝鲜的紧张局势，阐述了政治局的决策，指出一部分人中存在着亲美崇美恐美和对中朝两国力量估计不足的错误思想，使大家消除疑虑，达成共识。[①]10 月 24 日，周恩来在政协一届全国委员会常委会第十八次会议上做《抗美援朝，保卫和平》的报告，向与会者阐明中朝两国是唇齿之邦，唇亡则齿寒，中国必须“抗美援朝”的主张。

在志愿军入朝当日，毛泽东曾致电中南局、华东局、西南局、西北局的军政领导人，告知志愿军参战在几个月内，不在报纸上做任何公开宣传。10 月 27 日，又叮嘱彭德怀暂时不发表作战新闻。此时公开宣传的内容发生了明显的变化，转为对抗美援朝必要性的宣传。10 月 26 日，中国保卫世界和平大会委员会和反侵略委员会举行联席会议，决定将两委员会合并改组为“中国人民保卫世界和平反对美国侵略委员会”（以下简称“保卫和平反对侵略委员会”），充实和壮大了抗美援朝运动的领导机构。

由于当时普通民众对出兵参战的意义缺乏明确的认识，有些人存在恐惧心理，他们厌倦连年的战争，更害怕爆发第三次世界大战，认为中国打不过美国，反对中国出兵；有些人认为战争与己无关，漠然置之。因此，宣传工作迫切需要解决这些问题。10 月 26 日，中共中央在《关于在全国进行时事宣传的指示》中，提出要宣传“中朝唇齿相依，美国侵朝和侵华是分不开的”，中国对朝鲜战争“不能置之不理”，强调要“坚决消灭亲美的反动思想和恐美的错误心理，普遍养成对美帝国主义的仇视、鄙视、蔑视的态度”，以及“不能听任美国侵入中朝边界而置之不理”的意见。指示还特别要求从“美国是中国的敌人”“美国是全世界的敌人”“美国是纸老虎”三方面揭露美国百年来对中国的侵略和欺侮，揭露其国内矛盾丛生，在政治上、道义上不堪一击，揭示中国必胜、美国必败。“消除亲美、崇美、恐美思想”和对美帝国主义“仇视、鄙视、蔑视”，成为这场宣传运动和这一时期消除美国在中国思想文化领域影响的主题词。通过对抗美援朝运动的宣传，达到了清除欧美思想文化对中国的影响的目的，这是新中国成立初期中国共产党建立马克思主义意识形态过程中最重要的收获之一。

---

① 《周恩来年谱（1949—1976）》（上），中央文献出版社 1997 年版，第 87 页。

这一时期，《人民日报》《新华月报》《学习》等重要报刊都以大量篇幅报道朝鲜局势的变化和国际社会的反映，特别是美苏在联合国的斗争以及中共中央的通报、座谈和解释，对民主党派和社会各阶层人士了解国际形势、解除他们的疑虑和恐惧，争取他们支持中国出兵起到了很大的作用，向全体民众进行了参战必要性的宣传。同时，由社会各界知名人士和各人民团体组成的反侵略委员会，也以各种形式对抗美援朝的必要性、对世界和平特别是中国的和平环境受到严重威胁的形势进行了广泛的报道和宣传，对全体人民进行了全方位、深层次的保卫和平的教育和动员。

二、为支援抗美援朝战争和争取战争胜利进行的宣传

为支援抗美援朝战争和争取战争胜利进行的宣传是从 1950 年 11 月至 1952 年初[①]，宣传内容转为鼓舞后方加快生产和建设来支援和保证战争胜利。

1950 年 11 月 2 日，中共中央发出《关于开展抗美援朝运动的指示》，决定在全国逐步开展抗美援朝的宣传工作，并对宣传口径、方式作了原则规定，要求各地报纸及各人民团体与社会人士发表评论、宣言、谈话，广泛宣传和拥护抗美援朝运动。根据这一指示精神，中央人民政府新闻总署、新华通讯社连续发出《关于报道抗美援朝保家卫国运动内容的指示》和《关于抗美援朝保家卫国运动的报道应注意问题的指示》，[②]对舆论宣传工作提出了新的要求。11 月 4 日，中国共产党和各民主党派、人民团体联合发表宣言，“誓以全力拥护全国人民的正义要求，拥护全国人民在自愿基础上为着抗美援朝保家卫国的神圣任务而奋斗”[③]。11

---

① 1952 年上半年，针对美国实施的细菌战，中国主要进行了反细菌战和防疫常识的宣传，本文略。此后，战争进入边打边谈的相持阶段，抗美援朝运动告一段落，宣传工作转向“三反”“五反”等其他运动。

② 中宣部办公厅、中央档案馆编研部编：《中国共产党宣传工作文献选编（1949—1956）》，学习出版社 1996 年版，第 152—153、154—155 页。

③《各民主党派联合宣言 誓以全力拥护全国人民的正义要求，拥护全国人民在志愿基础上 为着抗美援朝保家卫国的神圣任务而奋斗》，《人民日报》1950 年 11 月 5 日。

月 5 日，志愿军首战告捷，实现了稳定战局、挫败美军在感恩节前占领朝鲜全境的计划，极大地鼓舞了全国人民。7 日，新华社电讯首次公开报道了中国人民志愿部队参战的消息。[①]《人民日报》分别于 11 月 6 日和 20 日发表《为什么我们对美国侵略朝鲜不能置之不理》《中国人民志愿部队抗美援朝保家卫国的伟大意义》的社论，说明抗美援朝的原因和必要性。各界人士纷纷发表谈话，坚决拥护联合宣言，坚决支持抗美援朝、保家卫国。一场由工农兵学商及宗教界等各界人士广泛参与的声势浩大的抗美援朝宣传运动拉开帷幕，堪称抗美援朝的第二战场。

1951 年，抗美援朝战争进入关键时期。毛泽东充分估计我军的困难后，改变了乐观的预计，做好了进行长期战争的准备，因此宣传工作的重心随之调整，健全了组织体系，组织实施了慰问志愿军、反对美国武装日本、开展爱国增产节约运动和劳动竞赛、签订爱国公约运动、捐献飞机大炮运动等多方面的工作。

（一）建立健全了上下贯通的组织体系，适时提出新的目标和任务

1950 年 11 月 25 日，保卫和平反对侵略委员会在北京召开第一次工作会议，对进一步开展抗美援朝运动作出了详细的计划和周密的部署。当时全国已有北京、天津、上海等 13 个城市成立了地方分会，会议要求尚未成立分会的各大行政区、省、市迅速成立，并与总会建立联系。会议提出，要使这一运动由大城市向中小城市及广大农村普遍发展，在已经展开大规模抗美援朝运动的大城市中，要使这一运动转入反对美国侵略的有系统的思想教育，要使各界人民在这一爱国运动中，切实做好本职工作。会议决定设立专刊、广播、艺术、丛刊、展览五个委员会，分别进行各项宣传活动，原来由《人民日报》刊出的《保卫世界和平》专刊，改名为《抗美援朝》专刊，在京、津、沪等地各大报同时出版。11 月下旬，中国国民党革命委员会、中国民主同盟、民主建国会、中国民主促

---

① 12 月 5 日，《人民日报》发表毛泽东起草的人民军和志愿军向平壤进军的新华社新闻稿，首次公开使用“中国人民志愿军”的名称。从此，中国的新闻报道开始公开称“中国人民志愿军”。

进会、九三学社等各民主党派以及全国文联等团体，均召开扩大的中央会议，号召展开抗美援朝保家卫国的群众运动，根据这个中心任务来确定发展方向和工作方针。随后，各种宣传活动蓬勃发展。11 月 30 日，《人民日报》刊登了中国人民志愿军战歌《打败美帝野心狼》，成为抗美援朝运动中流传最广的歌曲之一。

（二）慰问志愿军运动

1950 年 12 月 4 日、1951 年 1 月 14 日和 4 月 30 日，保卫和平反对侵略委员会三次号召全国各界发起抗美援朝的捐款捐物运动，所募集的钱物用于慰劳前线将士和朝鲜灾民。[①] 到 1951 年 5 月底，捐款总额达人民币 1186 亿余元（旧币，1953 年 3 月换发新币，新旧币兑换比率为 1∶10000），发放慰劳中朝人民部队的慰问袋 77.4 万余个，慰问品 126 万余件。[②]

1951 年 1 月 22 日，中共中央发出《关于组织赴朝慰问团的决定》，要求以保卫和平反对侵略委员会的名义发起组织赴朝慰问团，“以便回来后向各方面广泛地宣传我人民志愿军与朝鲜人民军英勇善战、美帝外强中干及美帝罪行情形，以提高人民反帝的决心和胜利信心，进一步扫除落后群众中的恐美和崇美心理”。4 月 5 日至 5 月 29 日，以廖承志为团长的中国人民赴朝慰问团及文工团到朝鲜后，分成八个慰问团分赴各地慰问志愿军及朝鲜军民。平原军区干部管理部部长廖亨禄和演员常宝望、程树棠以及志愿军副连长王利高四人在慰问途中牺牲。慰问团回国后，全体团员分别到全国各县进行广泛宣传，号召全国人民全力支援朝鲜前线，争取最后胜利。

3 月 14 日，保卫和平反对侵略委员会决定将会名简称为“中国人民抗美援朝总会”（以下简称“抗美援朝总会”），从 2 月到 9 月，该会组织了中国人民志愿军归国代表团，到达 24 个省的 172 个市县和广大农村，向 3450 多万名听众作了广播讲演，并且运用广播录音、报刊、宣传

---

① 《中国人民抗美援朝总会关于继续募集慰劳款和救济款的通知》，《人民日报》1951 年 5 月 1 日。

② 《全国抗美援朝捐款达千一百余亿》，《人民日报》1951 年 5 月 4 日。

册、开会传达等方式，向全国人民报告了朝鲜前线的战况和英雄事迹。[①]慰问团和志愿军代表的报告激发了全国人民更加强烈的爱国热情，使抗美援朝运动更加深入人心。

（三）签名、投票运动和“五一”大游行

1951年2月2日，中共中央发出《关于进一步开展抗美援朝爱国运动的指示》，要求进一步在全国开展各阶层人民抗美援朝、反对美国重新武装日本及铲除匪特、镇压反革命活动的运动。在各阶层人民特别是在工农群众中，广泛进行时事教育，开展蔑视、鄙视、仇视美国帝国主义与提高民族自信心自尊心的运动，并对开展运动的方式、内容、范围等作出了具体规定，如游行、集会反对美国武装日本，慰问志愿军，签订爱国公约等。从1950年11月到1951年3月初，317个大、中、小城市和集镇的各界人民1100余万人，举行了抗美援朝反对美国武装日本的爱国集会和示威游行。[②]1951年2月，世界和平理事会在柏林召开会议，通过了《关于缔结和平公约的宣言》和《关于以和平方式解决日本问题的决议》，倡议全世界善良的人民和希望和平的团体发起签名运动和投票运动。4月5日，抗美援朝总会发出通知，建议全国城乡人民举行拥护缔结和平公约的签名和关于日本问题的全国民意投票。到7月底，全国有3.44亿人签名拥护缔结和平公约，3.399亿人投票反对美国武装日本。[③]

1951年3月14日，抗美援朝总会向全国发出《为响应世界和平理事会决议并在全国普及深入抗美援朝宣传的通告》，要求各人民团体4月以前制订宣传计划，4月下旬举行拥护缔结和平公约的签名、日本问题的投票、签订爱国公约、“五一”大游行，提出“务使全国每一处每一人都受到这个爱国教育，都能积极参加这个爱国行动”的宣传工作的新标准。4月15日，中共中央作出《关于普及宣传抗美援朝和准备“五一”纪念的指示》，要求在4月下旬至“五一”前夜进行集中的宣传和群众性集会等

① 《欢送志愿军归国代表重返前线》，《人民日报》1951年9月23日。

② 《必须使全国每一处每一人都受到抗美援朝的爱国教育》，《人民日报》1951年3月17日。

③ 《全国各地签名拥护缔结和平公约投票反对美国武装日本人数统计表》，《人民日报》1951年8月15日。

活动。各种宣传渠道和组织迅速制订了相应的计划，重点是山区、偏僻村镇，家庭妇女、老年人和教徒等群体。

全国各地对“五一”大游行和宣传的内容都作了详细的计划，从宣传标语、传单、墙报、壁画到示威游行时的路线、旗帜、交通、饮食、救护等都进行了妥善安排。5月1日，全国所有城市和乡村举行了约2亿人参加的规模空前的示威游行，游行队伍高唱抗美援朝总会统一规定的《国歌》《中国人民志愿军战歌》《国际歌》和《反对武装日本歌》等歌曲。

（四）签订爱国公约运动和捐献飞机大炮运动

1950年11月7日，北京市工商业界订立了五项爱国公约，即贡献一切力量支援抗美援朝保家卫国的志愿行动，认清敌友，坚定立场，不听信美帝国主义战争贩子们散布的谰言，并严防间谍和匪特的造谣，加紧生产，沟通物资，增强我们的战斗力量，保证继续稳定物价，不囤积居奇，不投机倒把，不套用资金，不盲目贷放，不扰乱金融。五项爱国公约得到全国各地工商界、宗教界等的热烈响应。

这种把高度的爱国热情与具体工作结合起来的做法，很快就发展为遍及全国的签订爱国公约运动，各党派团体纷纷对本系统订立爱国公约活动提出具体要求，如中华全国总工会提出，把订立爱国公约运动推行到每一个工厂、矿山、机关、学校等，以至每个职工家属的住宅区中去。[①]1951年3月30日，《人民日报》发表社论《普及爱国公约运动》，对这一运动给予充分的肯定，同时要求签订爱国公约的时候，必须注意爱国公约的内容字字具体，条条可行，所提条件既不过高，也不过低，有不同地区不同单位的特色，并抓紧具体的和中心的项目来实行。5月1日，《人民日报》又发表社论《把抗美援朝运动推进到新的阶段》，提出5月以后，抗美援朝运动不应该停留在游行、宣传鼓动等形式上，而要减少大规模的群众活动，防止开会过多。在总结的基础上制订深入的抗美援朝宣传教育的计划，及时将群众性的抗美援朝热情引导到加强各方面

---

① 《中华全国总工会关于响应中国人民抗美援朝总会号召的决定》，《人民日报》1951年6月9日。

的实际工作中去。

6月1日，抗美援朝总会发出“号召推行爱国公约、捐献飞机大炮和优待烈属军属的通告”，倡议在全国范围内开展签订爱国公约、捐献飞机大炮和慰问烈军属运动。同日，中共中央发出《关于开展爱国公约和捐献武器运动的指示》，要求各地克服“抗美援朝运动已经差不多了”的自满情绪，进一步普及深入这一宣传和教育，特别提出要抓住爱国公约这个形式，把捐献武器运动和增加生产结合起来，这对于前线和国家财政将是一个很大的帮助。

号召发出后，全国迅速掀起了捐献飞机大炮的热潮。农民将农业、家庭手工业及其他副业生产中增产所得的一部分捐献出来，工人和职员以每月多做工一天所得的工资支援前线，工商金融业者改善经营，节约消费，捐献每个月一天或数天的盈利，文化界艺术界则多写稿、多画画、多演戏，以所得收入支援前线。在捐献运动中，各地、各行各业及个人纷纷捐献冠名飞机。到1951年底，抗美援朝总会共收到捐款人民币55650余亿元，以每架战斗机15亿元计，约合3710架。[①]

三、抗美援朝宣传工作的特点和经验

中国被迫卷入朝鲜战争，对手是号称世界头号强国的美国。当时美国的一个军拥有多种口径的炮1428门，而中国的一个军只有198门。美军有制空权，而中国空军刚刚组建……这是一场力量悬殊的战争，要想赢得胜利，不但要在军事较量中战胜美国，更要在道义上、士气上、心理上压倒美国；不但要鼓舞军人的士气，更重要的是激发全国人民的爱国热情。朝鲜战争的战场虽然在朝鲜半岛，但这也是一场中国人民的全民战争。中国人民经历了100多年的战乱和屈辱才迎来和平和安宁，他们所焕发出的捍卫和平、同仇敌忾、万众一心的爱国主义激情，显示了中国人民的伟大力量，而宣传工作在这场战争中的作用功不可没。

---

① 《中国人民抗美援朝总会关于全国人民捐献武器运动的总结》，《人民日报》1952年6月25日。

（一）建立覆盖党内党外和城市乡村的宣传网

抗美援朝运动之所以能够做到使全国每一处每一人都受到爱国教育，都能积极参加这一爱国行动，关键在于新中国成立后党和政府迅速建立了覆盖全国、有效运作的宣传和组织网络，使中共中央和人民政府的各项指示、号召能够迅速畅通地传达到基层和偏远地区。

1950 年，全国城乡普遍建立了广播收音网。年初时，全国只有 49 座广播台和 89 部广播机、110 余万部收音机，信息传播渠道十分有限，急需建立适宜、通畅的信息传输网络。4 月 2 日，政务院批准了新闻总署《关于建立广播收音网的决定》，规定在全国每个县政府、每个部队的政治机关都设置收音员，负责抄收每天所广播的新闻、政令和其他重要内容的要点，加以印发和张贴。各机关、团体、工厂、学校也分别设置收音员，负责组织群众集体收听重要新闻，或将收听到的重要新闻编成小报、墙报、黑板报等，成为人民群众了解国家大事的桥梁。上海、沈阳等地电台还发明了广播大会这一特有的宣传形式。

新中国成立初期，全国文盲众多、城乡交通不便、信息传输渠道不畅通，民众分辨真假信息的能力有限，加之敌特组织尚未完全肃清，许多错误信息和反动谣言经常在群众中流传，而各级党组织的宣传工作没有形成制度和专人负责，一些重要政策和信息通过报纸和广播传达，范围十分有限，使党的政策与主张难以及时在人民群众中进行充分的宣传与解释。朝鲜战争爆发后，一些谣言引起群众的恐慌，影响了社会稳定。1950 年，中共中央在东北局、华东局进行了建立宣传网的试点工作，取得了较好的效果。到 1950 年底，东北和华东地区各有 11 余万名宣传员。有了试点的经验，1951 年 1 月 1 日，中共中央作出《关于在全党建立对人民群众的宣传网的决定》（以下简称《决定》），要求系统地建立对人民群众的经常性的宣传网，建立宣传员、报告员工作的制度，即在党的每个支部设立宣传员，在党的各级领导机关设立报告员。宣传员由党员担任，任务是要以“谈话、传递消息、读报、收听和传布人民广播、书写和绘制宣传性的文字图画、编辑墙报”等方式，向周围的人民群众进行关于国内外时事、政策、任务以及生产经验的宣传解释，批驳各种反动谣言及在人民群众中流传的错误思想。报告员则由党的各级负责人担任，要经常向人民群众做关于时事、政策、工作任务与工作经验的报告。《决定》还要求在党的力量薄弱的新区组织适当形式的非党宣传网。此后，各中央局的宣传网络迅速普遍地建立起来，人民群众把报告员和宣传员称为“思想大夫”和“毛主席的传话人”。建立宣传员、报告员制度，是抗美援朝宣传教育工作由普及转向深入、持久的关键。各地在建立与加强党的宣传员、报告员制度的过程中，有计划地分配宣传员、报告员参加各种宣传队伍，使宣传工作逐渐转入经常化和制度化，成为抗美援朝运动中重要的宣传力量。

（二）用社论和时评指导运动

在宣传工作中，社论和时评是有力的宣传武器，《人民日报》的一些重要社论都是毛泽东亲自撰写或修改的。抗美援朝运动中，社论和时评同样起到了不可替代的作用。抗美援朝运动的每个阶段，中共中央都发出指示，这些指示常常通过社论和时评传达给普通民众。如签订爱国公约是由群众首创的，中共中央于1951年5月31日和6月1日连续发出指示，肯定和鼓励这一行之有效的爱国创举。在北京等地出现工人、学生降低生活标准进行捐献的情况后，6月11日，中共中央及时批示北京市委，要求将群众的热情转移到提高生产效率和增产节约上来。因为党的指示大多只能在党内或一定范围内传达，因此，党的报纸成为连接党和人民群众的桥梁，社论、时评成为传递党的声音的权威工具。党的各项指示发出后，《人民日报》都及时刊发社论、时评，如1951年4月4日的《普及抗美援朝要订出计划来》，6月2日的《广泛订立并认真执行爱国公约》《支援前线的两件人事》等社论，7月4日的时评等，对运动组织实施过程中的经验教训进行及时的总结，提出指导性的意见和措施，及时疏导、排解民众的不安情绪和困惑，激发他们的爱国热情，对人民群众中出现的爱国创举给予充分的肯定和热情的鼓励，及时提出新的任务和具体的工作方法。这样就把群众个人的爱国行动和国家总的政治斗争联结起来，人民群众在国家总的奋斗目标号召下，爱国积极性得到充分发挥，国家的政治任务和建设计划则因为人民群众的支持得以顺利进行。

（三）赋予爱国主义具体、可行、人性的内涵

在抗美援朝运动中，宣传工作的特点是在不同阶段采取不同的形式，发动和组织不同的运动，大运动中套着一系列小运动。小运动在贯彻执行时，既有党派团体、各行各界有系统的组织保证，又能在工作中把每个时期、每个小运动的中心与各行各业的具体工作以及民众的思想状况和生活实际相结合，赋予爱国主义以具体的、人性化的内涵。比如在抗美援朝宣传工作的第一个阶段，主要采取了召开座谈会、时事报告会、群众集会游行以及各种文艺演出等方式，澄清谣言，破除民众中普遍存在的恐惧心理，让人们认识到抗美援朝战争不可避免，只有在战争中取胜才能有真正的和平生活。在第二个阶段的捐献飞机大炮运动中，强调不能降低生活、强迫捐献等，号召工人增产节约，义务加班，农民多打粮食、多交公粮，工商业者改善经营，等等，用提高效率、降低成本而增加的利润和增产节约下来的钱款支援战争，既照顾了民众物质生活的实际，又解决了国家的财政困难。这些措施具体而深入，可操作易执行。特别是集会和游行在当时是世界性的群众运动方式，它能进行集中的宣传和动员，显示群体的伟大力量，增强群众与集体的联系和团结。同时，抗美援朝的宣传又与其他运动如镇压反革命、土地改革等相结合，使抗美援朝运动不仅成为凝聚爱国力量的精神源泉，也极大地促进了最广泛民众参与国家经济重建和民主改革的热情，提高了广大群众的政治觉悟，加深了对新政权的认同和热爱，极大地增强了民族自信心和民族自豪感。

1951 年《人民日报》的元旦社论有一个醒目而激昂的标题《在伟大爱国主义旗帜下巩固我们的伟大祖国》。社论指出，在抗美援朝战争背景下，爱国主义不是抽象的，它的内容“就是保卫中国人民民主革命的果实……就是争取社会主义的前途。兴起这种爱国主义，就是……完成中国人民反帝国主义的思想解放，用中国人民对于自身伟大力量和光明前途的信心，来消灭帝国主义侵略者及其走狗买办资产阶级所制造、散布、借以瓦解中国人民革命斗争的殖民地人民的自卑心”。社论号召人们“高

举爱国主义的旗帜”，“百倍地巩固和热爱我们的祖国”。抗美援朝运动的宣传工作正是用这样的精神鼓舞着全国人民，并最终取得了战争的胜利，打破了美国不可战胜的神话。

［原载《当代中国史研究》2009 年第 4 期］

中国共产党防范化解新闻舆论风险的根本经验
——“政治家办报”的演展逻辑与实践进路

潘　娜

新中国成立70年来，中国共产党在新闻舆论工作中始终坚持运用并不断拓展深化一条带有根本性的经验，那就是“政治家办报”。无论信息传播媒介如何日新月异、千变万化，“政治家办报”始终是牵住舆论导向这个“牛鼻子”的关键一招。进入新时代，以习近平同志为核心的党中央对新闻舆论战线提出了“持续巩固壮大主流舆论强势，加大舆论引导力度”的新部署和新要求，这就更加需要新闻媒体工作者一脉相承并一以贯之地坚持和运用好“政治家办报”这条根本经验，从而有效防范化解新闻舆论领域的重大风险，以确保国家政治安全。

一、“政治家办报”是贯穿党的新闻舆论工作的一条根本经验

“政治家办报”是毛泽东在深刻总结党的新闻工作实践基础上提出来的。据吴冷西回忆，1957年6月，毛泽东在同胡乔木和他的谈话中指出：“写文章尤其是社论，一定要从政治上总揽全局，紧密结合政治形势。这叫做政治家办报。”[①] 这意味着，新闻舆论战线必须能够围绕当下最重

① 吴冷西：《忆毛主席：我亲自经历的若干重大历史事件片断》，新华出版社1995年版，第40页。

要的政治部署来改进宣传工作。党中央的每一项重要决策，新闻舆论战线都要有具体布置。1959 年 6 月，毛泽东在与吴冷西的谈话中明确提出了“搞新闻工作，要政治家办报”的原则方略，指出：“新闻工作，要看是政治家办，还是书生办。……要反对多端寡要，没有要点，言不及义。要一下子看到问题所在。”[①]这就讲清楚了“政治家办报”的核心要义，即新闻工作者必须要有政治家的头脑和担当，努力做到“站在天安门城楼上想问题”，以确保党的路线、方针、政策得到忠实、到位的宣传，并最迅速、最广泛地同广大人民群众见面。通览毛泽东自建党以来关于新闻工作的论述和指示，这条经验的思想意涵贯穿始终。

改革开放以来，我们党在新闻舆论工作方面一如既往地坚持和运用这条宝贵经验并根据时代变化不断充实其内涵。1980 年初，邓小平明确要求“党报党刊一定要无条件地宣传党的主张”，并将这一点作为党的宣传纪律予以强调。1996 年 1 月 2 日，江泽民在庆祝《解放军报》成立 40 周年之时发表的讲话，重申了“政治家办报”这条根本经验，指出：“毛主席过去讲过：‘搞新闻工作，要政治家办报。’这一指示精神至今仍然具有重要的指导意义。”[②]1996 年 9 月 26 日，江泽民在视察人民日报社时，将“舆论导向”的概念引入到“政治家办报”的内涵当中，指出：“舆论导向正确，是党和人民之福；舆论导向错误，是党和人民之祸。”[③]这就进一步点明了“政治家办报”的核心意旨。1999 年 9 月 18 日，《人民日报》全文发表了胡锦涛为《学习时报》所撰写的发刊词，文中明确要求该报要“坚持‘政治家办报’、凭党性办报的要求”[④]。1999 年 11 月 25 日，胡锦涛在主持中央书记处会议时，为《求是》确定了“坚持政治家办刊原则，高举旗帜，贴近实际，提高质量，办出特色”的办刊方针。[⑤]2000 年 1 月 11 日，胡锦涛在全国宣传部长会议上的讲话提出：“积

① 中共中央文献研究室、新华通讯社编：《毛泽东新闻工作文选》，新华出版社 2014 年版，第 271 页。

② 《江泽民在接见〈解放军报〉社师以上干部时的讲话》，《人民日报》1996 年 1 月 22 日。

③ 《江泽民文选》第 1 卷，人民出版社 2006 年版，第 564 页。

④ 胡锦涛：《重视学习善于学习——为〈学习时报〉创办而作》，《人民日报》1999 年 9 月 18 日。

⑤ 卢剑锋：《以实事求是的精神办好〈求是〉——访求是杂志社社长李宝善》，《传媒》2011 年第 7 期。

极落实政治家办报、政治家管宣传、政治家管文化的要求。”① 这就将“政治家办报”这条经验拓展运用到整个宣传文化领域。

进入新时代，习近平更加深刻地认识到新的新闻舆论场域的复杂性和严峻性，突出强调新闻舆论战线要增强“政治家办报”意识。2013 年 8 月 19 日，习近平在全国宣传思想工作会议上的讲话明确提出了“坚持政治家办报、办刊、办新闻网站”的新要求，将各级各类媒体置于党的领导之下。2016 年 2 月 19 日，习近平在党的新闻舆论工作座谈会上重点阐释了新的时代条件下如何增强“政治家办报”意识，指出：“政治家办报，首先要有大局意识。……不仅要做业务专家，而且要有政治家的头脑，有政治眼光和政治智慧，善于从政治上看问题，善于把政治导向、政治要求体现到工作中去。”② 这就要求新闻舆论战线上的领导者和工作者必须在大是大非面前保持政治定力，自觉在思想上政治上行动上同党中央保持一致，决不能为错误思想言论提供传播空间。

二、网络舆论阵地复杂化趋势下更加需要坚持好“政治家办报”来守护有益于党和人民的舆论环境

互联网潜藏着威胁国家政治安全的诸多不确定性因素，是当前最大的意识形态变量。2019 年 1 月 21 日，习近平在省部级主要领导干部坚持底线思维着力防范化解重大风险专题研讨班上发表的重要讲话，提出了“要持续巩固壮大主流舆论强势，加大舆论引导力度，加快建立网络综合治理体系，推进依法治网”③ 的新要求、新部署，这就明确了新闻舆论战线应对网络信息战的核心任务。近年来，社会上包括党内少数人看不透网络舆论斗争的复杂性与敏感性，形成了一些错误认识，盲目呼吁“放宽尺度”，甚至鼓吹“两个舆论场”来挑战党管媒体的根本原则。这些人虽然是少数，但足以扰乱大局、制造混乱，增大变量。改变这种错

① 陈雁、郑宏范、刘宇：《唱响主旋律打好主动仗》，《人民日报》2000 年 1 月 12 日。

② 《习近平关于社会主义文化建设论述摘编》，中央文献出版社 2017 年版，第 47—48 页。

③ 张洋、饶爱民：《提高防控能力着力防范化解重大风险 保持经济持续健康发展社会大局稳定》，《人民日报》2019 年 1 月 22 日。

误思想潮流，就需要新闻舆论工作者态度鲜明且多谋善断地抵制和批判错误观点，从而守护有益于党和人民的健康网络舆论环境。

坚持和运用好“政治家办报”这条根本经验才能防范化解某些网络“爆点”新闻背后的政治风险。近年来，继抹黑英雄、诋毁先烈、颠倒历史、曲解国策等一系列造谣攻击被逐个击破之后，网络上又更加密集地曝出一枚又一枚“新闻炸弹”。这些“新闻炸弹”的一个共同特点是瞄准中国信息智能产业等高端行业和优势领域中的话题人物进行集中打击，并布局新的网络“第五纵队”煽风点火，妄图一举扳倒新兴战略对手，以维护欧美资本主义全球剥削的经济体系和“西方中心主义”的价值体系。这样的手段，在中国近现代史上并不鲜见，在其他社会主义国家“内部爆炸”前夕也似曾相识。而社会公众特别是青年群体往往容易被一些个体化的表面现象和花边新闻模糊了重点与焦点，看不清大国博弈的本质及其残酷后果。网络舆论阵地不进则退，新闻舆论战线上的决策者包括一线工作者必须时刻保持警惕性、敏锐性与主动性，站稳政治立场，深刻认识维护党中央权威和坚守国家利益的内在一致性，以防范化解网络舆论阵地中“黑天鹅”[①]与“灰犀牛”[②]概率事件的发生。概言之，新闻舆论战线上的决策者和一线工作者，绝不能等同于一般的信息传播者。代表党和国家发声，必须要有政治家的头脑、格局和谋略，具备科学分析、有效引导网络舆情的能力水平和责任意识。

坚持和运用好“政治家办报”这条根本经验才能拨开媒介“技术中立”的迷障。如果说“新闻自由”等话术已经原形毕露，那么“技术中立”则仍然是一个具有蒙骗性的概念。人们易于从科技创新的角度来认识互联网、解读互联网，主观地将互联网视为非政治化、非军事化的绝对自由的“乌托邦”，而忽略了这个“乌托邦”的基本技术规则是由什么样的国家以什么样的政治逻辑主导的。我们要看到，美国至今仍然牢牢地控制着全球的根服务器，同时取消了“网络中立”原则而便于其降低其他国家的网络防御，这无不暴露出其通过互联网牢牢掌控全球话语霸权的

---

① 比喻大概率且影响巨大的潜在危机。

② 比喻极其罕见的、出乎意料的风险。

行为实质。除此之外，美国不断爆出“棱镜门”“泄密门”，实际上其政府和企业的信用早已破产。当前，在5G争夺战中，美国完全不顾其一直标榜的市场原教旨主义，转而以国家手段干涉市场行为、打击战略对手。新闻舆论战线应当对未来信息战的严峻性和复杂性有足够清醒的认识，从而为中国所倡导的多边、民主、透明的国际网络治理体系及技术协议提供舆论上和理论上的支持。

坚持和运用好“政治家办报”这条经验，才能走出“专业主义”的误区。改革开放以来，中国新闻传播学科领域大体形成了马克思主义新闻学和传播“专业主义”两股潮流。在传播“专业主义”方面，国内部分高校新闻传播学学科盲目将美国学者施拉姆等人的传播思想奉为圭臬，排斥和边缘化马克思主义新闻学的问题较为严峻。殊不知，美国学者辛普森早已利用原始档案系统揭露过施拉姆等人是如何在美国情报机构的选拔和支持下成为冷战传播学教育体系“奠基人”并将其狂热的美国中心主义思想用于打击国内外意识形态敌人的真实情况。[①] 在复杂敏感的网络舆论形势下，新闻传播教育界需要有回归马克思主义新闻学的自觉性和紧迫感，深刻把握“政治家办报”的思想精髓，为新闻舆论战线培育、输送合格的马克思主义英才。

三、防范化解新闻舆论风险应在历练“四力”中继续坚持好“政治家办报”

“政治家办报”，从来不是要求新闻舆论战线工作者唯命是从、不加思考地当“传声筒”，反而考验的是“谋”的智慧和能力、“断”的勇气和担当。多谋善断的真本领从哪里来？别无他路，唯有从不断增强脚力、眼力、脑力、笔力（简称“四力”）的实践历练中来。

在历练“四力”中端正政治作风。新闻舆论战线上的“政治家”首先要有过硬的政治作风。没有过硬的政治作风，脚、眼、脑、笔都不可

① ［美］辛普森：《胁迫之术：心理战与美国传播研究的兴起（1945—1960）》，王维佳、刘扬、李杰琼译，华东师范大学出版社2017年版，第123—126页。

能有力。在实践中，很多一线工作者甚至领导者业务上出现的问题，根本上都是由于政治作风不端正而造成的。例如，理论脱离实际、脱离政治形势，尤其是有些新闻网站工作者漫无边际、抓不住重点，对中央决策部署的宣传不充分、不到位；不调查或假调查，脱离基层、脱离群众，东拼西凑、闭门造稿，甚至搞有偿新闻；怕得罪人、怕冒风险、怕丢官，对错误现象不敢提出尖锐而明确的批评，更不会自我批评。解决这些不良作风问题，一要惩戒、二要教育、三要锤炼。归根到底，要靠长期不懈的锤炼。脚板踩在土地上，眼睛看向群众，脑中想着党和人民，才能端端正正地拿好手中这支笔。

在历练“四力”中增强大局意识。围绕中心、服务大局是坚持“政治家办报”的根本要求。为谁写、写什么、怎么写，从来不是简单的业务问题，而是严肃的政治问题。新闻舆论战场最为敏感，一举一动都会在国际上引起一系列政治联想和政治猜测，牵动国际政治的格局和走向。因此，新闻战线上的领导者和一线工作者必须要具备从总体上看问题、做判断的能力和素养，一切以党和人民的利益为出发点和落脚点。运用马克思主义的立场、观点、方法，在宏观上把握事件的全貌、反映总体真实。在不断历练“四力”中，达到身体力行、火眼金睛、多谋善断、妙笔生花的境界，使拿出手的新闻稿件有理有据、无懈可击，在国家战略全局中发挥好积极配合作用。

在历练“四力”中提高战斗能力。持续巩固壮大主流舆论强势必须要形成战斗能力与战斗风格，这从根本上来说是同我们自身软弱涣散的工作弊病作斗争。习近平在党的新闻舆论工作座谈会上提出明确要求：“我们党所办的报纸，我们党所进行的一切宣传工作，都应当是生动的，鲜明的，尖锐的，毫不吞吞吐吐。……我们要教育人民认识真理，要动员人民起来为解放自己而斗争，就需要这种战斗的风格。”[①]我们要清醒地看到，以美国为首的西方国家绝对不会停止对中国的全面遏制与围堵，除非通过“颜色革命”将中国收于任其摆布的资本主义追随国家行列。中国人民在党的领导下终于找到了中国特色社会主义这条道路，我们要

① 《十八大以来重要文献选编》（下），中央文献出版社 2018 年版，第 219 页。

倍加珍惜，决不屈服于生长在原罪之上的资本主义体系，这是考验新闻舆论战线工作者的大是大非问题。我们要时刻提高警惕、防微杜渐，在脚、眼、脑、笔的各个环节上锤炼钢铁战士般的忠诚和勇气。

［原载《声屏世界》2019 年第 9 期］

20 世纪 60 年代初关于真理标准问题的讨论

——当代中国思想史上被忽略的一个片段

曹光章

一、当代中国思想史上被忽略的一个片段

由人民出版社出版的《邓力群自述：1915—1974》（以下简称《自述》）一书中，用四五百字的篇幅讲述了 20 世纪 60 年代初期在《红旗》《新建设》《文汇报》等一批刊物上展开的关于真理标准问题的学术讨论。当代中国研究所原副所长程中原在帮助邓力群整理《自述》的过程中，发现这一次学术讨论几乎没有被后来的学者们所关注。为此，他曾就此事请教邓力群。邓力群说，《红旗》杂志当时发表的关于实践标准问题的讨论文章，不是他组织编发的，对讨论的具体情况也记不太清了。所以，《自述》一书中关于这一次讨论的叙述非常简略。程中原认为，这次讨论虽然只是限于学术讨论，不像 1978 年的真理标准大讨论那样有重大的政治影响和社会影响，但是这次讨论在当代学术史、思想史上应该有其地位，值得挖掘和研究。

笔者了解到这一情况后，就这一次讨论做了一些研究。查阅资料过程中发现，《光明日报》在 1978 年 5 月 11 日以本报特约评论员名义发表《实践是检验真理的唯一标准》之前，曾于 1963 年 2 月 1 日发表过一篇标题完全一样的文章，署名作者为朱士耀。1978 年那篇文章的内容已

为大家所熟知，文章引用马列主义毛泽东思想、自然科学发展史、中国革命发展史的事实正面阐述和论证“实践是检验真理的唯一标准”，批判“四人帮”在真理标准问题上的谬论及其恶劣影响，着重针对当时“左”的思想影响和“两个凡是”的思想禁锢，号召全党全国人民冲破思想牢笼，解放思想、实事求是，研究新的实践中提出的新问题，“顺利地进行新的伟大的长征”。[①]1963年那篇文章是学术性的商榷文章，主要内容是批评另一学者把实践作为检验真理的直接方式、把唯物辩证法作为检验真理的间接方式的观点，阐述检验真理的标准只有一个，只能是社会实践。[②]两篇文章的价值不可相提并论，1978年的那篇引发了关于真理标准问题的全国性大讨论，极大地解放了人们的思想，为我们党重新确立马克思主义的思想路线奠定了理论基础，为中共十一届三中全会实现伟大历史转折、迈向改革开放新时期做了思想准备，为坚持和发展中国特色社会主义道路、形成中国特色社会主义理论体系提供了精神动力。1963年的那篇文章并没有产生多少社会影响，但它是60年代初期学术界开展的关于真理标准问题讨论的众多文章中的一篇，这篇文章与其他讨论文章一起，对真理标准问题尤其是实践标准问题展开了一次相当规模的讨论。这次讨论也相当深入，涉及相对真理和绝对真理、实践检验真理的绝对性和相对性、实践检验和逻辑证明的关系等马克思主义真理观的一系列问题，基本形成了实践是检验真理的唯一标准的共识。

1978年那篇文章的主要作者胡福明后来接受采访时说：“文中的观点并不是我的首创，每个高校的哲学教师都懂。只是由我在一个特殊的‘时间节点’把它写了出来。”[③]胡福明所说的“每个高校的哲学教师都懂”，是符合实际情况的。

事实上，关于检验真理的标准是什么的问题，“这是早被无产阶级的革命导师解决了的问题”[④]。马克思在1945年春写成的《关于费尔巴哈的

① 《实践是检验真理的唯一标准》，《光明日报》1978年5月11日。

② 朱士耀：《实践是检验真理的唯一标准》，《光明日报》1963年2月1日。

③ 《“集中了大家的智慧”——访〈实践是检验真理的唯一标准〉主要作者之一胡福明》，《光明日报》2011年6月16日。

④ 《实践是检验真理的唯一标准》，《光明日报》1978年5月11日。

提纲》一文中提出，“人的思维是否具有客观的真理性，这不是一个理论的问题，而是一个实践的问题。人应该在实践中证明自己思维的真理性，即自己思维的现实性和力量，自己思维的此岸性。关于思维——离开实践的思维——的现实性或非现实性的争论，是一个纯粹经院哲学的问题”①。毛泽东在《实践论》中也明确指出，“只有人们的社会实践，才是人们对于外界认识的真理性的标准”，“真理的标准只能是社会的实践”。② 但新中国成立后，一些哲学教员对于实践怎样检验真理，经验和实践的关系，实践检验和逻辑证明的关系等，理解不深。正是 20 世纪 60 年代初期的这次真理标准问题讨论，才使“实践是检验真理的唯一标准”这一马克思主义关于真理标准问题的基本观点为广大从事哲学研究的学者或者对哲学感兴趣的学者所熟知，成为“每个高校的哲学教师都懂”的基本观点。龚育之、何祚庥、陶德麟、陈先达、张世英、高清海、孙伯鍨、赵凤岐等当时还尚年轻的学者都参与了这次讨论。他们后来都成为中国著名的马克思主义学者，有些还在 1978 年的真理标准大讨论中发挥了积极作用。可以说，正是 60 年代初期的这次讨论，使新中国的哲学工作者，经历了一次关于马克思主义真理论的深入学习和研究，推动了马克思主义真理论在当代中国的发展，为 1978 年的真理标准大讨论做了知识上、思想方法上和人才上的准备。这便是 60 年代初期的这次讨论在当代中国思想发展史上的意义。

值得注意的是，这次真理标准问题的讨论，很少为党史或新中国史专业的学者所了解和关注；哲学专业的一些学者虽然了解甚至参与过这一次讨论，但他们几乎都没有把这次讨论与 1978 年的真理标准大讨论联系起来予以思考和论述。就笔者目前查阅资料的情况看，仅发现龚育之在一篇谈新中国自然辩证法学科发展史的文章中提到了这场“关于真理问题的热烈争论”③，何祚庥在回忆自己学习自然辩证法的历程时也谈到了这场论战。④ 两位学者都是在自然辩证法学科发展的意义上谈论这次讨论，

---

① 《马克思恩格斯文集》第 1 卷，人民出版社 2012 年版，第 134 页。

② 《毛泽东选集》第 1 卷，人民出版社 1991 年版，第 284 页。

③ 龚育之：《自然辩证法在中国（新编增订本）》，北京大学出版社 2012 年版，第 32 页。

④ 董驹翔、董翔薇：《哲人忆往》，中国青年出版社 1999 年版，第 276 页。

内容也相当简略。从当代中国思想发展史的意义上来看，20 世纪 60 年代初的这次讨论几乎成了被忽略的一个片段。

对 20 世纪 60 年代初的这次讨论作一研究，不但能够展现被思想史所忽略的这一片段，也有助于揭示当代中国思想史发展的连续性，为 1978 年的真理标准大讨论以及由此掀起的思想解放运动提供一个历史的注脚。

二、20 世纪 60 年代初“讨论”的历史背景

新中国成立后，为肃清封建的、买办的、法西斯主义的思想，确立马克思列宁主义、毛泽东思想在意识形态领域的指导地位，曾开展了一系列的马克思主义启蒙教育。在历史唯物主义的普及方面，主要是结合新中国的社会改造普及社会发展史的基本知识，从劳动创造人、劳动改造人的角度来学习和确立马克思主义的社会历史观和革命人生观。在唯物辩证法的普及中，主要是学习毛泽东的《实践论》和《矛盾论》，在专业教师中恩格斯的《自然辩证法》，列宁的《唯物主义和经验批判主义》等马克思主义经典著作，也得到广泛传播。在上述学习和传播马克思主义的过程中，来自苏联的影响是显而易见的。比如，在马克思主义如何看待自然科学的阶级性问题上，我们就曾跟着苏联走过一段弯路。我们不自觉地接受了苏联科学家关于自然科学有阶级性的观点，要求在生物学领域坚持米丘林的方向，照搬李森科对遗传学中摩尔根学派粗暴批评的办法在国内开展了类似的批判活动；在生理学领域把巴甫洛夫学说绝对化、教条化；等等。自然科学领域的这种倾向，反映在哲学上就是如何认识真理、如何检验真理、怎样发展真理的问题。1950 年，斯大林发表《马克思主义和语言学问题》，批评了把马克思主义简单化庸俗化的倾向，指出自然科学并非上层建筑，没有阶级性。此后，苏联开始纠正在自然科学领域开展的各种批判，但是并不彻底。在中国，也是这种情况。1950 年，北京农业大学一位领导仿效苏联做法，粗暴对待坚持摩尔根学说的教职人员，被校内一位教师写信辗转反映到毛泽东那里，毛泽东批示要求彻查农大领导，并作适当处理。这是对自然科学领域照搬苏联错误做法的第一次纠正。

1956年2月苏共二十大召开，使毛泽东等中央领导人认识到有必要破除对斯大林和苏联经验的迷信，独立自主地探索适合本国国情的革命和建设道路。这一转变反映到艺术和科学工作方面，就是提出了“百花齐放、百家争鸣”的方针。1956年5月26日，陆定一在中南海怀仁堂作题为《百花齐放，百家争鸣》的讲话，向文艺工作者和科学工作者宣讲“双百”方针，其中明确讲：自然科学包括医学在内是没有阶级性的。它们有自己的发展规律……在某一种医学学说上，生物学或其他自然科学的学说上，贴上什么“封建”“资本主义”“社会主义”“无产阶级”“资产阶级”之类的阶级标签，例如说什么“中医是封建医，西医是资本主义医”“巴甫洛夫的学说是社会主义的”“米丘林的学说是社会主义的”“孟德尔－莫尔根的遗传学是资本主义的”之类，就是错误的。我们切勿相信。[①]

“双百”方针受到广大文艺工作者和科学工作者的热烈欢迎，同时也引起对过去所走过的弯路的反思。这种反思在哲学上的反映，就是展开了一场关于真理是什么、真理有没有阶级性的学术讨论。《光明日报》组织的一次关于“真理是什么”的讨论最为引人注目。从1956年4月到1956年9月，《光明日报》上发表了近20篇关于真理是什么和真理有没有阶级性的文章。[②]1956年9月19日，《光明日报》以“哲学”双周刊编

① 陆定一：《百花齐放，百家争鸣——一九五六年五月二十六日在怀仁堂的讲话》，《人民日报》1956年6月13日。

② 常学思：《真理有没有阶级性》，《光明日报》1956年4月18日；任之：《辩证唯物主义论客观真理、绝对真理与相对真理》，《光明日报》1956年4月18日；康宏逵、韩鹰：《真理有阶级性吗？》，《光明日报》1956年5月30日；钟德暄：《关于“真理有没有阶级性”》，《光明日报》1956年5月30日；王达仁：《不应当对客观真理作片面的理解》，《光明日报》1956年5月30日；《关于真理问题的讨论（附编者按）》，《光明日报》1956年5月30日；李学昆：《为什么真理不是客观存在》，《光明日报》1956年6月13日；朱天顺：《说真理属于观念形态难道就是唯心主义吗？》，《光明日报》1956年6月13日；郭宝钧：《从关于客观真理的讨论谈起》，《光明日报》1956年6月13日；常学思：《再谈真理的阶级性问题》，《光明日报》1956年6月27日；庞朴：《真理愈辩愈明》，《光明日报》1956年7月11日；马仲扬：《必须学会区别马克思列宁主义的字句和实质——谈列宁关于真理的论述中的几个问题》，《光明日报》1956年8月22日；章沛、陈政翔：《究竟什么是“被认识了的客观存在”？》，《光明日报》1956年8月22日；王达仁：《关于客观真理的一些问题》，《光明日报》1956年9月19日；关锋：《马克思主义的阶级性和真理性的统一》，《光明日报》1956年10月3日。

辑部的名义发表了《关于真理是什么的讨论的意见》，对上述讨论做了总结。[①]除了哲学上的反思，科学界也召开了一些会议讨论“双百”方针，反思过去的错误做法。例如，1957 年 8 月，中国科学院和高等教育部在青岛联合召开的遗传学座谈会，就是贯彻“双百”方针、系统地纠正过去错误的一次很好的会议，产生了很大的社会影响。

此后，纠正自然科学领域中错误倾向的工作受后来的反右派、“大跃进”和反右倾所影响，并没有很好地进行下去。尤其是“大跃进”中不尊重科学、不尊重科学家、违反科学规律，片面强调发挥群众在科学技术上的创造性，对所谓具有资产阶级学术观点的专家教授作为“白旗”进行斗争。著名数学家、中国科学院数学研究所所长华罗庚被当作“白旗”拔掉，北京大学拔掉了冯友兰等几百面“白旗”。在这种氛围下，什么才是有利于发展科学知识和技术的正确态度、什么是真理、如何判断真理和错误等，都不可能进行清醒理性的研究和讨论。

对此采取调整措施是从 1960 年下半年开始的，科技教育政策方面的调整是其中的重要方面。上海和北京都召开了科学工作者座谈会，科学家们以严肃认真的态度，列举事实，批评了几年来的错误思想和做法。1961 年 7 月，中共中央批准试行《关于自然科学工作中若干政策问题的批示》（以下简称《科研十四条》），总结了几年来对待科学知识、对待知识分子问题上出现的偏差及其经验和教训，要求正确贯彻执行“百花齐放、百家争鸣”的方针和理论联系实际的原则。提出要正确划分政治问题、思想问题和学术问题之间的界限，不要给自然科学技术的不同学派、不同主张贴上“资产阶级的”“无产阶级的”“资本主义的”“社会主义的”之类的阶级标签。同年 9 月，又批准试行《教育部直属高等学校暂行工作条例（草案）》（以下简称《高教六十条》）。此前中央书记处会议在讨论《高教六十条》的时候，提出了一些修改意见。其中，关于知识分子政策和“双百”方针这一部分，书记处会议认为，对社会科学与自然科学必须加以区别，原稿中的各个学派自由竞赛，自由探讨等条文，

---

① “哲学”双周刊编辑部：《关于真理是什么的讨论的意见》，《光明日报》1956 年 9 月 19 日。

一般只适用于自然科学。在社会科学方面，要明确提出贯彻“双百”方针的目的是发展和巩固马克思主义的领导地位，而不是使马列主义和资产阶级学说平起平坐。同时，还增加了“在马克思主义者内部，也允许对学术问题的自由讨论”的内容。[①]

中央的调整政策和措施很快在学术界引起了积极反应。“最近一个时期，学术界活跃起来了，讨论会开得很活泼，文章写得也不少。这种现象，十分可喜。”[②] 正是在这一背景下，学术界关于真理问题的讨论又一次热烈起来。讨论首先关注的是真理和错误的关系问题，最后集中在真理的标准问题，特别是实践标准问题。

三、讨论的过程和主要问题

（一）关于真理和错误的关系

1962 年 4 月 12 日，《文汇报》刊登陈伯翰的《关于科学史上的错误观点》一文，引起了关于真理和错误关系的讨论。该报先后发表了余源培的《错误观点是相对真理吗？》（5 月 15 日）、丘权的《如何理解错误和真理的对立》（6 月 12 日）、沈佩英的《关于真理与错误的对立统一问题》（7 月 31 日）、李宝恒的《真理和错误》（8 月 17 日）、龚育之的《认识曲折发展的一种形式》（1963 年 1 月 11 日、12 日）等文章。《新建设》1962 年第 9 期把这次讨论称为“关于真理和错误问题的讨论”，并以此为题写了讨论综述，《新华月报》1962 年第 10 期转发了这篇综述。《哲学研究》1963 年第 3 期发表综述，也把这次讨论称为“关于真理与错误关系问题的讨论”，《新华月报》1963 年第 11 期也转发了这篇综述。1962 年 8 月 23 日和 1963 年 3 月 16 日的《人民日报》也分别以《关于真理与错误对立统一问题的讨论》和《关于真理与错误关系问题的讨论》为题刊发了综述文章。

陈伯翰的文章以燃素说为例，阐发对待科学史上的错误观点应有的

---

① 傅颐：《〈高教六十条〉的制定、试行及历史经验》，载中共中央党史研究室第二研究部编：《社会主义时期党史专题文集（1949—1978）》第 2 辑，中共党史出版社 2008 年版，第 138 页。

② 陈伯翰：《百家争鸣，探求真理》，《前线》1961 年第 9 期。

正确态度。燃素说是解释燃烧现象的一种学说，认为物体之所以会燃烧，是因为这个物体中包含一种没有重量的物质——燃素，当物体燃烧的时候，燃素就从那个物体中逸出。这个学说在17世纪下半期到18世纪70年代的化学中占统治地位，直到拉瓦锡发现了氧气，并把燃烧解释为氧化反应。由如何看待燃素说这一问题，引起了关于以下几个问题的讨论。

第一，燃素说是不是相对真理？一种观点认为，燃素说完全是错误，绝非真理。另一种观点认为，燃素说不是真理，但包含着真理的颗粒，对科学发展起过积极作用。龚育之认为，燃素说不能称为真理或相对真理，但也不同意把燃素说断言为“完全错误、绝非真理”，而应该称为“相对错误的学说”。这一观点得到了比较一致的赞同。

第二，相对真理中是否包含有错误的因素？一种观点认为，相对真理中包含有错误的成分，但它仍然是人类认识史上不能完全避免的一个阶段。另一种观点认为，相对真理不包含错误。相对真理的“相对”是和绝对真理的“绝对”相对应而言，不是与错误相对应而言的，是在探讨真理范围内的问题时用来说明人们对客观真理把握程度的。还有一种观点认为，如果从真理和错误对立的绝对意义而言，可以说相对真理不包含错误；如果从真理和错误对立的相对意义而言，也可以说相对真理最终会被证明有错误。因此，两种提法都能成立，这取决于是从相对意义还是绝对意义上来讲真理和错误的对立。

第三，真理和错误的相互对立和相互转化问题。萧前认为，真理可以转化为错误。但这不是因为真理中包含着错误，而是我们超出了真理所反映的范围、对象和过程去运用真理，把它夸大，因而产生谬误。还有学者认为，客观事物从一个阶段发展到另一个阶段，也会导致原来正确的认识变成不正确。龚育之认为，真理和错误的对立，既是绝对的，又是相对的。二者的绝对对立有两层意义：真理是人们对客观事物的正确反映，错误则不是；随着人类认识和实践的发展，人们总是能够把真理和错误区分开来。所谓相对性，照恩格斯的说法，就是“凡今天被承认是真理的东西，都有现时隐蔽着的而过些时候会显露出来的错误的方面；同样，凡现在被承认是谬误的东西，也都有真理的方面，因而，它从前才被认作真理”[①]。

（二）关于检验真理的标准问题

关于真理和错误的关系问题的讨论，内含着判断真理和错误的标准问题。《红旗》1962 年第 2 期刊登了何祚庥的《论自然科学研究中有关实践标准的若干问题》一文，把关于真理问题的讨论引向检验真理的标准问题。到 1964 年底，共发表讨论文章几十篇，[②]绝大多数都是讨论实践标准或与实践标准相关的问题。1964 年，《哲学研究》编辑部把 1962—1963 年报刊上讨论真理问题的部分文章编辑成《真理问题讨论集》由人民出版社出版，其中第二、三部分收集了关于真理标准问题的主要讨论文章。《红旗》杂志 1964 年第 10 期以《关于实践标准问题的讨论情况》为题写了讨论综述。到 1964 年底，讨论基本终止。之后《光明日报》

---

① 《马克思恩格斯选集》第 4 卷，人民出版社 1995 年版，第 244 页。

② 关于实践标准问题的讨论文章：许上栋：《检验认识正确性的标准只能是社会实践》，《山西日报》1962 年 6 月 28 日；陆魁宏：《检验真理的一种间接方式》，《光明日报》1962 年 8 月 24 日；赵凤岐：《实践标准的相对性和绝对性》，《前线》1962 年第 9 期；陆魁宏：《论实践标准的不确定性与确定性》，《江汉学报》1962 年第 10 期；夏雁：《关于从实践中总结经验——哲学随笔》，《黑龙江日报》1962 年 11 月 6 日；何祚庥：《不能离开历史观点理解实践标准——敬答杜雷、吴俊光两同志》，《新建设》1962 年第 11 期；道哲：《“辩证法是检验真理的间接方式吗”吗？——与陆魁宏同志商榷》，《光明日报》1962 年 12 月 28 日；林莹：《真理的尺度》，《广西日报》1963 年 1 月 30 日；朱士耀：《实践是检验真理的唯一标准》，《光明日报》1963 年 2 月 1 日；陆魁宏：《检验真理的方式问题的讨论》，《新建设》1963 年第 3 期；陈先达：《实践检验和逻辑证明》，《教学与研究》1963 年第 4 期；赵坤：《论实践标准的绝对性和相对性》，《江淮学刊》1963 年第 6 期；王正萍：《真理的标准只能是社会的实践》，《学术月刊》1963 年第 7 期；皮明庥：《论实践标准的确定性与不确定性》，《江海学报》1963 年第 11 期；李光远：《怎样用实践来检验认识——谈谈实践检验认识的过程中的几个矛盾》，《前线》1963 年第 22 期；刘相诚、陈药泉：《实践证明是正确的科学理论能够修改吗？——与何祚庥同志商榷》，《哲学研究》1964 年第 4 期；草间：《实践不能确切地证明真理的适用范围吗？——与陶德麟同志商榷》，《江汉学报》1964 年第 8 期；展鹏：《关于实践标准问题讨论的情况》，《红旗》1964 年第 10 期；杜雷、吴俊光：《实践是检验真理的唯一的客观标准——与何祚庥同志商榷》，《红旗》1964 年第 10 期；何祚庥：《再谈自然科学研究中的实践标准问题——答杜雷、吴俊光、陶德麟等同志》，《红旗》1964 年第 10 期；陶德麟：《怎样理解绝对真理、相对真理和实践标准？——与何祚庥同志商榷》，《红旗》1964 年第 11 期；陆魁宏：《关于实践标准的绝对性和相对性——从一个化工厂三种试验田的故事谈起》，《红旗》1964 年第 12 期；林定夷：《试论实践标准的辩证性》，《新建设》1966 年第 1 期；朱波：《逻辑证明和实践检证》，《光明日报》1966 年 2 月 4 日。

1966年2月4日又发表了朱波的一篇题为《逻辑证明和实践检证》的文章，对这次讨论中涉及的逻辑证明和实践检验的关系问题做了比较公允的总结，算是为这次讨论画上了句号。

在这次讨论中，以何祚庥为一方，以杜雷和吴俊光、陶德麟为另一方之间的争论最为引人注目。何祚庥在《红旗》杂志1962年第2期发表文章后，杜雷和吴俊光、陶德麟发表了多篇商榷文章，何祚庥也发表了多篇答复文章，如此几个来回。在争论中，涉及实践标准的绝对性和相对性、相对真理和绝对真理、实践证明和逻辑证明等重要问题。

第一，关于实践标准的相对性和绝对性。何祚庥以科学理论经实践检验为正确后，以后又加以修改的科学史事实来证明实践标准具有相对性。因为实验检验科学理论的基本内容，总是由个别检验一般，由有限推出无限。实践总是个别的、具体的、有限的，理论则是一般的、普遍的、无限的。在理论的概括中总免不了要把有限转为无限，进行“内插”或“外推”。新的实践有可能证明这种“内插”或“外推”不完全符合实际，这就导致了实践标准的相对性。杜雷和吴俊光认为，何祚庥关于实践标准相对性的分析给人的印象是，实践检验为正确的自然科学理论，仍然不可靠，实际上就否定了实践是认识的真理性标准。杜雷和吴俊光提出自己对于实践标准相对性和绝对性的看法：有限的实践只能获得有限的认识，在有限实践范围内验证的科学理论是可靠的，就这个意义上它是绝对的。也因为其只在有限范围内适用，因此是相对的，超出有限范围适用它，就会得出错误的结果。何祚庥在答复文章中认为，杜雷和吴俊光以适用范围来界定实践标准的相对性和绝对性，是抽去了“真理界限的可变易性”这一面，没有具体地历史地看待实践检验的作用范围。陶德麟指出，关于实践到底能不能证明某一认识是真理或错误，何祚庥的观点自相矛盾，最终会抹杀实践标准的绝对性。

第二，关于绝对真理和相对真理的区分。何祚庥认为，把相对真理和绝对真理归结为部分和整体的关系是不对的，应按照反映客观实际的精确和完备程度来划分绝对真理和相对真理。绝对真理是全面而完善的认识，不会被后来的实践所推翻。相对真理基本上也正确地反映了客观现实，但是不够完全，是在一定界限内、一定条件下反映了客观现实，将随着科学的发展不断修改、补充、深化、精确和具体。杜雷和吴俊光、陶德麟都不同意何祚庥划分绝对真理和相对真理的方法，而是主张任何真理既是相对的，又是绝对的。

第三，关于逻辑证明和实践检验。何祚庥认为，逻辑证明能够证明一个命题或判断是否正确。杜雷和吴俊光则认为，形式逻辑不能证明科学理论，相反，形式逻辑的前提是否正确，需要由科学来证明。朱波发表在《光明日报》的文章，肯定何祚庥的观点，但是强调指出，在承认逻辑证明可以检证命题之正确与错误的时候，必须加以说明。在逻辑证明中，如果论据是正确的，如果论据与论题具有逻辑的联系，那么，这个论题就可以证明是正确的，这个论证就可以令人信服。不过，一种理论要证明为正确，归根结底是由实践来决定的。因此，对待逻辑证明的正确态度是：承认逻辑证明在检验知识的真理性方面所起的作用，绝不是说，它可以代替实践的作用。

除上述论战双方的争论，还有一些不同观点也颇引人注目。比如，关于检验真理的方式问题，陆魁宏提出实践是检验真理的直接方式，唯物辩证法是实践检验真理的间接方式。朱士耀认为，实践是检验真理的唯一标准，把唯物辩证法作为检验真理的间接方式与实践作为检验真理的直接方式并列提出是不恰当的，会让人以为检验真理的标准有两个。

到 1964 年底，上述讨论基本上停止。1964 年之后，除 1966 年《新建设》和《光明日报》各发表过一篇文章外，关于真理标准问题的讨论就没有看到有其他文章了。类似文章再次出现，则是 1978 年的事了。

至于讨论停止的原因，主要是当时的政治气氛和社会氛围已经发生了重大变化。1964 年 7 月，毛泽东对文艺界提出严厉批评，说文艺界的协会和他们掌握的刊物，15 年来基本上不执行党的政策，最近几年，竟然跌到了修正主义的边缘。毛泽东根据对世界形势的判断，决心搞三线建设。对于国内形势，认为全国基层有三分之一领导权不在我们手里，要搞社会主义教育运动。《人民日报》开始点名批判杨献珍的“合二而一”论。林彪开始鼓吹“毛泽东思想是当代马克思列宁主义的顶峰”“学习毛主席著作是学习马列主义的捷径”等。

笔者曾就这一次讨论采访过何祚庥。他讲到讨论为何停止时说，《红旗》讨论到一段以后，干脆刹车不再讨论了。双方都有些理由，如果你强调真理的绝对性的话，就变成是为了反修；如果过分反对相对性的话，那么马克思主义就不用发展了，变成了独断论。后来这些问题就非常敏感了，“文化大革命”即将开始。我的理解，范若愚[①]同志就定下来，不再讨论。因为大家都感到这是个政治问题了，不知道中央是什么意见。知道这个事情讨论下去牵扯面太大了，所以，就先停止，都不登了。[②]

四、结语

1956年，我们党开始独立自主地探索符合中国国情的社会主义建设道路，并提出了“双百”方针，在这样的背景下，我国文学艺术工作者和科学工作者开始反思过去几年中不注意加以分析地学习和借鉴苏联经验的一些错误做法，这种反思上升到哲学层面引起了一次关于真理是什么的讨论，为几年后出现的关于真理标准问题的讨论打下了基础。1960年之后，党中央对国民经济进行全面调整的同时，对科技教育政策和知识分子政策也进行了调整，进一步明确发展我国科技和教育事业的基本方针，进一步正确地贯彻党的知识分子政策，这些调整使广大知识分子深受鼓舞，促使他们对过去几年中文艺和科学教育领域中一些“左”的认识和做法的进一步反思，引发了一次关于真理标准问题的热烈讨论。讨论主要局限于自然科学领域的真理问题，力图从自然科学认识问题作出一般认识论和真理论的结论，基本上遵循了《高教六十条》关于百家争鸣“一般只适用于自然科学”的原则规定。但是，理论发展有其内在逻辑。自然科学领域的真理问题与社会科学领域的真理问题固然有着明显区别，但是从理论上来讨论真理和真理标准问题，继续推进和深入下去的话，必然也要涉及社会科学领域的真理问题，甚至会涉及如何看待党的路线、方针、政策的问题。鉴于后来政治气氛的变化，这样的发展趋势明显是不合时宜的，讨论因此而终止。

---

① 范若愚，时任《红旗》杂志副总编辑。

② 笔者于2013年11月20日在中科院理论物理研究所采访何祚庥先生的录音。

这次讨论在当时来说，对于贯彻教育、科技、知识分子政策的调整有其意义，可以看作学术界对中央调整政策的积极响应。从学术层面看，在认识论和真理论上推动了马克思主义的发展。从长远看，为 1978 年的真理标准问题讨论做了知识上、思想方法上、人才上的准备，当年参与讨论的不少青年学者后来都成长为中国著名的马克思主义学者。

这次讨论的性质是一次学术讨论，在当时的历史条件下所发挥的社会作用和政治影响比较有限。究其原因，教育、科技、学术和知识分子路线都深受党的思想路线的制约，由一场学术讨论上升为思想路线的讨论，进而产生广泛的政治影响和社会影响，需要相应的政治条件和社会条件，这些条件在当时尚不具备。但是，联系到 1978 年开始的真理标准大讨论和思想解放来看，它毕竟是当代思想史上的一个环节或片段，不应被忽略。

［原载《毛泽东邓小平理论研究》2015 年第 11 期］

新中国初期农村基础教育的发展与乡村教师
——以山东省泗水县为例

苏于君

1949年新中国成立时，农村人口占全国人口的89.4%。全国人口的3/4是文盲，几乎都集中在农村地区。[①]因此，要提高全国人口整体的知识文化水平，在农村地区普及基础教育（本文特指小学教育）成为当时面临的紧迫任务。然而，多年的战争使社会经济凋敝，新中国初期中央政府集中主要力量恢复社会生产和经济建设，并在全国开展扫盲识字运动。加上刚刚成立的中央人民政府也没有丰富的治国理政经验，因此在农村地区的基础教育方面并没有制定太多具体的政策和行政措施。在这种情况下，中国农村的基础教育是如何发展的？当时的乡村教师又在其间发挥了什么样的作用，又有什么样的定位呢？本论文以乡村教师为视点，试着探讨并回答以上这两个问题。

学界中涉及20世纪50年代的中国农村基础教育的研究不多，主要有李水山主编《农村教育史》（广西教育出版社2007年版）、王慧《中国当代农村教育》（光明日报出版社2014年版）、樊涛《新中国农村基础教育政策变迁研究》（东北师范大学2010年硕士学位论文）、刘桂玲《建国至改革开放前义务教育学制改革的历史研究（1949—1976）》（西南大学2011年硕士学位论文）、顾建军《建国以来中国农村教育发展与改革

---

① 刘惠林：《中国农村教育财政体制》，社会科学文献出版社2012年版，第72页。

历程的回顾》(《江西教育科研》1990年第6期)和王凤梅《新中国农村教育的回首与反思——以1949至1978年间的山东省为例》(《山东社会科学》2014年第8期)等。这些研究又都是以宏观视角阐述了新中国成立以来的农村教育发展历程，总结了各个阶段农村教育政策和指导思想的特点，而对具体的农村地区的教育发展状况做深入分析的实证研究并不多。

大泽肇的《中华人民共和国建国初期上海市及其近郊农村公共教育的再建》[①]和《中华人民共和国初期的学校教育与社会统合》[②]是具有代表性的实证研究。前者从政治视点分析了1949年到1953年中央政府在公民教育方面的政策与意图，探讨了教师与学生在政治教育与政治运动中所受到的影响。后者从政权和民众两个侧面分析了新中国初期学校教育在社会统合过程中所起到的作用。

经济落后、交通不便是中国农村的共同特征。本论文选取山东省泗水县为例，也是考虑到了这两个关键因素。首先，贫困是制约一个地区教育发展水平的根本因素，因贫困造成的教育落后在中国的农村十分普遍，切断贫困与教育落后之间的恶性循环几乎是全中国农村的一个共通课题。中央政府在1986年首次制定了国家重点扶贫县的标准，1994年又改定标准，将全国592个县纳入"国家八七扶贫攻坚计划"中。泗水县在1986年和1994年连续两次被列为国家级贫困县。由于泗水县的矿产资源少限制了工业的发展，一定程度上又影响了当地经济的发展速度。其次，交通不便是制约一个地区教育发展的直接因素。泗水县位于中国东部沿海的内陆地区，丘陵面积为738.5平方千米，占全县总面积的66%。交通不便成为占全县面积2/3的山区农村发展经济与普及教育的一大障碍。

回顾泗水县基础教育的历史，1912年民国初期，泗水县只有小学生450人，1935年末发展到3500人。1938年日军占领泗水后，受战乱影响停办的各级各类学校逐步恢复正常教学。据1939年10月统计，县立

---

① ［日］大泽肇：《中華人民共和国建国初期、上海市及び近郊農村における公教育の再建》，《近きに在りて》第50号，2006年12月。

② ［日］大泽肇：《中華人民共和国初期における学校教育と社会統合》，《アジア研究》第55卷第1号，2009年1月。

完全小学有3所，学生346人。初级小学48处，学生1051人。1945年8月日军从泗水县撤退后，泗水县抗日民主政府开始逐步恢复学校教育，适龄儿童的入学率达到58.5%。1947年4月末，泗水县进入国民政府的管辖之下，有中心国民学校5处，保国民学校64处，私立丁氏保国民学校1处，学生6195人，达到史上最多。1948年6月泗水县解放，县人民政府努力恢复和发展教育事业。1949年新中国成立前夕，泗水县的小学达到129处，学生6800人。①

从以上泗水县基础教育的历史变迁中可以看出，泗水县的小学教育虽然随着政权的交替出现了阶段性的停滞，但总体来说是在持续发展的。那么，新中国成立后的农村基础教育是一个怎样的发展历程呢？

本论文利用笔者在泗水县教育局、泗水县档案局收集到的第一手资料，对新中国初期的农村地区基础教育的普及过程做一个历史性的回顾，总结它的发展成果并揭示其存在的问题，并将农村基础教育的发展与乡村教师做一个有机的结合，论证乡村教师在农村基础教育发展过程中所发挥的作用及其局限性。与其他既有研究相比，本论文的特征是基于泗水县的具体事例，并将研究聚焦于乡村教师所发挥的作用上。

一、农村教育的困境

（一）缓升的入学率

1949年新中国成立前，全国适龄儿童的入学率只有20%左右，②大多数工人、农民家庭的子女都没有接受学校教育。在1949年12月31日召开的全国教育工作会议上教育部副部长钱俊瑞指出："新中国教育的发展方针是普及与提高的正确结合，即在普及的基础上提高，在提高的指导下普及。普及当然以工农兵为主要对象，但是也不放松一般儿童教育的推广。"③可以

---

① 泗水县教育委员会教育志办公室编：《泗水县教育志（1840—1993）》，1994年，第70—72页。

② 中央教育科学研究所编：《中华人民共和国教育大事记（1949—1982）》，科学教育出版社1984年版，第10页。

③《教育部副部长钱俊瑞在全国教育工作会议上的总结报告》，《光明日报》1950年1月5日。

看出，中央政府在新中国成立初期除了大力开展识字运动力扫文盲之外，也重视适龄儿童基础教育的普及工作。

然而，在全国范围内普及基础教育并不容易。泗水县的档案资料显示，1949 年新中国成立时泗水县适龄儿童的入学率仅为 23.7%（见表 1）。因此也可以证实，上述 20% 左右的全国适龄儿童入学率基本上反映了当时教育的真实状况。

表 1　1949—1957 年全国适龄儿童平均入学率与泗水县的入学率

年度	全国	泗水县
1949	20% 左右	23.7%
1950	—	29.8%
1951	—	31.3%
1952	49.2%	33.4%
1953	50.3%	36.3%
1954	51.5%	38.6%
1955	53.8%	38.4%
1956	62.6%	39.8%
1957	61.7%	58.5%

注：1950—1951 年的全国适龄儿童平均入学率数据缺失。

参考资料：泗水县教育委员会教育志办公室编：《泗水县教育志（1840—1993）》，1994 年，第 78 页；国家统计局编：《中国教育年鉴（1949—1981）》，中国大百科全书出版社 1984 年版，第 1024 页；中央教育科学研究所编：《中华人民共和国教育大事记（1949—1982）》，科学教育出版社 1984 年版，第 10 页。笔者据以上文献数据整理。

1950 年全国共有小学约 30 万所，在校生 2000 余万人，而占全国人口 80% 以上的工农大众及其子女基本上还都未接受学校教育。[①] 为了满足新中国成立初期社会生产的需求，改善入学率极低的现状，1951 年 8 月中央政府召开第一次全国初等教育会议和第一次全国师范教育会议，提出了“从 1952—1957 年，争取全国平均有 80% 的适龄儿童入学”[②]。

通过表 1 可知，1952—1957 年，泗水县的适龄儿童入学率比全国适

① 钱俊瑞：《当前教育建设的方针》，《人民教育》1950 年第 1 期。

② 国家统计局编：《中国教育年鉴（1949—1981）》，中国大百科全书出版社 1984 年版，第 123 页。

龄儿童的平均入学率低了很多。另外，从入学率的变化来看，1951 年到 1956 年泗水县的入学率分别增加了 2.1 个百分点、2.9 个百分点、2.3 个百分点、-0.2 个百分点和 1.4 个百分点。因此可知，由于农村地区入学率上升缓慢，致使全国平均入学率难以快速提高，中央政府提出的到 1957 年全国平均入学率达到 80% 的目标很难达成。为什么新中国成立八年来农村地区适龄儿童的入学率只增加了一倍多？除了教育财政资金不充足无法兴办更多的学校外，还有一个很重要的原因是师资严重不足。

（二）老师与学生比例失衡

通过表 2 可以看出，新中国初期的八年间，全国和泗水县的小学在校生数逐年显著增加。小学教师数量也随着在校生数的增长而有明显的增长，因此保障了教育活动的顺利进行。但从师生比例来看，新中国成立初期的八年间，全国平均师生比基本保持在 1∶30 左右，偶有下降但没有太大变化。而泗水县的师生比也在 1∶40 左右徘徊，低于全国平均水平。

表 2　1949—1957 年全国与泗水县的小学数、在校生数和专任教师数

年度	全国				泗水县			
	小学数（万所）	在校生数（万人）	教师数（万人）	学生数与老师数比	小学数（所）	在校生数（人）	教师数（人）	学生数与老师数比
1949	34.68	2439.10	83.60	29.18	129（3）	6800	138	49.28
1950	38.36	2892.40	90.10	32.10	187（4）	8862	249	35.59
1951	50.11	4315.40	122.20	35.31	231（9）	10494	315	33.31
1952	52.70	5110.00	143.50	35.61	302（12）	16449	410	40.12
1953	51.21	5166.40	155.40	33.25	309（17）	18217	452	40.30
1954	50.61	5121.80	155.50	32.94	309（23）	20261	530	38.23
1955	50.41	5312.60	159.40	33.33	326（33）	19702	552	35.69
1956	52.90	6346.60	174.90	36.29	332（51）	26756	601	44.52
1957	54.73	6428.30	188.40	34.12	327（56）	27268	658	41.44

注：泗水县小学数量栏里括号内的数字是其中完全小学的数量。在校生数包含初级小学和高级小学的学生。

参考资料：国家统计局编：《中国教育年鉴（1949—1981）》，中国大百科全书出版社 1984 年版，第 199、1021 页；泗水县教育委员会教育志办公室编：《泗水县教育志（1840—1993）》，1994 年，第 78、210 页。笔者据以上文献数据整理。

再看这一时期平均每所小学的教师数，师资不足的问题就更加凸显出来。1949—1957 年，全国平均每所小学的教师数分别为 2.41 人、2.35 人、2.44 人、2.72 人、3.03 人、3.07 人、3.16 人、3.31 人和 3.44 人。而泗水县平均每所小学的教师数分别为 1.07 人、1.33 人、1.36 人、1.36 人、1.46 人、1.72 人、1.69 人、1.81 人和 2.01 人。可以看出，无论是全国还是泗水县，平均每所小学的教师数基本上都在逐年缓慢增加，但泗水县的平均数远低于全国平均水平。因此可以说，新中国初期小学师资不足的问题在全国范围内都很严峻，而在农村地区更为突出。

二、两种学制与“两条腿走路”的方针

通过表 2 可以看出，1949—1957 年，无论全国还是泗水县的小学在校生数基本上都在逐年增加，说明新中国成立以后按照“普及与提高的教育发展方针”，小学教育的普及已经颇有成效。那么在“提高”方面又如何呢？

（一）完全小学的增加

1953 年，中央政府提出“整顿巩固、提高质量、重点发展、稳步前进”的方针。[①] 在这个方针的指导下，泗水县开始整顿小学教育。通过表 2 可以看出，自 1953 年起，泗水县的小学数量逐年增加。其中，完全小学数量的增加尤为引人注目。

众所周知，新中国成立初期，在基础教育方面人力和物力都不充足，并非所有的小学都能依照教育部在 1952 年发出的《关于小学实施五年一贯制的指示》实行一贯制的基础教育。因此，1953 年 11 月 26 日政务院通过《关于整顿和改进小学教育的指示》提出小学学制仍沿用四二制，分初、高两级。[②] 四年制的初级小学（以下简称“初小”）和其后两年制的高级小学（以下简称“高小”）的教育形式得到了实施和普及。特别是

① 《全国教育工作会议》，新华网，2001 年 6 月 15 日。

② 国家统计局编：《中国教育年鉴（1949—1981）》，中国大百科全书出版社 1984 年版，第 129—130 页。

在贫困且交通不便的农村地区多数都是初小。

通过 1949—1957 年完全小学的数量（见表 2）可以看出，随着社会的发展泗水县的完全小学数量在逐年增加，但到了 1957 年仍然只占全县小学总数的 17%。也就是说，新中国成立初期的八年里，泗水县的小学数量有所增加，但还停留在初级教育的水平，还有提高的空间。造成这种状况的主要因素之一可以说是缺乏相应教育水平的教师。

另外，从这个时期的教育内容上看，新中国成立后，泗水县的初级小学设了语文、算数、体育、唱歌、图画、手工、劳作等课程，一年级到四年级每周有 24 课时。高级小学增设历史、地理、自然课程，五年级和六年级分别增加到 26 课时和 25 课时。[①] 现实情况是由于完全小学数量很少，所以泗水县的大多数小学生并没有接受历史、地理和自然课程的教育。从这里也可以看出泗水县的小学教育的质量依旧不高的现实。

（二）民办小学的发展

新中国成立初期，由于经济基础差，国家财力有限，难以为农村地区提供充裕的教育资源，仍要借助民间的力量来充实和普及基础教育。1951 年 5 月教育部长马叙伦在政务院政务会议上所作《关于一九五〇年全国教育工作总结和一九五一年全国教育工作的方针和任务的报告》中指出："1950 年在农村实行鼓励群众办学的政策，大大提高了群众办学的积极性。该年民办小学在校生 662.3 万人，占全国小学在校生总数的 22.9%。到了 1951 年全国的民办小学在校生增长到 1426.1 万人，占全国小学在校生总数的 33%。"[②]1952 年 11 月教育部发出《关于整顿和发展民办小学的指示》后，很多民办小学被接收为公办小学，因此民办小学数量又有所减少。[③]1953 年 6 月举行了第二次全国教育工作会议，会议上

---

① 泗水县教育委员会教育志办公室编:《泗水县教育志（1840—1993）》，1994 年，第 83、89 页。

② 马叙伦:《关于一九五〇年全国教育工作总结和一九五一年全国教育工作的方针和任务的报告》,《江西政报》1951 年第 8 期。

③《关于整顿和发展民办小学的指示》，载国家统计局编:《中国教育年鉴（1949—1981）》，中国大百科全书出版社 1984 年版，第 123 页。

决定在工矿区、城市、少数民族地区适当发展公立小学，在农村提倡民办小学（包括完全小学）。[①]接着，在1953年11月26日举行的政务院第一百九十五次政务会议上通过了周恩来所作的《中央人民政务院关于整顿和改进小学教育的指示》。其又提出“在农村，为适当解决农民子女入学的问题，应根据需要与自愿的原则，提倡民办小学（包括完全小学），充分发挥群众自己办学的积极性”[②]。通过这一系列的政策引导，1953年到1957年民办小学又迅速增加。

虽然民办小学的规模无法和公办小学相比，但是在当时对入学率的提高却起到了一定的作用。1954年，泗水县有民办小学16所，[③]占全县小学总数的5%。同年，全县的民办小学共招生540人，[④]占全县小学招生人数6114人[⑤]的8.8%。值得注意的是，当年公办高小有29所，共招生1385人，占计划招生人数的95.5%。与此相对，民办高小只有5所，实际招生257人，达到了计划招生人数的105.3%。[⑥]因此可以得知，当年公办高小平均每所学校约招生48人，而民办高小平均每所学校约招生51人，比公办高小还多。且民办高小的实际入学人数比计划招生数多的原因是招收了一部分超过规定年龄的学生。[⑦]

像这样没有受过小学教育的青少年由于年龄的限制不能进入公办小学就读，从而进入了民办高级小学接受学校教育。可以说，民办高级小学在当时入学率的提高和基础教育的普及上发挥了不可替代的作用。

虽然民办小学在基础教育的“普及”中发挥了一定作用，但在“提高”方面却并不乐观。这主要是由于民办小学教师的学历水平和业务水

① 中央教育科学研究所编：《中华人民共和国教育大事记（1949—1982）》，科学教育出版社1984年版，第79页。

② 周恩来：《中央人民政务院关于整顿和改进小学教育的指示》，《人民教育》1954年第1期，第7页。

③ 《泗水县人民政府文教科一九五四年工作总结》，1954年12月，中共泗水县委员会文教科：《泗水县文教科：文教工作的计划、意见、总结、报告、通知等》（59-1-004），现存于泗水县档案局。

④ 同上。

⑤ 泗水县教育委员会教育志办公室编：《泗水县教育志（1840—1993）》，1994年，第78页。

⑥ 《泗水县人民政府文教科一九五四年工作总结》，1954年12月，中共泗水县委员会文教科：《泗水县文教科：文教工作的计划、意见、总结、报告、通知等》（59-1-004），现存于泗水县档案局。

⑦ 同上。

平普遍比较低导致的教学质量不高。

新中国成立初期的民办小学是由于“国家目前的经济条件还不可能完全满足人民的需要”，而“由群众自己办起来的学校，贯彻了勤俭办学、依靠群众的方针”。[①] 因此这些民办小学的教师几乎都不是受过师范教育的“专业”教师，而是由一些上过几年学或者初小、高小毕业的“非专业”者担任。因此民办小学教师的知识水平和业务水平有限，在教学过程中影响了整体的教育水平。

三、乡村教师培养政策的实施及其局限性

众所周知，教师在教育的普及和发展过程中起着决定性的作用。1953 年 12 月 21 日政务院发布的《关于整顿和改进小学教育的指示》中强调：“提高小学教师质量，是办好小学教育的决定因素。”[②] 可以看出，中央政府在发展基础教育的过程中也很重视教师质量的提高。但是在经济贫困且社会文化落后的农村地区，乡村教师的质量却并不乐观。

（一）乡村教师及其专业化状况

通过表 3 可以看出，新中国成立初期随着政策的调整民办教师的数量也有相应的变化。1951 年无论全国还是泗水县民办教师的数量都达到一个峰值。如前所述，1952 年教育部发出《关于整顿和发展民办小学的指示》后，由于很多民办小学被接收为公办小学，同时将一部分民办教师转为公办教师，因此民办教师数量也大幅度减少。但从 1954 年开始，民办教师数量又持续增加。与此同时，民办教师在教师总数中的比重也逐渐增大。

---

① 《贯彻群众办学，勤工俭学的方针》，《人民日报》1958 年 2 月 10 日。

② 中央教育科学研究所编：《中华人民共和国教育大事记（1949—1982）》，科学教育出版社 1984 年版，第 94 页。

表 3　1949—1957 年全国和泗水县的小学民办教师状况

年度	全国		泗水县	
	民办教师数（万人）	占教师总数的百分比（%）	民办教师数（人）	占教师总数的百分比（%）
1949	10.5	12.6	15	10.9
1950	22.5	25.0	15	6.0
1951	42.5	34.8	40	12.7
1952	7.0	4.9	5	1.2
1953	4.3	2.8	8	1.8
1954	5.8	3.7	22	4.2
1955	7.6	4.8	40	7.2
1956	9.1	5.2	42	7.0
1957	14.1	7.5	41	6.2

参考资料：国家统计局编：《中国教育年鉴（1949—1981）》，中国大百科全书出版社 1984 年版，第 1022 页；泗水县教育委员会教育志办公室编：《泗水县教育志（1840—1993）》，1994 年，第 210 页。笔者据以上文献数据整理。

1951 年泗水县有民办教师 40 人，1952 年为 114 名民办教师办理了转正手续[①]后，民办教师减少至 5 人。1953 年起，随着国家相关政策的调整，泗水县民办教师的数量逐年增加。值得注意的是，泗水县的民办教师数量从 1954 年的 22 人急增至 1955 年的 40 人的原因之一是 1955 年农村合作化运动开始，农村各项管理部门人才急缺，尤其是当时的农村合作社急需一大批文人担任会计或承担其他各方面的技术工作，所以大量教师被派去担任行政工作，不参加行政工作的也被派去参加社会方面的活动，教师挪用现象严重。[②]因此，这也从另一方面说明当时社会生产建设急需人才，通过教育来培养人才的必要性和急迫性。

另外，由于师资缺乏而大量招收民办教师也造成了一些问题。《泗水县一九五三年文教工作总结》指出："由于上半年无计划地盲目地发展（小学），导致小学缺乏师资，就大量地招收失业知识分子充当小学教师，降低了教师水平，因而有的群众反映不识字的也当了小学教员了。更因审

① 泗水县教育委员会教育志办公室编：《泗水县教育志（1840—1993）》，1994 年，第 208 页。
② 史小禹：《建国后中国农村义务教育师资发展研究》，东北师范大学 2009 年硕士学位论文。

查不严，个别被管制的地主及反革命分子混入了人民教师的队伍，引起了群众的不满。总之我县今春小学教育是相当混乱的，因而降低了教学效果。”①

专业知识、专业技能和专业情意的水平是构成教师专业素质的主要部分。②其中，专业知识和专业技能被看作是关系到教师专业化水平的重要内容。因而，教师的教学水平与其学历水平、知识构造和教学技能有着密切的关系。换言之，学历高低和有无受过专业的师范教育被看作是影响教师教学水平的主要因素。

新中国成立初期，乡村教师的学历及其所受的师范教育的程度还处于很低的水平。1953 年全国仅有 13.5% 的小学教师是中师、高中毕业及以上学历，而初师、初中肄业及以下学历的小学教师几乎占了全国小学教师总数的 48.3%。到了 1957 年，前者的比例稍有增加，为 14.4%。而后者比例虽有所下降，但仍然有 34.2% 的小学教师仅为初师、初中肄业及以下的学历。可以说，小学教师的这种学历结构，大大影响了基础教育的质的提高和较高阶段教育的普及。

“1950 年上级教育行政部门开始向泗水县分配师范毕业生。50 年代初，大部分是初师毕业生，有少量中师毕业生，还有一部分是高小毕业经过 1 年培训的初速师毕业生。”③虽然此文并未说明是何种教育阶段的教师学历，但由于泗水县在 1954 年才成立第一所中学，④可以推断上文所说的是小学教师的学历结构。

“（1952 年）泗水县速成师范学校第一届学生 116 人毕业，全部分配（到）本县任教。”⑤值得注意的是，这里的“速成师范学校第一届学生 116 人”也就是上述引文中提到的“初速师毕业生”。但上述引文表述的“经过 1 年培训”其实应为“半年培训”。因为在县《教育志》第 120 页

---

① 《泗水县一九五三年文教工作总结》（1953 年 12 月 22 日），中共泗水县委员会文教科：《泗水县文教科：关于教育工作的计划、总结、规划》（59-1-003），现存于泗水县档案局。

② 教育部师范教育司：《教师专业化的理论与实践（修订版）》，人民教育出版社 2003 年版，第 54 页。

③ 泗水县教育委员会教育志办公室编：《泗水县教育志（1840—1993）》，1994 年，第 208 页。

④ 同上。

⑤ 同上。

有“1952 年 3 月招收具有高小文化程度的学生 2 个班，116 人。同年秋，学生毕业”的详细表述。因此可知，这些只经过半年培训的初速师毕业生，其学历水平依然不高。

另外，《泗水县一九五三年文教工作总结》中指出：“我县原有 554 名[①]教师中，高小毕业及其以下程度者 237 名。”[②]到了 1957 年泗水县有高小毕业和初中肄业学历的教师 823 人，毕业于中师或高中的仅有 21 人。[③]因此可以看出，当时泗水县的小学教师学历水平普遍较低，无法承担完全小学乃至较高教育阶段的教学任务，因此导致泗水县的基础教育在“质的提高”方面受到了限制。

（二）师范教育的发展及其教师培养的局限性

1949—1952 年全国小学师生比逐年增加的数据（见表 2）表明，新中国初期基础教育阶段师资不足的问题非常严重。1951 年召开的第一次全国初等教育会议和第一次全国师范教育会议提出：“争取十年内基本普及小学教育，以正规师范教育与大量短期培训相结合，五年内培养百万小学教师。”[④]为了实现这个目标，1952 年 7 月 5 日教育部发出指示，在各省市建立统一招生委员会，特别是要耐心说服学生投考师范学校。[⑤]但是，正规的师范教育至少需要几年时间，这种通过师范教育机构培养教师的方式并不能尽快解决师资不足的问题。因此，1952 年 7 月 16 日教

---

① 此数据与《泗水县教育志（1840—1993）》，第 210 页的“452 人”的数据有出入，除了考虑因统计时间不同造成的数据差异外，可以认为此《总结》中的数据所指的是教职工的总数，而非专任教师数。

② 《泗水县一九五三年文教工作总结》，1953 年 12 月 22 日，中共泗水县委员会文教科：《泗水县文教科：关于教育工作的计划、总结、规划》（59 1 003），现存于泗水县档案局。

③ 山东省泗水县地方史志编纂委员会编：《泗水县志》，山东人民出版社 1991 年版，第 537 页。此数据与《泗水县教育志（1840—1993）》，第 210 页的“专任教师 658 人”的数据有出入。

④ 国家统计局编：《中国教育年鉴（1949—1981）》，中国大百科全书出版社 1984 年版，第 123 页。

⑤ 中央教育科学研究所编：《中华人民共和国教育大事记（1949—1982）》，科学教育出版社 1984 年版，第 60 页。

育部又发出《关于大量短期培养初等及中等教育师资的决定》。[①] 该《决定》规定，今后五年至十年内，为适应大量和急迫的需要，培养师资的工作应以短期训练为重点。短期训练班主要由各级师范学校举办，修业年限以不超过一年为原则。为了招收更多的学生，扩大招生范围，将城乡失业知识分子和家庭知识妇女也作为招收对象。同年 8 月教育部又在北京召开中小学教育行政会议，决定训练 30 万失业知识分子补充师资队伍。[②]

1953 年全国中等师范学校 [③] 的数量由 1949 年的 610 所增加到 791 所，在校生也由 15.2 万人增加到 36.9 万人。其中，师范学校（或简称“中师”）357 所，在校生 11.1 万人。初级师范学校（或简称“初师”）427 所，在校生 25.1 万人。[④]

为了给小学培养水平较高的合格教师，根据“整顿巩固、重点发展、提高质量、稳步前进”的文教总方针，从 1953 年开始对初级师范学校做必要的调整：初级师范除个别地区外一般不再招收高小毕业生，改招高小程度的小学教师；举办小学教师轮训班，轮训不及初师毕业水平的小学教师。[⑤] 接着，教育部在 1954 年 6 月颁布《关于师范学校今后设置发展与调整工作的指示》，指出：“全国小学现有师资质量很差，其中有将近一半的小学教师文化水平低于初级师范毕业的程度，甚至不及高小毕业水平。今后应是根据小学教育的发展计划与可能条件，有计划地发展师范学校；根据各地具体情况，将现有初级师范学校逐步改为师范学校或轮训小学教师的机构，以逐步达到提高小学教育质量的目的；小学师资的供应，除师范学校外，可另办师范速成班。”[⑥]

这样，初级师范学校由培养小学教师的教育机构转变为培训小学在

---

① 中央教育科学研究所编：《中华人民共和国教育大事记（1949—1982）》，科学教育出版社 1984 年版，第 61 页。

② 同上书，第 63 页。

③ 中等师范学校包括师范学校、初级师范学校和幼儿师范学校。

④ 国家统计局编：《中国教育年鉴（1949—1981）》，中国大百科全书出版社 1984 年版，第 192 页。

⑤ 同上。

⑥ 中央人民政府教育部：《教育部关于师范学校今后设置发展与调整工作的指示》，《山西政报》1954 年第 12 期。

职教师的研修机构，而小学教师的培养职责转变到了师范学校和师范速成班身上。这种改变在提高新老教师的学历和业务水平方面都发挥了很大作用。但在当时师资不足的问题依然严峻的情况下，转变初级师范学校的职能，且不再招收高小毕业生的规定一定程度上影响了更多小学教师的培养。

首先，师范学校是招收初级中学毕业生或具有同等学力者，修业年限为三年。而师范速成班也是招收初中毕业生或具有同等学力者，修业年限为一年。[①] 因此可知，此后在小学教师的培养方面主要是招收初中毕业及同等学力水平者，高小毕业生已不在招收范围内。这一政策的转变可以很大程度上提高新教师的整体学历水平，从而逐步提高小学师资的平均水平。然而现实情况是，农村地区初中毕业生并不多。如前所述，泗水县在 1954 年才办起第一所中学，1957 年才有本县培养的初中毕业生。因此可知，通过师范学校或师范速成班培养小学教师的方式在中等教育欠缺的农村地区很难施行下去。

上述《指示》也注意到了这一问题，并作了如下规定：

“（三）初级师范学校：各地区有下列情形之一者，初级师范可自一九五四年或一九五五年起停止招生，并根据具体情况，逐步转变为师范学校、小学教师轮训班或师范速成班。

“（1）师范毕业生较多，无必要再培养高小学生为小学师资者；

“（2）师范毕业生虽少，但当地有大量初中毕业生，可作师范速成班学生来源者。

“但初级师范学校，另外还负有提高现任小学教师的任务，共提高对象（不同于轮训班对象）为实际文化程度不到高小毕业水平且有培养前途的小学教师。……至于少数民族地区及文化落后、缺乏小学师资的地区，初级师范自应继续招生（应尽量实行四年制），如有必要，并得适当增设新校。”

通过以上内容可知，由于农村地区缺乏师资，师范毕业生少且缺少

---

① 《师范学校暂行规程（草案）》（教育部 1952 年 7 月 16 日颁布试行），载国家统计局编：《中国教育年鉴（1949—1981）》，中国大百科全书出版社 1984 年版，第 751 页。

初中毕业生，因此农村小学师资的主要培养机构还是初级师范学校，其学生来源大部分还是高小毕业生。也就是说，由于客观条件的限制，将教师培养机构升级来提高小学师资水平的方式在农村难以顺利实施。

再来看泗水县的具体情况。泗水县在财政相当困难的情况下，于1951年成立了速成师范学校。如前所述，1952年3月共招收高小毕业生116人，通过半年的培养，于同年秋分配到县的各个小学。在这里值得注意的有两点，一是泗水速成师范学校招收的学生全部是高小毕业生，因此可以确定它与初级师范学校是同一水平的教育机构。二是只培养半年。也就是说，这所速成师范学校的修业年限只有上述《指示》中提到的师范速成班的一半。因此，泗水县将只受了六年小学教育，且只受过半年师范教育的人分配到县的各个小学做教师，无疑会造成农村小学教师学历和业务水平低的状况。

1952年秋泗水速成师范学校共招收学生114人。翌年毕业后遵照上级指示，这一期学生大部分由邮电部接收，被分到甘肃、西安、成都等地从事邮电工作，很少部分在本县分配任教。[①] 当时中国的社会经济还处于恢复阶段，生产建设领域急需人才，因此将师范毕业生分配到了教育以外的行业里。虽然说好不容易培养出来的教育人才，被分配去做其他工作，对师资不足问题的解决有害无利。但从另一角度看，这也说明了新中国初期各行各业都极缺人才，不只有教师行业。因此，在当时各行各业人才皆不足的大环境下解决师资不足的问题变得更加困难。在教师和教育设施均不足的情况下，泗水速成师范学校于1953年停止招生。

随着基础教育的普及，师资不足的问题也愈发严重。1956年1月《光明日报》刊登《今后十二年普通教育和师范教育事业的初步规划》，指出："从1956年开始，各级师范学校要比原计划增加大量的招生任务。除大力发展各级师范学校外，还要采取速成师范专修科或速成师范学校的办法，分别吸收高中和初中毕业生给予一年专业训练，以解决中等和初等学校师资缺额问题。为了提高不及师范专科程度的中学教师和不及初等师范程度的小学教师的水平，还要继续举办进修学校，并大力开展

---

① 泗水县教育委员会教育志办公室编：《泗水县教育志（1840—1993）》，1994年，第120页。

函授教育。”[1] 同年教育部发出继续培养大量小学教师和幼儿园教养员的指示。在“又多、又快、又好、又省”的方针指导下，大力发展师范学校和幼儿师范学校，并通过短期训练的方式来补充师资缺额。[2]

这一系列发展师范教育的政策措施，在全国范围来看对教师的培养起了相当大的作用。但是由于农村地区的客观条件所限，这些政策措施在农村地区并不能得到顺利实施，因此可以说新中国初期的师范教育政策对农村师资不足的状况的缓解没有起到很大作用。

（三）乡村教师在职研修的实施及其问题

如前所述，由于农村小学招收了大量的高小毕业生和失业的知识分子做教师，导致农村小学师资的整体水平偏低。中央政府多次提出要通过研修来提高小学教师的业务水平。

1951 年 10 月发布的《中央人民政府政务院关于改革学制的决定》指出：“师范学校和初级师范学校均得附设师范速成班，修业一年，招收初中毕业生或具有同等学力者；并得附设小学教师进修班吸收在职小学教师加以训练。”[3] 为了提高在职教师的业务水平，1952 年 9 月 30 日教育部又发出在各地成立教师进修学院、函授师范学校、教师业余学校的通知，[4] 通过多种方式加强在职教师的研修培训工作。

1954 年 6 月教育部向全国发出在初级师范学校设置小学教师轮训班来提高没有达到初师毕业水平的小学教师的学历水平的指示。1955 年 7 月教育部又发布《关于加强小学在职教师业余文化补习的指示》，提出要有计划地将所有不及初师毕业水平的小学教师，提高到初师毕业程度；同时并进一步将所有已达初级师范毕业水平、不及师范学校毕业水平的

① 新华社:《今后十二年普通教育和师范教育事业的初步规划》,《光明日报》1956 年 1 月 3 日。

② 中央教育科学研究所编:《中华人民共和国教育大事记（1949—1982）》，科学教育出版社 1984 年版，第 172 页。

③ 国家统计局编:《中国教育年鉴（1949—1981）》，中国大百科全书出版社 1984 年版，第 686 页。

④ 中央教育科学研究所编:《中华人民共和国教育大事记（1949—1982）》，科学教育出版社 1984 年版，第 66 页。

小学教师，逐步提高到相当于师范学校毕业程度；[①]决定在农村通过函授师范学校的形式对乡村教师进行培训。[②]

师范教育机构及研修机构对乡村教师进行在职培训。20 世纪 50 年代初，泗水县利用周末和秋假对在职教师进行了集中培训。利用星期天举办星期学校，选聘文化水平高、业务能力强的教师做辅导员，对教师进行业务培训。[③]根据 1950 年《泗水县秋假教师学习总结》[④]可知，全县 216 名教师中有 192 人参加了秋假研修活动。这次研修活动从 1950 年 9 月 27 日到 10 月 23 日约一个月的时间。而研修的内容有语文、数学等文化知识的提升和教学技能的学习，也重视土地改革和世界形势等政治和时事方面的学习。当时，还通过结合土地改革、镇压反革命、抗美援朝、"三反"、"五反"等政治运动对教师和学生进行革命传统教育、阶级教育、爱国教育和国际主义教育。这是由于新中国初期的社会政治环境所决定的。如大泽肇在《中华人民共和国初期的学校教育与社会统合》中指出的那样，在新中国成立初期共产党政权通过教育活动宣传其正统性是相当必要的。[⑤]当时为了补充师资，吸收了很多旧社会的知识分子补充教师队伍。因此中央政府重视对教师进行思想改造，并通过教育活动巩固政权基础，恢复社会安定秩序。乡村教师的研修活动是业务与政治学习相结合。

1950 年 11 月 19—26 日，泗水县组织了为期一周的民办教师研修活动。当时参加的民办教师有 258 人。[⑥]研修的内容与上述内容相同。并从优秀的民办教师中选出有经验者在集中学习活动中传授经验。通过这种研修活动，民办教师们提高了政治情势相关的认识，为今后的教育工作

---

① 《教育部关于加强小学在职教师业余文化补习的指示》，《江苏教育》1955 年第 18 期。

② 中央教育科学研究所编：《中华人民共和国教育大事记（1949—1982）》，科学教育出版社 1984 年版，第 137 页。

③ 泗水县教育委员会教育志办公室编：《泗水县教育志（1840—1993）》，1994 年，第 215 页。

④ 《泗水县秋假教师学习总结》（1950 年 10 月 25 日），泗水县教育科：《县教育科：关于民事训练、教师秋假学习、冬学准备及五〇年教育工作总结》（59-1-001），现存于泗水县档案局。

⑤ ［日］大泽肇：《中華人民共和国初期における学校教育と社会統合》，《アジア研究》第 55 卷第 1 号，2009 年 1 月。

⑥ 考虑到统计时间和"民转公"，此数据不同于表 3 的数据。

树立了良好的自信。[①]

1951年开始对在职教师的研修重点从政治思想教育转向提高业务水平上来。通过1951年的《泗水县小学教育总结》[②]可以知道，当年共进行了春假5天和秋假27天的两次研修活动。学习内容除了时事和土地改革的内容之外，也进行了教学技能的学习。

《泗水县一九五三年文教工作总结》指出："根据统计及深入调查了解，我县原有554名教师中，高小毕业及其以下程度者237名。这些教师教学能力基本上很差，其中不称职的就有94名，占教师总数的17%。"[③]这一数据也显示了当时农村小学的师资水平及研修的必要性。为了提高师资质量，山东省全省采取了让不合格的小学教师轮训、升学、回家、退休、转业等方式。泗水县政府通过各种方式整顿了40名不称职的教师。其中有6人去了中等师范学校研修，6人进了教师速成班学习；2人升学进入初中，对20人动员回家，1人到了退休年龄，5人做了转业处理。对这40人的名额进行补充的是师范学校或联合师范学校的毕业生。[④]

根据国家的政策规定，泗水县教育局在1956年开办初级函授师范学校，招收对象是小学教师。当年，开设了初等师范语文函授课，配专职教师一人，并聘请兼职教师协助。学员在本单位自学，教师定期到各区巡回辅导。[⑤]组织他们进行自学，对现有学员进行编班划组，划片讲课或辅导。并建立听课、辅导、测验、考试、毕业等制度，对原有文化程度不及初师毕业经过在职学习已达初师毕业水平的教师有计划地加以考试，发结业证明文件，承认其现有文化程度。[⑥]同年，初级函授师范学校招收

---

① 《泗水县训练民师总结》(1950年11月8日)，泗水县教育科：《县教育科：关于民事训练、教师秋假学习、冬学准备及五〇年教育工作总结》(59-1-001)，现存于泗水县档案局。

② 《泗水县小学教育总结》(1951年3月25日)，泗水县教育科：《县教育科：关于教育工作计划、冬学总结、三模会议、春假教师会总结、报告》(59-1-002)，现存于泗水县档案局。

③ 《泗水县一九五三年文教工作总结》(1953年12月22日)，中共泗水县委员会文教科：《泗水县文教科：关于教育工作的计划、总结、规划》(59-1-003)，现存于泗水县档案局。

④ 同上。

⑤ 泗水县教育委员会教育志办公室编：《泗水县教育志（1840—1993）》，1994年，第216页。

⑥ 《泗水县教育局关于1957年下半年小学教育工作的意见》，中共泗水县委员会教育局：《泗水县教育局：关于小学教育、科研、扫盲、财务工作的文件》(59-1-008)，现存于泗水县档案局。

了 125 人进行函授教育。[①] 值得注意的是，这种研修“不够高小毕业的学员暂不吸收”[②]。

综上，泗水县的教师在职研修主要还是在县内进行的，附设于师范学校和初级师范学校的师范速成班、小学教师进修班和小学教师轮训班，以及县内设有的教师进修学院、教师业余学校等研修机构，对乡村教师的知识及业务水平进行培训。

四、小结

本文首先以泗水县为例，从“质”和“量”两方面分析了 1949—1957 年的农村基础教育发展的情况。从中央政府重视的入学率来看，泗水县的适龄儿童入学率远低于全国平均水平，其增长速度也很慢。新中国成立初期的八年间，泗水县的小学数量有所增加，但几乎只停留在初级小学教育的水平。而造成这种状况的原因还是师资不足，特别是缺少具有高级小学教育水平的教师。为了解决师资不足这一问题，农村小学招收了很多民办教师，而众多民办教师的聘用又反过来影响了农村学校的整体师资水平，参加县内的研修活动不能完全解渴，达不到国家规定标准。新中国成立初期乡村教师的质量与农村基础教育二者之间是依存与制约的辩证统一关系，两者之间既相互促进又相互制约。

［原载日本一般社团法人中国研究所《中国研究月报》2019 年 2 月号］

---

① 泗水县教育委员会教育志办公室编：《泗水县教育志（1840—1993）》，1994 年，第 216 页。

② 《泗水县教育局关于 1957 年下半年小学教育工作的意见》，中共泗水县委员会教育局：《泗水县教育局：关于小学教育、科研、扫盲、财务工作的文件》（59-1-008），现存于泗水县档案局。

实施科技发展战略，走科技强国之路

魏立帅

科技发展战略是国家为实现其总体经济、社会和科技发展目标而制定的关系全局的一系列目标体系、方针政策和措施。它包括两方面内容：一是国家把科学技术放在什么位置，二是国家为促进科学技术发展制定的战略目标和规划。科技发展战略是国家发展战略的重要组成部分。中华人民共和国成立后，党和政府高度重视科技工作，为追赶世界科技发展潮流，实施了一系列切合实际的科技发展战略，促进了科学技术的发展。中共十八大以来，以习近平同志为核心的党中央紧紧把握世界科技发展脉搏，从中华民族伟大复兴的高度，对科技工作进行战略部署。2016 年 5 月 30 日，习近平在全国科技创新大会、两院院士大会、中国科协第九次全国代表大会上指出："科技是国之利器，国家赖之以强，企业赖之以赢，人民生活赖之以好。中国要强，中国人民生活要好，必须有强大科技。新时期、新形势、新任务，要求我们在科技创新方面有新理念、新设计、新战略。我们要深入贯彻新发展理念，深入实施科教兴国战略和人才强国战略，深入实施创新驱动发展战略，统筹谋划，加强组织，优化中国科技事业发展总体布局。"[①] 总结科技发展战略的经验教训，准确把握新时代科技战略深刻内涵，对实现中国由科技大国向科技强国迈进具有重大意义。

---

① 《十八大以来重要文献选编》(下)，中央文献出版社 2018 年版，第 331 页。

一、“向科学进军”，优先发展重工业与国防工业的科技战略

古代中国曾创造了光辉灿烂的文明，在科学技术和经济领域一度领先世界。但是，步入近代，当西方国家通过工业革命崛起的时候，中国却落后了。对此，英国学者李约瑟提出著名的“李约瑟难题”，即“为什么现代科学没有在中国（或印度）文明中发展，而只在欧洲发展出来……为什么从公元前 1 世纪到公元 15 世纪，在把人类的自然知识应用于人的实际需要方面，中国文明要比西方文明有效得多？”[①] 鸦片战争后，近代科技随欧风美雨传入中国。

以毛泽东为主要代表的中国共产党人看到科技的巨大作用，也认识到旧中国科技落后局面。毛泽东指出：“中国从十九世纪四十年代起，到二十世纪四十年代中期，共计一百零五年时间，全世界几乎一切大中小帝国主义国家都侵略过中国，都打过我们，除了最后一次，即抗日战争，由于国内外各种原因以日本帝国主义投降告终以外，没有一次战争不是以中国失败、签订丧权辱国条约而告终。其原因：一是社会制度腐败，二是经济技术落后。”[②] 延安时期中共成立了自然科学院等机构，进行科学技术研究和科普宣传。1944 年 5 月，毛泽东讲话指出：“要打倒日本帝国主义，必须有工业；要中国的民族独立有巩固的保障，就必须工业化。我们共产党是要努力于中国的工业化的。中国落后的原因，主要的是没有新式工业。日本帝国主义为什么敢于这样地欺负中国，就是因为中国没有强大的工业，它欺侮我们的落后。”[③] 为此，他指出：“在新民主主义的政治条件获得之后，中国人民及其政府必须采取切实的步骤，在若干年内逐步地建立重工业和轻工业，使中国由农业国变为工业国。”[④] 新民主

① ［英］李约瑟：《文明的滴定：东西方的科学与社会》，张卜天译，商务印书馆 2016 年版，第 176 页。

② 《毛泽东文集》第 8 卷，人民出版社 1999 年版，第 340 页。

③ 《毛泽东文集》第 3 卷，人民出版社 1996 年版，第 146—147 页。

④ 《毛泽东选集》第 3 卷，人民出版社 1991 年版，第 1081 页。

主义文化即为民族的、科学的、大众的文化。不难看出，这是一种工业化视野下的科技思想，这一思想深刻影响当代中国的科技发展。

新中国成立后面临世界第三次科技革命的浪潮。20 世纪中期以来，以核技术、电子技术、航空航天技术、生物基因与生命工程技术、信息和网络技术为标志的技术革命飞速发展。中国共产党认识到了科技革命的历史机遇，并尝试将其与社会主义建设结合起来。在进行大规模社会主义建设前夕，1956 年 1 月，周恩来在知识分子问题大会上阐述了新科技革命思想："现代科学技术正在一日千里地突飞猛进。生产过程正在逐步地实现全盘机械化、全盘自动化和远距离操纵，从而使劳动生产率提高到空前未有的水平"，"这些最新的成就，使人类面临着一个新的科学技术和工业革命的前夕"①。毛泽东到会讲话："现在我们革什么命，革技术的命，革没有文化、愚昧无知的命，所以叫技术革命、文化革命。"② 中共中央发出"向科学进军"的号召。为此，中共中央和毛泽东提出一系列科技方针政策，形成了较为完整的科技发展战略。

第一，工业化视角下"重点发展，迎头赶上"的科技方针，优先发展重工业和国防工业。新中国科技起点低，面临冷战及后来中苏关系紧张的严峻国际环境。将科技发展与工业化、国家安全结合起来，集中力量协同攻关，通过某些尖端科技领域突破带动科技发展，成为制定科技政策的出发点。《1956—1967 年科学技术发展远景规划纲要》按照"重点发展，迎头赶上"方针，提出对计算机技术、半导体技术、无线电电子学、自动化和远距离操纵技术、原子弹和导弹研究采取紧急措施。

第二，坚持"自力更生为主，争取外援为辅"方针，把立足点放在自力更生基础上，走中国自己发展科学技术的道路。1958 年 6 月毛泽东提出："自力更生为主，争取外援为辅，破除迷信，独立自主地干工业、干农业、干技术革命和文化革命，打倒奴隶思想，埋葬教条主义，认真学习外国的好经验，也一定研究外国的坏经验——引以为戒，这就是我

---

① 《周恩来选集》下卷，人民出版社 1984 年版，第 181 页。

② 薄一波：《若干重大决策与事件的回顾（修订本）》上卷，中共中央党校出版社 1997 年版，第 525 页。

们的路线。”[①] 坚持这一方针，当 1959 年苏联停止对华援助时，中国依靠自己的力量研制成功原子弹、氢弹，并在此后发展起比较独立完整的科技体系。

第三，提出“百花齐放、百家争鸣”方针。受苏联生物科学界尤其是遗传学界强力推行李森科学派遗传学，批判并禁止摩尔根学派遗传学的影响，新中国在“学习苏联”方针指导下，也着力宣传李森科学派观点，并对摩尔根学派进行政治批判。苏共二十大后，中共总结苏联和中国在社会主义革命和建设中的经验教训，1957 年 2 月，毛泽东在最高国务会议第十一次（扩大）会议上提出：“百花齐放、百家争鸣的方针，是促进艺术发展和科学进步的方针，是促进中国的社会主义文化繁荣的方针。艺术上不同的形式和风格可以自由发展，科学上不同的学派可以自由争论。利用行政力量，强制推行一种风格，一种学派，禁止另一种风格，另一种学派，我们认为会有害于艺术和科学的发展。艺术和科学中的是非问题，应当通过艺术界科学界的自由讨论去解决，通过艺术和科学的实践去解决，而不应当采取简单的方法去解决。”[②] 但是受“左”倾思想影响，这一方针并没有被很好贯彻。

第四，培养一支“又红又专”的知识分子队伍是发展科技事业的人才基础。1957 年 10 月 9 日，毛泽东提出知识分子“又红又专”问题，他说：“政治和业务是对立统一的，政治是主要的，是第一位的，一定要反对不问政治的倾向；但是，专搞政治，不懂技术，不懂业务，也不行……我们各行各业的干部都要努力精通技术和业务，使自己成为内行，又红又专。”[③]

适应科技战略发展需要，科技体制由科学院制向大科学制转变。新中国成立初期形成了以科学院为中心、政府部门研究机构和高校科研机构为辅助的科技体制。1958 年 11 月，国家科学技术委员会成立，领导全国科学技术研究工作，以国家科委、国防科委、中国科学院为基础的“大科学”国家科研领导体制开始形成。在此前后制定了两个科学发展规

① 《建国以来毛泽东文稿》第 7 册，中央文献出版社 1992 年版，第 273 页。

② 《毛泽东文集》第 7 卷，人民出版社 1999 年版，第 229 页。

③ 同上书，第 309 页。

划。1956 年底完成的《1956—1967 年科学技术发展远景规划纲要》，提出发展科学坚持“以任务带学科”的原则，执行“重点发展，迎头赶上”方针，确立包括原子能的和平利用、无线电电子学中的新技术等 12 项重点项目。规划的主要指标提前五年于 1961 年完成。此时，苏联停止对中国援助，1963 年制定《1963—1972 年十年科学技术规划》，提出“自力更生，迎头赶上”方针，其目标是依靠自己的力量，追赶世界科技水平。

可以看出，在 20 世纪五六十年代，中国共产党已认识到科技革命浪潮，并为此制定了相应的科技战略和政策措施，取得了一批重要成果。例如 20 世纪 50 年代末到 60 年代初的综合科学普查、“两弹一星”攻关等。中国建立了学科齐全的科学研究体系、工业技术体系、国防科技体系、地方科技体系。但是，从 50 年代后期开始，受反右扩大化、“大跃进”等影响，科技政策和知识分子政策出现较大偏差。尤其是“文化大革命”时期，整个国家陷入动乱，科技政策和知识分子政策遭到严重破坏，科技水平和国际先进国家的差距进一步拉大，科技体制落后、科技人才短缺、科技意识淡薄等问题突出。优先发展重工业和国防工业的科技战略，在取得“两弹一星”等尖端军事科技成就的同时，也存在科技进步与经济社会发展严重脱节的弊端。

二、“向科学技术现代化进军”，科教兴国战略与国家创新体系建设

进入 20 世纪 70 年代，以电子计算机为代表的第三次科技革命突飞猛进，给世界各国的经济发展和科技进步带来难得机遇。“文化大革命”结束后，1977 年恢复国家科学技术委员会，统管全国科研工作。1978 年 3 月科学大会召开，中共中央提出“向科学技术现代化进军”。1978 年 12 月中共十一届三中全会决定停止“以阶级斗争为纲”，作出把全党工作着重点和全国人民的注意力转移到社会主义现代化建设上来的战略决策。进入改革开放新时期，打开国门后，党和政府进一步了解到世界发达国家发展状况，深刻感受到现代科学技术对经济发展和社会结构带来的革命性影响。1981 年美国学者阿尔文·托夫勒（Alvin Toffler）的《第

三次浪潮》（*The Third Wave*）开始被译介到中国，对政府和学界都产生了重要影响。在此背景下，中共中央开始思考“如何正确处理科技与经济的关系”“科技如何转化为生产力”等问题。随着以经济建设为中心的党的基本路线确立，优先发展重工业和国防工业的科技战略逐步改变，“科技与经济相结合”的科技发展战略逐渐成形。

针对科技发展与经济建设互相脱节的状况，1981 年 4 月 16 日《中共中央、国务院转发国家科委党组〈关于中国科学技术发展方针的汇报提纲〉的通知》指出：“坚定不移地贯彻执行科技工作为经济建设服务的方针。科学技术门类很多，应当为各个方面服务，但主要应为经济建设服务。”① 此后逐渐形成“经济建设必须依靠科学技术，科学技术工作必须面向经济建设”的科技工作基本方针。1985 年 3 月 7 日，邓小平在全国科技工作会议上讲话提出：“现在要进一步解决科技和经济结合的问题……经济体制，科技体制，这两方面的改革都是为了解放生产力。新的经济体制，应该是有利于技术进步的体制。新的科技体制，应该是有利于经济发展的体制。双管齐下，长期存在的科技与经济脱节的问题，有可能得到比较好的解决。”② 中央发布《关于科学技术体制改革的决定》，确立科技政策的指导方针，即“经济建设必须依靠科学技术，科学技术必须面向经济建设”，“科技与经济相结合”的科技战略逐步推开。

为推进“科技与经济相结合”战略，新时期提出一系列发展科技的思想和政策。一是提出“科学技术是第一生产力”，没有科学技术的现代化就没有中国的现代化。面对世界科技发展浪潮，邓小平指出：“马克思说过，科学技术是生产力，事实证明这话讲得很对。依我看，科学技术是第一生产力。”③ 这一论断成为新时期科技工作的思想基石。二是坚持“独立自主、自力更生”方针，但不能闭关自守、盲目排外。针对“文化大革命”时期科技交流隔绝局面，邓小平指出：“提高中国的科学技术水平，当然必须依靠我们自己努力，必须发展我们自己的创造，必须坚持独立自主、自力更生的方针。但是，独立自主不是闭关自守，自

① 《三中全会以来重要文献选编》（下），中央文献出版社 2011 年版，第 99 页。

② 《邓小平文选》第 3 卷，人民出版社 1993 年版，第 108 页。

③ 同上书，第 274 页。

力更生不是盲目排外。”[①] 中国由此建立起与西方国家的科技合作关系。三是继承发展“重点发展，迎头赶上”思想，把高科技放在优先发展的战略地位。邓小平强调：“中国必须发展自己的高科技，在世界高科技领域占有一席之地”，“因为你不参与，不加入发展的行列，差距越来越大”。[②] 四是“尊重知识，尊重人才”，调整知识分子政策。1977 年 5 月 24 日，邓小平指出：“一定要在党内造成一种空气：尊重知识，尊重人才。要反对不尊重知识分子的错误思想。”[③] 这成为新时期知识分子政策的基点。

围绕“科技与经济相结合”战略，新时期重新实施科学技术发展规划。1978 年，制定《1978—1985 年全国科学技术发展规划纲要》，1982 年国务院批准《关于编制十五年（1986—2000 年）科技发展规划的报告》。1982 年底，全国人大批准的把科技计划作为重要内容的《中华人民共和国国民经济和社会发展第六个五年计划（1981—1985 年）》提出：根据经济、社会发展的要求，分层次地组织科学技术攻关，尽快突破生产建设中的重大科学技术难关，并努力解决社会发展方面的科学技术问题，五年内国家重点抓农业技术、食品、轻纺技术、能源开发和节能技术、地质和原材料开发技术等八个方面 38 个重要科学技术攻关项目。科技发展正改变过去那种片面发展重工业而忽视农业、轻工业的思路，将科技发展与工农业生产结合起来，为国民经济建设和国防现代化服务。“七五”期间，先后制定和实施了以科技攻关计划、星火计划、863 计划、火炬计划、基础性研究计划和科技成果推广计划等六大计划为主的一系列科技发展规划。

为解决科学研究与经济建设脱节、科研成果难以转化及科技体制和运行机制存在的一系列问题，1985 年 3 月，中央作出《关于科技体制改革的决定》，确定“经济建设必须依靠科学技术，科学技术必须面向经济建设”方针。科技体制改革全面展开，大科技体制逐渐被打破。国务院先后作出《关于进一步推进科技体制改革的若干规定》《关于深化科技体

① 《邓小平文选》第 2 卷，人民出版社 1994 年版，第 91 页。
② 《邓小平文选》第 3 卷，人民出版社 1993 年版，第 279—280 页。
③ 《邓小平文选》第 2 卷，人民出版社 1994 年版，第 41 页。

制改革若干问题的决定》，鼓励科研机构引入竞争机制，推行各种形式的承包经营责任制，实行科研机构所有权与经营管理权分离。通过科研管理体制和拨款制度改革，科研单位由科研学术型向科研经营型转变，科技成果商品化速度明显加快。改革也带来阵痛，许多科研机构、科研人员只能靠“创收”勉强维持，形成严重的社会分配脑体倒挂，出现“搞导弹的不如卖茶叶蛋”的现象，导致科研人员流失严重。

世纪之交，世界新科技革命发展的势头更加迅猛，信息科技、生命科学和生物技术、能源科技、纳米科技、空间科技飞速发展。1991 年美国总统布什向国会提交了一份题为《国家关键技术》的报告，积极促进科研成果商品化，逐步加大民用研究与开发的投入比重。1996 年 7 月，美国国家科学技术委员会发表《为了国家利益的技术》报告。日本在 20 世纪 80 年代就确立“科技立国”战略，于 2001 年 3 月制定《第二期科学技术基本计划》，通过继续加大在生命科学、信息通信、环境协调发展、纳米技术、航空航天等关键技术领域投入，促进科技发展。中国也面临重要历史发展时期，1992 年邓小平南方谈话发表后，改革开放步伐加快，社会主义市场经济体制逐步建立。2001 年中国加入世界贸易组织，更加融入经济全球化、科技世界化格局。在这样的背景下，中共中央提出科教兴国战略，启动国家创新体系建设。

第一，深化对科技发展与经济建设、综合国力提升关系的认识。1989 年 12 月，江泽民在国家科学技术奖励大会上强调：“世界范围的经济竞争、综合国力竞争，在很大程度上表现为科学技术的竞争。”[①]2001 年 7 月 1 日，他在庆祝中国共产党成立 80 周年大会上指出：“科学技术是第一生产力，而且是先进生产力的集中体现和主要标志。科学技术的突飞猛进，给世界生产力和人类经济社会的发展带来了极大的推动。未来的科技发展还将产生新的重大飞跃。我们必须敏锐地把握这个客观趋势，始终注意把发挥中国社会主义制度的优越性，同掌握、运用和发展先进的科学技术紧密地结合起来，大力推动科技进步和创新，不断用先

① 江泽民：《论科学技术》，中央文献出版社 2001 年版，第 2 页。

进科技改造和提高国民经济，努力实现中国生产力发展的跨越。”[①] 胡锦涛在2006年全国科技大会上指出：科学技术是第一生产力，是推动人类文明进步的革命力量。要实现中共十六届五中全会确定的发展目标，必须坚持大力实施科教兴国战略和人才强国战略，进一步发挥科技进步和创新的重大作用，切实把经济社会发展转入以人为本、全面协调可持续发展的轨道。“在世界新科技革命推动下，知识在经济社会发展中的作用日益突出，国民财富的增长和人类生活的改善越来越有赖于知识的积累和创新。科技竞争成为国际综合国力竞争的焦点。当今时代，谁在知识和科技创新方面占据优势，谁就能够在发展上掌握主动”，“大量国际经验表明，一个国家的现代化，关键是科学技术的现代化”。[②]

第二，提出科教兴国战略。科教兴国“是指全面落实科学技术是第一生产力的思想，坚持教育为本，把科技和教育摆在经济、社会发展的重要位置，增强国家的科技实力及向现实生产力转化的能力，提高全民族的科技文化素质，把经济建设转移到依靠科技进步和提高劳动者素质的轨道上来，加速实现国家的繁荣强盛”[③]。1996年《中华人民共和国国民经济和社会发展“九五”计划和2010年远景目标纲要》将“科教兴国”列为一项基本国策，并要求：统筹规划科技发展和经济建设。一是适应市场需求，强化技术开发和产品开发，加速科技成果商品化、产业化进程。集中力量解决经济社会发展中的重大和关键技术。坚持自主研究开发和引进技术相结合的方针，采用先进制造技术，加快重大装备的国产化步伐，加快现有设备的更新改造。坚持执行知识产权保护政策，依法保护专利发明。二是积极发展高技术及其产业。把握世界高技术发展的趋势，重点开发电子信息、生物、新材料、新能源、航空、航天、海洋等方面的高技术，在一些重要领域接近或达到国际先进水平。积极应用高技术改造传统产业。三是加强基础性科学研究，瞄准世界科学前沿，重点攻关，力争在中国具有优势的领域中有重大突破。

第三，提出“创新是一个民族进步的灵魂”，启动国家创新体系建

① 《十五大以来重要文献选编》（下），中央文献出版社2011年版，第153页。
② 《十六大以来重要文献选编》（下），中央文献出版社2011年版，第184、185页。
③ 江泽民：《论科学技术》，中央文献出版社2001年版，第51页。

设。1996年的《“九五”全国技术创新纲要》提出自主创新战略思想。1998年11月，江泽民提出创新体系建设。1999年8月，中共中央、国务院作出《关于加强技术创新，发展高科技，实现产业化的决定》。进入21世纪，胡锦涛更加强调“自主创新”，提出实施创新型国家战略，建设国家创新体系。2006年1月9日，胡锦涛在全国科学技术大会上提出提高自主创新能力、建设创新型国家的重大战略目标。1月26日，中共中央、国务院作出《关于实施科技规划纲要增强自主创新能力的决定》，《国家中长期科学和技术发展规划纲要（2006—2020）》随之颁布，提出此后15年科技工作的指导方针是“自主创新，重点跨越，支撑发展，引领未来”。根据世界科技发展趋势和中国国力，提出必须把握科技发展的战略重点：一是把发展能源、水资源和环境保护技术放在优先位置，下决心解决经济社会发展的重大瓶颈问题；二是抓住未来若干年内信息技术更新换代和新材料技术迅猛发展的难得机遇，把获取装备制造业和信息产业核心技术的自主知识产权，作为提高中国产业竞争力的突破口；三是把生物技术作为未来高技术产业迎头赶上的重点，加强生物技术在农业、工业、人口与健康等领域的应用；四是加快发展空天和海洋技术；五是加强基础科学和前沿技术研究，特别是交叉学科的研究。2012年9月23日，中共中央、国务院发出《关于深化科技体制改革加快国家创新体系建设的意见》，进一步部署了深化科技体制改革和加快推进国家创新体系建设。

随着经济体制改革步伐加大，科技体制改革也进一步深化。1995年5月中共中央、国务院发布《关于加速科学技术进步的决定》，改革的重点是调整科技系统的结构，分流人才。1999年8月，中共中央、国务院作出《关于加强技术创新，发展高科技，实现产业化的决定》，核心内容是加强技术创新，发展高科技，实现产业化。国家计划资助方式开始调整，增加支持基础研究的计划。2003年10月，中共十六届三中全会通过《关于完善社会主义市场经济体制的若干重大问题的决定》，在有关科技工作的宏观调控、军民结合以及自然科学与社会科学的融合问题上取得突破性进展。

通过科教兴国战略和创新型国家战略，实施“国家863计划”、“973

计划”、重大科技攻关计划等推动了科技发展。中国取得载人航天、探月工程、超级计算机、超级杂交水稻、高速铁路、实验快堆、量子通信、铁基超导、载人深潜、诱导多功能干细胞等一批标志性重大成果。科技发展对社会经济的支撑作用日益凸显。这些成就的取得为新时代科技战略的制定与科技发展奠定了基础。

三、科技兴则民族兴，科技强则国家强

目前世界正处于第四次工业革命的关键时期，“同过去相比，互联网变得无所不在，移动性大幅提高；传感器体积变得更小、性能更强大、成本也更低；与此同时，人工智能和机器学习也开始崭露锋芒”[①]。进入21世纪以来，全球科技创新空前密集活跃，新一轮科技革命和产业变革正在重构全球创新版图、重塑全球经济结构。信息、生命、制造、能源、空间、海洋等的原创突破为前沿技术、颠覆性技术提供了更多创新源泉，学科之间、科学和技术之间、技术之间、自然科学和人文社会科学之间日益呈现交叉融合趋势，科学技术从来没有像今天这样深刻影响着国家前途命运，从来没有像今天这样深刻影响着人民生活福祉[②]。

2012年11月，中共十八大提出实施创新驱动发展战略，指出科技创新是提高社会生产力和综合国力的战略支撑，必须摆在国家发展全局的核心位置。要坚持走中国特色自主创新道路，以全球视野谋划和推动创新，提高原始创新、集成创新和引进消化吸收再创新能力，更加注重协同创新。以习近平同志为核心的党中央将科技与国家民族复兴结合起来，把握世界科技发展脉搏，准确研判中国科技面临现状，积极谋划科技创新发展。

近代欧美国家随科技革命兴起的历史，中国科技落后挨打的经历，都充分证明科技进步对社会发展和国家富强的巨大作用。2016年5月，习近平在全国科技创新大会上强调：“要在中国发展新的历史起点上，把

---

① ［德］克劳斯·施瓦布：《第四次工业革命》，李菁译，中信出版社2016年版，第4页。

② 习近平：《在中国科学院第十九次院士大会、中国工程院第十四次院士大会上的讲话》，《人民日报》2018年5月29日。

科技创新摆在更加重要位置……历史经验表明，科技革命总是能够深刻改变世界发展格局。”[①] 经过近 70 年的发展，中国比历史上任何时期都更接近中华民族伟大复兴的目标，习近平站在实现中华民族伟大复兴的历史高度，指出“中国要强盛、要复兴，就一定要大力发展科学技术，努力成为世界主要科学中心和创新高地”[②]，因为国家富强、民族复兴都需要以建设世界科技强国为支撑。

准确研判当今世界科技发展趋势和中国科技现状是新时代科技战略的起点。科学技术具有世界性，发展科学技术必须具有全球视野，同时也要与本国国情和发展现状相适应。

以习近平同志为核心的党中央密切关注世界科技发展动向，对中国科技现状作出准确研判。几十年来，在党和政府的领导下，在科技界努力下，中国科技事业发生了历史性、整体性、格局性重大变化。习近平指出：“经过新中国成立以来特别是改革开放以来不懈努力，中国科技发展取得举世瞩目的伟大成就，科技整体能力持续提升，一些重要领域方向跻身世界先进行列，某些前沿方向开始进入并行、领跑阶段，正处于从量的积累向质的飞跃、点的突破向系统能力提升的重要时期……从总体上看，中国在主要科技领域和方向上实现了邓小平同志提出的‘占有一席之地’的战略目标，正处在跨越发展的关键时期。”[③]

以习近平同志为核心的党中央在看到中国整体科技实力增长，科技领域取得进步的同时，也清醒地认识到当前科技领域面临的不足。2018 年 5 月，习近平在两院院士大会上指出：“中国基础科学研究短板依然突出，企业对基础研究重视不够，重大原创性成果缺乏，底层基础技术、基础工艺能力不足，工业母机、高端芯片、基础软硬件、开

① 《全国科技创新大会两院院士大会中国科协第九次全国代表大会在京召开》，《人民日报》2016 年 5 月 31 日。

② 习近平：《在中国科学院第十九次院士大会、中国工程院第十四次院士大会上的讲话》，《人民日报》2018 年 5 月 29 日。

③ 习近平：《为建设世界科技强国而奋斗——在全国科技创新大会、两院院士大会、中国科协第九次全国代表大会上的讲话》，《人民日报》2016 年 6 月 1 日。

发平台、基本算法、基础元器件、基础材料等瓶颈仍然突出，关键核心技术受制于人的局面没有得到根本性改变。中国技术研发聚焦产业发展瓶颈和需求不够，以全球视野谋划科技开放合作还不够，科技成果转化能力不强。中国人才发展体制机制还不完善，激发人才创新创造活力的激励机制还不健全，顶尖人才和团队比较缺乏。中国科技管理体制还不能完全适应建设世界科技强国的需要，科技体制改革许多重大决策落实还没有形成合力，科技创新政策与经济、产业政策的统筹衔接还不够，全社会鼓励创新、包容创新的机制和环境有待优化。”[①] 目前中国某些产业门类，尤其是某些产业链顶端与世界先进水平的差距仍很明显，受制于人、被“卡脖子”的环节从金字塔中下层上移到了塔顶。所谓“卡脖子”技术瓶颈大致可分为三类：第一类集中但不限于国防和国家安全领域，诸如军工、航空航天、核高基之类的硬约束，确定无疑“花多少钱也买不来”的核心技术。第二类软性约束主要聚焦于经济性和便利性，即花钱可以买来核心技术、关键装备，但直到具备自主能力之前，必须忍受畸高的价格、拖沓的工期和身不由己的附加条款。前两类是确定的，第三类约束介于软硬之间，具有极大的不确定性，即花高价可以买来核心技术及配套服务，但说不定什么时候、什么地方、以什么理由就被卡住脖子，而且签单一概作废、后果完全自负。[②] 这都提醒我们要认清国家科技发展现状，不能妄自尊大，并要找准追赶方向和路径。

要从根本上改变核心技术受制于人的状态，必须着力改善中国基础研究薄弱的问题，对此，习近平提出：“基础研究是整个科学体系的源头。要瞄准世界科技前沿，抓住大趋势，下好‘先手棋’，打好基础、储备长远，甘于坐冷板凳，勇于做栽树人、挖井人，实现前瞻性基础研究、引领性原创成果重大突破，夯实世界科技强国建设的根基。要加大应用基础研究力度，以推动重大科技项目为抓手，打通‘最后一公里’，拆除阻碍产业化的‘篱笆墙’，疏通应用基础研究和产业化连接的快车道，促

---

① 习近平：《在中国科学院第十九次院士大会、中国工程院第十四次院士大会上的讲话》，《人民日报》2018 年 5 月 29 日。

② 《核心技术靠化缘是要不来的》，《科技日报》2018 年 4 月 19 日。

进创新链和产业链精准对接，加快科研成果从样品到产品再到商品的转化，把科技成果充分应用到现代化事业中去。”①

紧紧追踪现代世界科技发展潮流，准确研判中国科技发展现状和不足，为制定和实施新时代科技发展战略奠定坚实基础。

四、实施创新驱动发展战略，走科技强国之路

在坚持科教兴国战略的基础上，中共十九大提出要加快建设创新型国家，以习近平同志为核心的党中央坚持建设世界科技强国的奋斗目标，提出“双轮驱动”“三个面向”“三步走”等战略方针。

实施创新驱动发展战略，并将其发展为科技创新与制度创新“双轮驱动”。中共十八大提出实施创新驱动发展战略。2015 年 10 月中共十八届五中全会明确了“创新、协调、绿色、开放、共享”五大发展理念，“创新”排在第一位，强调创新是引领发展的第一动力。

创新驱动是中国经济社会发展的客观需要。2013 年 9 月 30 日，习近平在十八届中央政治局第九次集体学习时指出：创新驱动是形势所迫。中国经济总量已跃居世界第二位，社会生产力、综合国力、科技实力迈上了一个新的大台阶。同时，中国发展中不平衡、不协调、不可持续问题依然突出，人口、资源、环境压力越来越大。中国现代化涉及十几亿人，走全靠要素驱动的老路难以为继。物质资源必然越用越少，而科技和人才却会越用越多。因此我们必须及早转入创新驱动发展轨道，把科技创新潜力更好释放出来。②2016 年 5 月习近平在全国科技创新大会上指出：“实施创新驱动发展战略，是应对发展环境变化、把握发展自主权、提高核心竞争力的必然选择，是加快转变经济发展方式、破解经济发展深层次矛盾和问题的必然选择，是更好引领中国经济发展新常态、保持

① 习近平：《在中国科学院第十九次院士大会、中国工程院第十四次院士大会上的讲话》，《人民日报》2018 年 5 月 29 日。

② 《敏锐把握世界科技创新发展趋势 切实把创新驱动发展战略实施好》，《人民日报》2013 年 10 月 2 日。

中国经济持续健康发展的必然选择。”[①] 实施创新驱动也是保障国家安全的客观需要，他指出：“实践反复告诉我们，关键核心技术是要不来、买不来、讨不来的。只有把关键核心技术掌握在自己手中，才能从根本上保障国家经济安全、国防安全和其他安全。”[②]

在此基础上形成了“双轮驱动”战略。2016 年 5 月，习近平强调：“创新是一个系统工程，创新链、产业链、资金链、政策链相互交织、相互支撑，改革只在一个环节或几个环节搞是不够的，必须全面部署，并坚定不移推进。科技创新、制度创新要协同发挥作用，两个轮子一起转。”[③]2018 年，习近平指出：“要坚持科技创新和制度创新‘双轮驱动’，以问题为导向，以需求为牵引，在实践载体、制度安排、政策保障、环境营造上下功夫，在创新主体、创新基础、创新资源、创新环境等方面持续用力，强化国家战略科技力量，提升国家创新体系整体效能。”[④]“双轮驱动”战略是对创新驱动战略的发展与升华，促进了科技创新和科技体制改革的深入开展。2016 年 5 月中共中央、国务院印发《国家创新驱动发展战略纲要》，提出要按照“坚持双轮驱动、构建一个体系、推动六大转变”进行布局，构建新的发展动力系统。“双轮驱动”就是科技创新和体制机制创新两个轮子相互协调、持续发力。“构建一个体系”就是建设国家创新体系，要建设各类创新主体协同互动和创新要素顺畅流动、高效配置的生态系统，形成创新驱动发展的实践载体、制度安排和环境保障。“推动六大转变”就是发展方式从以规模扩张为主导的粗放式增长向以质量效益为主导的可持续发展转变；发展要素从传统要素主导发展向创新要素主导发展转变；产业分工从价值链中低端向价值链中高端转变；创新能力从“跟踪、并行、领跑”并存、“跟踪”为主向“并行”“领跑”为主转变；资源配置从以研发环节为主向产业链、创新链、资金链

---

① 习近平：《为建设世界科技强国而奋斗——在全国科技创新大会、两院院士大会、中国科协第九次全国代表大会上的讲话》，《人民日报》2016 年 6 月 1 日。

② 习近平：《在中国科学院第十九次院士大会、中国工程院第十四次院士大会上的讲话》，《人民日报》2018 年 5 月 29 日。

③ 《十八大以来重要文献选编》（下），中央文献出版社 2018 年版，第 336 页。

④ 习近平：《在中国科学院第十九次院士大会、中国工程院第十四次院士大会上的讲话》，《人民日报》2018 年 5 月 29 日。

统筹配置转变；创新群体从以科技人员的小众为主向小众与大众创新创业互动转变。

提出科技工作面向世界科技前沿、面向经济主战场、面向国家重大需求的“三个面向”要求，促进科技发展与科技创新跨越式发展。2016年5月，习近平在全国科技创新大会上指出，“实现‘两个一百年’奋斗目标，实现中华民族伟大复兴的中国梦，必须坚持走中国特色自主创新道路，面向世界科技前沿、面向经济主战场、面向国家重大需求，加快各领域科技创新，掌握全球科技竞争先机”①，这为科技创新指明了主攻方向。面向世界，就是“中国科技界要坚定创新自信，坚定敢为天下先的志向，在独创独有上下功夫，勇于挑战最前沿的科学问题，提出更多原创理论，作出更多原创发现，力争在重要科技领域实现跨越发展，跟上甚至引领世界科技发展新方向，掌握新一轮全球科技竞争的战略主动”②。面向国家需求，就是“党中央已经确定了中国科技面向二〇三〇年的长远战略，决定实施一批重大科技项目和工程，要加快推进，围绕国家重大战略需求，着力攻破关键核心技术，抢占事关长远和全局的科技战略制高点”③。面向经济建设主战场，就是“科学研究既要追求知识和真理，也要服务于经济社会发展和广大人民群众。广大科技工作者要把论文写在祖国的大地上，把科技成果应用在实现现代化的伟大事业中”④。

重视人工智能集中体现了“三个面向”的要求。2018年10月，中共中央政治局就人工智能发展现状和趋势举行第九次集体学习，习近平强调：“人工智能是引领这一轮科技革命和产业变革的战略性技术，具有溢出带动性很强的‘头雁’效应。在移动互联网、大数据、超级计算、传感网、脑科学等新理论新技术的驱动下，人工智能加速发展，呈现出深度学习、跨界融合、人机协同、群智开放、自主操控等新特征，正在对经济发展、社会进步、国际政治经济格局等方面产生重大而深远的影响。

---

① 《全国科技创新大会两院院士大会中国科协第九次全国代表大会在京召开》，《人民日报》2016年5月31日。

② 《十八大以来重要文献选编》（下），中央文献出版社2018年版，第332—333页。

③ 同上书，第333页。

④ 同上书，第334页。

加快发展新一代人工智能是我们赢得全球科技竞争主动权的重要战略抓手，是推动中国科技跨越发展、产业优化升级、生产力整体跃升的重要战略资源。”[①]

提出“三步走”科技发展战略目标，将科技发展与中国现代化建设目标紧密结合起来。2016年5月，习近平在全国科技创新大会上指出：“中国科技事业发展的目标是，到2020年时使中国进入创新型国家行列，到2030年时使中国进入创新型国家前列，到新中国成立100年时使中国成为世界科技强国。”[②]这一目标将科技战略目标与国家现代化建设目标紧密结合，表明中国科技进步与经济社会发展实现了良性互动。

为促进科技发展战略实施，提出“综合国力竞争归根到底是人才竞争”，要造就规模宏大、结构合理、素质优良的创新型科技人才。2016年5月，习近平在全国科技创新大会上强调：“中国要建设世界科技强国，关键是要建设一支规模宏大、结构合理、素质优良的创新人才队伍，激发各类人才创新活力和潜力……要改革人才培养、引进、使用等机制，努力造就一大批能够把握世界科技大势、研判科技发展方向的战略科技人才，培养一大批善于凝聚力量、统筹协调的科技领军人才，培养一大批勇于创新、善于创新的企业家和高技能人才。”[③]

这一时期科技体制改革开始向纵深发展。2013年11月，中共十八届三中全会提出“深化科技体制改革”。2015年9月，中共中央、国务院印发的《深化科技体制改革实施方案》公开发布，部署了到2020年要完成的143条改革任务。在此前后发布了《国务院关于改进加强中央财政科研项目和资金管理的若干意见》《关于深化中央财政科技计划（专项、基金等）管理改革的方案》《关于进一步完善中央财政科研项目资金管理等政策的若干意见》。2017年3月，《人力资源社会保障部关于支持和鼓励事业单位专业技术人员创新创业的指导意见》颁布。4月，科技

---

① 《加强领导做好规划明确任务夯实基础 推动中国新一代人工智能健康发展》，《人民日报》2018年11月1日。

② 习近平：《为建设世界科技强国而奋斗——在全国科技创新大会、两院院士大会、中国科协第九次全国代表大会上的讲话》，《人民日报》2016年6月1日。

③ 《十八大以来重要文献选编》（下），中央文献出版社2018年版，第338—339页。

部、中央军委科学技术委员会印发《“十三五”科技军民融合发展专项规划》。5月，国务院办公厅印发《关于深化科技奖励制度改革方案》的通知。6月，科技部、财政部印发《国家重点研发计划管理暂行办法》。8月，科技部、财政部、国家发展改革委印发《国家科技创新基地优化整合方案》。11月4日，第十二届全国人民代表大会常务委员会第三十次会议修订《中华人民共和国标准化法》。2018年2月，中共中央办公厅、国务院办公厅印发《关于分类推进人才评价机制改革的指导意见》。4月，科技部、国资委印发《关于进一步推进中央企业创新发展的意见》的通知。改革取得突破性进展，科技成果全面开花。基础研究和应用基础研究成绩显著，化学、材料、物理等学科居世界前列，铁基超导材料保持国际最高转变温度，量子反常霍尔效应、多光子纠缠世界领先，中微子振荡、干细胞、利用体细胞克隆猕猴等取得重要原创性突破，悟空、墨子、慧眼、碳卫星等系列科学实验卫星成功发射。超级计算机连续十次蝉联世界之冠，载人航天和探月工程取得“天宫”“神舟”“嫦娥”“长征”系列等重要成果，北斗导航进入组网新时代，载人深潜、深地探测、大型先进压水堆和高温气冷堆核电、天然气水合物勘查开发、纳米催化、金属纳米结构材料等正在进入世界先进行列。科技发展对经济建设的贡献显著增强。

新中国成立以来，通过实施符合国情的科技发展战略，中国建立起比较完整的国家科技规划体系，形成了适合国情的科技体制，中国正在由科技大国向科技强国迈进，科技进步与经济社会发展的关系更加密切协调，国家整体科技实力有了长足发展。同时，也该清醒地认识到，目前中国科技实力与发达国家相比仍有很大差距，科技发展与经济建设和社会进步的结合还有待进一步提升。主要表现在以下几方面。一是自主创新能力不强，基础薄弱。中国具有自主知识产权的产品少，核心技术对外依存度较高，产业发展需要的高端设备、关键零部件和元器件、关键材料等大多依赖进口。由于创新能力不强，中国在国际分工环节尚处在技术含量和附加值较低的“制造—加工—组装”环节。二是产品质量问题突出。表现为产品质量和技术标准整体水平不高，产品合格率不高，制造业每年直接质量损失超过两千亿元，间接损失超过万亿元。三是资源利用率低。主要资源产出率、能源产出率、水资源产出率、矿产资源回收率、工业固体废弃物综合利用率等与发达国家相比有较大差距。四是产业结构不合理，一般加工工业和资源密集型产业比重过大，技术密集型产业比重偏低，为用户提供服务的现代化制造服务业占比偏低。另外，制约科技创新的体制机制和文化因素依然存在。表现在：一是科技领域存在强烈的实用主义和急功近利倾向。这既体现在国家科学技术发展政策上，也体现在科技人员的科学研究上，缺乏持之以恒的“工匠精神”。二是将技术原则取代科学原则，重技术轻科学，导致技术发展缺少科学基础，重视应用科学轻视基础科学和理论科学。三是国民教育中存在重理工轻人文、重专业教育轻通识教育的现象，导致科研人员学术视野狭窄，缺乏科学创造所必需的想象力和洞察力。四是科技改革过于侧重科技发展微观运行机制，强调政策指导，却对国家宏观科技管理体制改革不够，相关领域配套改革滞后。另外，科技人才评价体系不合理、人才管理上行政主导倾向不断强化等问题也值得重视。上述问题的解决，需要党和政府制定科技发展战略来引导和完善，更需要从国家层面将科技发展纳入社会整体发展战略进行通盘考虑，为科技发展创造良好的社会环境。

［原载《中共党史研究》2018 年第 12 期］

第三篇

邓小平与新时期中国人才资源战略的确立

孙　丹

知识分子和干部队伍是实施改革开放的两支重要人才队伍。新中国成立后，由于没有在理论上正确解决知识分子问题，导致在实践上党的知识分子政策摇摆不定。“文革”结束时，知识分子的整体价值和社会地位跌落至历史的低谷。而干部队伍整体文化素质偏低，难以胜任大规模经济建设的任务，也是新中国成立以来长期未能解决的问题。

邓小平以全球化的视野，从人才资源战略的高度，对知识分子政策进行重大调整，在理论和实践上解决了知识分子问题；推动干部队伍“四化”建设，凸显专家型管理者在科技进步和社会发展中的作用，中国社会由此开始了向知识型社会、管理型政府的转型，为党带领全国人民完成党的十二大确定的20世纪末奋斗目标奠定了雄厚基础。

邓小平指出：“中国的事情能不能办好，社会主义和改革开放能不能坚持，经济能不能快一点发展起来，国家能不能长治久安，从一定意义上说，关键在人。”①

改革开放初期，中国面临着复杂而紧迫的现代化课题。在党的中心工作转到经济建设上来以后，人才成为现代化建设最为紧缺的资源。在建设社会主义现代化国家中，有两支不可忽视的人才队伍，即知识分子队伍和干部队伍。而这两支队伍的状况在改革开放初期都十分令人担忧。

---

① 《邓小平文选》第3卷，人民出版社1993年版，第380页。

经过接连不断的思想改造运动，特别是“文革”中，知识分子斯文扫地，整个社会弥漫着知识是最没有价值甚至是反动的无用之物的反智情绪；经过“文革”，干部制度遭到严重破坏，干部队伍也存在着组织不纯、能力不强、知识不足以及严重老龄化等与宏大的现代化建设事业不相适应的种种问题。如何迅速扭转全党、全社会在知识和知识分子问题上的错误认识，如何正确评价知识和知识分子在社会主义建设中的地位和作用，深刻理解知识分子之于一个国家、一个民族实现现代化的价值，切实提高知识分子的地位、改善知识分子的待遇，营造尊重知识、尊重人才的社会文化氛围，既需要在思想上、理论上，更需要在政策和实践中加以解决。同时，如何使干部队伍从阶级斗争的革命思维完成观念转变，迅速适应国家现代化的建设思维，这是邓小平率领全国人民开始现代化建设新长征之前亟待解决和必须解决的重要问题。

在邓小平复出之初，他就从人才资源的战略高度、以巨大的勇气和智慧，彻底打破了理论和实践上的樊篱，成功地解决了困扰人们已久的知识分子问题，在改革开放大潮中，推动知识分子摒弃传统观念，走向经济建设主战场，以科学技术推动经济建设。与此同时，邓小平全力推动新时期干部队伍的“四化”建设和整体素质的提升。这两支人才队伍的建设，为党和国家储备了最为宝贵的战略资源——人才资源，为顺利实施和完成党的十二大报告中提出在20世纪末实现工农业生产总值翻两番、人民生活水平达到小康目标，奠定了雄厚而坚实的基础。

一、邓小平新时期人才资源战略的独特视角

（一）解决知识分子问题是解决人才资源匮乏的首要问题

知识分子无疑是人才资源的重要组成部分，知识分子问题始终是中国共产党历史中一个举足轻重的问题，党的重要领导人都十分重视知识分子工作。在风雨飘摇的20世纪上半叶，知识分子作为重要的社会力量和政治力量，在爱国主义旗帜感召下，坚定地追随中国共产党，在争取民族独立和自由、建立新中国的过程中发挥了巨大作用。新中国成立后，知识分子问题却成了一个在理论和实践上都不断遭遇困境的问题，严重

阻碍了国家现代化建设的进程。邓小平作为中国共产党第一代领导集体成员、第二代领导集体的核心，在“文革”结束后，面对四个现代化的历史使命，认为当务之急是必须首先妥善解决知识分子问题。20世纪70年代，国际政治、经济格局已经发生重大变化。现代科学技术以原子能的利用、电子计算机和空间技术的发展为标志，正在经历空前的变革，广泛而深刻地影响到经济、政治、社会生活各个领域。“20世纪40年代诞生的第一台电子计算机，运算速度每秒5000次，重量30吨。现在制造的巨型计算机运算速度已达每秒1.5亿次；微型计算机只有几十克重，速度可达每秒10万次。大约每5年到8年，速度提高10倍，体积缩小为原来的1/10，成本降低为原来的1/10。20世纪60年代问世的半导体集成电路，在绿豆大小的面积上，最初只是集成几个晶体管和电阻元件，现在已发展到集成几万乃至几十万个元件。从发射第一颗人造卫星以来20年内，世界各国发射的各种空间探测器已达2000多个。空间技术不仅已经应用于军事方面，而且已经应用于国民经济和科学研究，成为强有力的手段。”[①] 同发达国家相比，“我们的科学技术和教育整整落后了20年。科研人员美国有120万，苏联90万，我们只有20多万，还包括老弱病残，真正顶用的不很多。”[②] 在新的世界竞争中，一个国家是否拥有人才、拥有多少人才，能否不拘一格地网罗人才、持续不断地产出人才，成为一个国家在世界舞台上较量的重要砝码。因此，对知识分子——人才资源的争夺成为新时期十分突出的问题。这一点与20世纪三四十年代国共两党争夺知识分子的情形非常相似。半个世纪后，这场争夺转移到了世界这个更大的舞台，这种争夺对于想跻身世界民族之林、希望对人类作出更大贡献的中华民族来说，更具有生死存亡的意义。

人才资源的世界性流动和争夺是全球化的重要特征。19、20世纪之交，中国曾加入世界性的人才流动大潮，为急欲改变中国落后面貌的先进知识分子提供了观察中国的世界视角，诞生了选择马克思主义救中国的中国共产党。第二次世界大战期间，数以万计的知识分子为了逃避

---

① 《方毅同志在四届政协全国委员会常委会七次扩大会议上作的关于科学和教育事业情况的报告（摘要）》,《人民日报》1977年12月30日。

② 《邓小平文选》第2卷，人民出版社1994年版，第40页。

战乱和种族迫害纷纷移居美洲大陆。而美国对人才资源的敞开吸纳和独具特色的科教体制成为优秀人才的巨大孵化器，使美国在第二次世界大战后迅速成为世界头号强国，至今仍占据全球科学技术的制高点。改革开放以后，随着政策的宽松、对外交往的增加，中国出现了一股汹涌的人才外流潮，严重冲击着青黄不接的中国知识分子队伍。中国人才外流的主要原因：一是知识分子政治待遇和社会地位低下，知识分子在政治上得不到应有的信任，在社会上得不到应有的尊重。新中国成立以后，由于党没有在理论上彻底解决知识分子问题，导致在实践上知识分子政策始终摇摆不定。接连不断的思想批判运动，特别是“文革”中作出的“两个估计”对新中国成立后文教科技事业全盘否定，造成“文革”结束时，知识分子的整体价值和社会地位跌落至历史的最低谷。知识分子群体基本上被视为资产阶级知识分子，在各种政治运动和社会价值导向中，一些知识分子逐渐被逐出国家政治生活和社会生活，排在“地、富、反、坏、右、叛徒、特务和走资派”之后，被称为“臭老九”，处于社会的最底层。二是工作条件和生活待遇低下。在实际工作中，很多专业人员学非所用，很多科研文教机构不具备基本的工作条件，专业技术职称评定工作尚未完全恢复。在生活上，知识分子生活负担和精神压力沉重，很多人健康不佳、疾病缠身，甚至英年早逝。这两个问题在当时已经成为知识分子在事业发展和实际生活上都不可持续的重要威胁。特别是在科学技术日新月异的时代，世界各国都投入巨资进行科学研究、科技创新的条件下，科技知识分子面对国内很多专业机构仍体制僵化、机制不灵，科研资金严重匮乏，缺少基本的实验设备、情报信息、学术交流等，不少科学技术关键问题在当时的条件下无法突破，基础科学和理论研究更是滞后的情况，苦于无法实现自己的人生理想和抱负，因此，在国外优厚的待遇、成熟优越的科研环境吸引下，纷纷离开祖国。

对此，邓小平十分忧虑。在他第三次复出前后，对知识分子问题进行了密集考察，发表了多次谈话和讲话，作出很多批示，集中表达了解决知识分子，特别是科技知识分子问题的迫切心情和坚定决心。1977 年 8 月，邓小平主持召开了为期 5 天、有 30 多位著名科学家和教育工作者参加的科学和教育工作座谈会，分别就科研机构的管理体制、知识分子脑力劳动的性质，特别是对新中国知识分子的评价等，进行了对新时期知识分子政策产生深远影响的重要讲话。在座谈会上，当听到科技人员要用很多时间跑器材时，他敏锐地意识到现行科技体制制约了科学研究的顺利进行。他说："我现在仍主张搞'三套马车'：一个是配备党委书记，多半是外行，但对科学教育事业要热心，当然找到内行更好；一个是管业务的，这应当是内行；再一个是管后勤的，即后勤部长。我愿意给你们当总后勤部长。科学院党委在一定意义上讲要成为一个后勤部，教育部也要兼后勤部。条件没有，资料没有，又不努力创造条件，科研怎么能搞上去？"[①] 在谈到对知识分子产生巨大精神压力的"两个估计"时，邓小平坚定地指出："从马克思到毛主席，都认为从事脑力劳动的人也是劳动者，无非是脑力劳动还是体力劳动的区别。工人在井下和高温条件下工作是高强度，但教员的劳动强度也不低，辛苦得很。当小学教员工资低、待遇低，劳动强度不比工人低，也不比科研人员的劳动强度低。"[②] 这就对知识分子的阶级属性给予了马克思主义的经典阐释，为彻底解决知识分子问题提供了理论依据。在听取大学招生意见时，从选拔、培养优秀人才的角度，坚决支持科技教育界专家们提出的统一招生的意见，并提出："重点学校应以搞基础理论教学为主，培养学得比较深、水平比较高的科研人才。"要求"教育部要抓好重点学校，其他的放手让地方上抓"[③]。

邓小平在座谈会上还从中国与世界关系的高度，阐明了重视科技教育、重视并解决知识分子问题的意义。邓小平对当时迫切需要澄清和解决的关于如何看待全国教育战线"十七年"的工作、关于调动知识分子积极性、关于体制和机构、关于教育制度和教育质量、关于后勤工作（涉及接受华裔学者回国和派人出国留学）、关于学风等问题提出了六点意见。这些意见成为1978年召开的全国科学工作大会的重要指导思想，并得到了全面贯彻落实。"科学技术是第一生产力"，知识分子"绝大多

① 《邓小平文选》第2卷，人民出版社1994年版，第175页。

② 同上书，第176页。

③ 《邓小平年谱（1975—1997）》（上），中央文献出版社2004年版，第175页。

数已经是工人阶级和劳动人民自己的知识分子”，“已经是工人阶级的一部分”，“从事体力劳动的，从事脑力劳动的，都是社会主义社会的劳动者”，这是邓小平在“文革”结束后，针对党内在知识分子问题上的分歧，在1978年3月召开的全国科学工作大会上作出的最明确、最有说服力的政治判断，在理论上澄清了党内外关于知识分子问题的诸多疑惑，为我们党正确制定新时期的知识分子政策和在实践中正确贯彻落实知识分子政策提供了重要的理论指导。

（二）建设一支高素质的干部队伍是解决人才资源短缺的紧迫问题

党的干部队伍是推动和完成党的革命和建设事业的骨干力量，是党在不同历史阶段完成不同历史任务并取得成功的重要保证。因此，党对干部队伍问题一向十分重视，在长期的革命和建设实践中，建立了一整套选拔、任用干部的制度和方法。在新的历史时期，党能否带领全国人民实现社会主义现代化建设的宏伟蓝图，很大程度上取决于干部队伍的状况。因此，建设一支高素质的干部队伍是党的建设的重大任务，合格的干部队伍也是革命和建设极为重要的人才资源。

粉碎“四人帮”后，一方面是干部制度在“文革”中遭到严重破坏，一方面是干部制度自身存在的制度固化、机制僵化等问题在新的历史条件下显露出来，干部队伍年龄老化、文化水平偏低、结构不合理的状况愈来愈突出，如果不作出变革，将很难承担现代化建设的艰巨任务。从年龄结构上看，当时中央书记处书记的年龄人均约65岁；1982年机构改革前，国务院各部委领导班子平均年龄为63岁，省、自治区、直辖市的党政领导班子平均年龄为62岁多。省部级领导干部中50岁以下者仅占总数的15%，相当一批干部连八小时工作都难以坚持，根本无法承担繁重的工作任务①。机构改革后，据国务院经济口34个部委的统计，137名正副部长、正副主任的平均年龄57.93岁，比机构改革前下降5.7

① 张晓燕：《学习毛泽东邓小平江泽民关于干部队伍建设的论述》，中共党史出版社1997年版，第28页。

岁[①]。从文化程度上看，中共十一届三中全会以前，各级党政领导干部只有9%的人具有大专以上文化程度，初中以下文化程度达70%以上。20世纪80年代初，干部文化程度虽有所提高，但全国2000多万名干部中，具有大专以上文化程度的只占20%，而初中和高中、中专程度的则各占40%[②]。从专业结构来看，“缺乏专业知识、专业能力的干部太多，具有专业知识、专业能力的干部太少”[③]。在经济建设、教育、科学等领域具有专业能力的干部更加缺乏。1980年，中国司法干部起码缺100万人[④]，严重制约新时期的法制建设。

因此，在中共十一届三中全会以后，邓小平在谈到干部选拔标准时，除了强调政治标准外，更加突出地强调了“懂行”和“年轻”。1979年7月29日，他在接见海军党委常委扩大会议全体同志时指出：“现在摆在老同志面前的任务，就是要有意识地选拔年轻人，选一些年轻的身体好的同志来接班。”[⑤]

1980年1月，邓小平在中央干部会议上提出：“我们需要建立一支坚持社会主义道路的、具有专业知识和能力的干部队伍，而且是一支宏大的队伍。”[⑥]1980年8月18日，邓小平在中央政治局扩大会议上做了《党和国家领导制度的改革》的讲话，明确提出干部队伍建设的“四化”方针。他指出：“当前和今后一个时期，在组织上迫切需要培养、发现、提拔、使用坚持四项基本原则的，比较年轻的，有专业知识的社会主义现代化建设人才，要在坚持社会主义道路和党的领导的前提下，实现干部队伍年轻化、知识化、专业化，并且要把对于这种干部的选拔和使用制度化。”[⑦]同年12月，邓小平在中央工作会议上重申了这一观点，对干部

---

① 宋任穷：《按照革命化年轻化知识化专业化的方针建设好干部队伍》，《人民日报》1982年10月2日。

② 张晓燕：《学习毛泽东邓小平江泽民关于干部队伍建设的论述》，中共党史出版社1997年版，第28页。

③ 《邓小平文选》第2卷，人民出版社1994年版，第263页。

④ 同上。

⑤ 同上书，第192页。

⑥ 同上书，第264页。

⑦ 同上书，第326页。

“四化”作出了完整的概括和表述：“要在坚持社会主义道路的前提下，使我们的干部队伍年轻化、知识化、专业化，并且要逐步制定完善的干部制度来加以保证。提出年轻化、知识化、专业化这三个条件，当然首先是要革命化，所以说要以坚持社会主义道路为前提。”①

十年动乱期间，大批革命干部受到迫害，党的德才兼备的干部标准和任人唯贤的干部路线遭到肆意篡改和歪曲，党内结帮营私、看风使舵等不良风气盛行，造成干部队伍严重不纯。改革开放初期，面对“文革”中干部队伍受到严重冲击和破坏、一些人反对改革开放、一些人在资产阶级自由化思潮影响下主张“全盘西化”等干部队伍思想比较混乱的状况，邓小平在多种场合反复强调正确的政治路线“要有正确的组织路线来保证”。用人的政治标准是什么呢？邓小平提出：“为人民造福、为发展生产力、为社会主义事业作出积极贡献，这就是主要的政治标准。”②他号召各级干部要认真学习马列主义毛泽东思想，对干部队伍首要的要求是政治立场明确、坚定，要坚持改革开放，坚持社会主义道路。“组织路线是保证政治路线贯彻落实的。解决组织路线问题已经提到我们议事日程上来了，……中国的稳定，四个现代化的实现，要有正确的组织路线来保证，要有真正坚持马克思列宁主义、毛泽东思想和党性强的人来接班才能保证。”③

在中共十一届五中全会上，邓小平又强调：“三中全会以后，党中央考虑，不进一步解决党的组织路线问题，政治路线、思想路线就得不到可靠的保证。这次会议的一个主要任务就是解决这个问题。”④1992 年初，邓小平在视察南方时的重要谈话中再次提出：“正确的政治路线要靠正确的组织路线来保证。”

二、邓小平对新时期人才资源战略的政策定位

1985 年 3 月，邓小平在全国科技工作会议上指出：“改革经济体制，

① 《邓小平文选》第 2 卷，人民出版社 1994 年版，第 361 页。
② 同上书，第 151 页。
③ 同上书，第 193 页。
④ 《邓小平年谱（1975—1997）》（上），中央文献出版社 2004 年版，第 605 页。

最重要的、我最关心的，是人才。改革科技体制，我最关心的，还是人才。”①

在邓小平看来，人才问题成为改革开放能否顺利进行的决定性因素，因此必须从体制和政策上确保人才资源战略的实施。

（一）改革科技体制，提高知识分子待遇，为发展科学技术第一生产力创造条件

党对知识分子在革命和建设中的作用一直有比较清醒的认识，而对知识分子阶级属性和政治立场的判断标准问题则成为党制定知识分子政策的长期困扰。这种困扰，主要缘于党对革命时期和执政时期的国际国内形势以及历史任务的变化缺乏清醒的认识。

粉碎“四人帮”以后，党的第二代领导集体首先对国内形势作出阶级斗争已经不是中国社会的主要矛盾的正确判断，果断地宣布结束“文化大革命”，把工作重心转移到经济建设上来。在与美、日恢复正常外交关系的基础上，对国际形势作出了“和平与发展是时代主题”的正确判断。20世纪七八十年代，邓小平多次出访发达国家，意识到中国经济发展的整体水平与发达国家的差距越来越大，如果不迎头赶上，中国将被整个世界抛在后面。实现四个现代化，科学技术现代化是先导。科学技术对于国民经济发展具有重大支撑和促进作用，而掌握科学技术的人才队伍核心是知识分子群体。

作为中国改革开放的总设计师，邓小平的知识分子思想，远远超越了对知识分子阶级属性和社会地位的传统认识，他以全球化的视野，从中国与世界的关系和人才资源战略的高度，强调知识分子是国家四个现代化建设的重要战略资源，科技进步是经济发展的引擎。因此，邓小平率先提出：“一定要在党内造成一种空气：尊重知识，尊重人才。要反对不尊重知识分子的错误思想。”②

从“文革”后期第二次复出到第三次复出后，邓小平在国务活动中

① 《邓小平文选》第3卷，人民出版社1993年版，第108页。

② 《邓小平文选》第2卷，人民出版社1994年版，第41页。

有一项重要内容是会见来自世界各地的科学家团体及科学家，他在各种场合都强调科学技术发展和人才资源的关系问题。邓小平从尖端科技领域和年轻化两个方面抓科技知识分子队伍建设。在邓小平第二次复出后，就开始大力整顿科技、教育系统，会见旅美旅欧的华裔科学家，了解和掌握世界科技发展动态。

粉碎“四人帮”后，邓小平自告奋勇要求分管科技教育工作，频繁地接见、会见参加各种科学会议、来华访问的尖端科技领域的中外科学家，关注世界尖端科技发展现状，详细了解世界发达国家尖端科技发展的情况，十分慎重、高效地处理和批示中外科学家对中国科技事业的各种建议、来信，保持着与众多华裔科学家的紧密关系。

如何实现党的十二大提出的到 20 世纪末实现国民生产总值翻两番的 20 年奋斗目标，邓小平在 20 世纪 80 年代初提出，要抢时间，前 10 年要为后 10 年做准备，其中重要的准备是要调动几百万骨干知识分子的力量，坚决改变在实际工作中知识分子学非所用、用非所长的状况。他把发展科技，特别是优先发展高科技作为优先方向，对每一个高科技项目都亲自过问，提出中国必须发展自己的高科技，不要失掉时机，在世界高科技领域要占有一席之地。

1983 年，邓小平亲自批准了高科技项目——用于高能物理实验和同步辐射应用研究的大型科研装置正负电子对撞机工程。高能物理的研究和发展，将直接、间接地影响到其他学科的发展，而且同新材料、新能源、新技术、新工艺等的发展密切相关。1988 年工程竣工并实现首次对撞试验成功后，邓小平再次视察时指出：“如果六十年代以来中国没有原子弹、氢弹，没有发射卫星，中国就不能叫有重要影响的大国，就没有现在这样的国际地位。这些东西反映一个民族的能力，也是一个民族、一个国家兴旺发达的标志。”“现在世界的发展，特别是高科技领域的发展一日千里，中国不能安于落后，必须一开始就参与这个领域的发展。”①

邓小平十分重视科学家对中国科技发展的意见和建议，高瞻远瞩地迅速加以落实和实施，如对中国科技发展产生深远影响的“863 计划”

---

① 《邓小平文选》第 3 卷，人民出版社 1993 年版，第 279 页。

等。1985 年 7 月 16 日，邓小平会见了美籍华人、物理学家李政道，李政道先生建议中国应建立国家科学基金委员会，并由第一流科学家负责。邓小平立即表示："这是一个新方法，我们没有经验。但只要是新的事物，管它对不对，管它成功不成功，试验一下。"[①] 仅仅半年之后，1986 年 2 月，国务院便宣布成立由著名化学家唐敖庆任主任的国家自然科学基金委员会。"863 计划"是根据王大珩、王淦昌、杨嘉墀、陈芳允四位科学家于 1986 年 3 月 3 日写信向中央提出的"关于跟踪研究外国战略性高技术发展的建议"，经邓小平批示而制订的新时期第一个高新科技研究发展计划纲要。在邓小平的支持和推动下，从提出建议到《高技术研究发展计划纲要》的出台，仅仅用了八个月时间。邓小平在多个批示中要求"速作决断，不可拖延""立即组织实施"。

科学技术是生产力中最为活跃的因素，这是马克思主义的一个基本观点。邓小平作为当代中国的马克思主义者，继承并发展了这一思想，提出了"科学技术是第一生产力"的论断，并致力于中国的科技队伍建设。进入新时期，邓小平面对科技队伍知识老化、年龄老化的问题，十分焦急，力主在科研工作、科研项目中不拘一格地发掘人才，特别是培养一批青年知识分子，以保持科技创新活力，并把发现人才、爱护人才，提高知识分子的政治待遇和生活待遇作为各级领导的职责。

在邓小平的推动下，新时期留学生制度也以最快的速度恢复落实，留学生规模不断扩大。美国的科学技术在很多领域处于世界前列，中美关系正常化以后，邓小平非常重视与美国科学界建立广泛的交流与合作，特别是在人才培养方面，1978 年 7 月 10 日，邓小平在会见美国科技代表团时，十分赞同他们关于接受 500 名中国留学生的建议，并提出应派出更多的人，"用你们现成的条件，为我们培养更多的科技人才"[②]。针对"文革"十年"使我们耽误了一代人的时间，影响了二十年"[③]，邓小平提出："中国目前人才往往从五六十岁的人中挑选，这样就不能体现活力。中国只有出现三四十岁的政治家、科学家、经济管理家和企业家，并由

① 《邓小平年谱（1975—1997）》（下），中央文献出版社 2004 年版，第 1061 页。

② 《邓小平年谱（1975—1997）》（上），中央文献出版社 2004 年版，第 340 页。

③ 同上书，第 218 页。

这批人担负重任，国家才有活力，政策才能保持长久……有才干的年轻人要上去，学术界才能活跃，光靠老同志还不行。论资排辈的状况一定要改变。”

1979 年 11 月，在出席中国科学院建院 30 周年的茶话会上，邓小平再次强调青年人才对科技发展的重要性，指出：“世界科学发展史说明，在科学领域里作出杰出贡献的往往是中年人和青年人。我们的科学工作者，只要作出了贡献，符合研究员、教授的标准，哪怕只有三十岁，也要把他们提拔到研究员和教授的岗位上，给予应有的学位和技术职称……在这个问题上要改变论资排辈的现象。”① 从这些讲话中可以看出邓小平对人才的渴求和对发现、培养人才的积极倡导。

开展科学研究，发展科学技术，归根结底是要服务于经济建设，促进生产力的发展和经济的繁荣。在经济体制作出重大改革之后，传统的科技体制制约了科技成果转化为生产力的速度与质量。邓小平推动了具有跨世纪影响的中国科技体制改革。中国新时期科技体制改革的根本目的是使科技成果转化为生产力，促进科技与经济、市场相结合，科技人员走出书斋，走向经济建设的主战场。在邓小平的大力倡导和推动下，中国多数科技知识分子摒弃了传统观念，成为生产者、创业者，体制的活力迸发出了创造与发明的活力，知识转化为生产力，科技成果转化成了财富，在社会层面，改变了知识分子的形象，极大地提升了知识分子的价值和地位。这一举措也体现了邓小平高超的政治智慧和领导艺术。

提高知识分子待遇问题是促进科技创新的激励因素。在改革开放之初，尽管国家整体上经济落后，人民的生活水平不高，但是解决和提高知识分子待遇仍然是邓小平关注的大问题。关于知识分子的待遇，既包括政治待遇，也包括生活待遇。“文革”结束后，随着政治上的拨乱反正，邓小平在理论上澄清了关于知识分子政策上的是非，知识分子的政治待遇问题迎刃而解了。但是在改革开放初期中国社会经济普遍贫穷的状况下，能否在实践层面上提高知识分子的生活待遇则成为是否真正提高知识分子政治地位和社会地位的试金石。

---

① 《邓小平年谱（1975—1997）》（上），中央文献出版社 2004 年版，第 575 页。

为此，邓小平极力推动科技体制改革，促进知识分子与现代化建设紧密结合，加速科技成果的转化，凸显知识和智力劳动在科技进步和社会发展中的决定性作用，知识分子在经济发展中分享科技进步的巨大成果，一部分知识分子的生活条件和科研条件很快改观，知识分子的待遇问题从输血式推动转化为造血式推动，反过来又从根本上扭转了知识与生产力、知识分子与财富脱节的问题，从根本上提高了知识分子的政治地位和社会地位。

（二）以“四化”要求建设锻造合格的干部队伍，为知识型管理型政府奠基现代化建设的另一个人才资源瓶颈是是否有一支合格的干部队伍

社会主义现代化事业的成败取决于人，取决于高素质的干部队伍。干部队伍是现代化建设极为重要的人才资源。在邓小平的人才资源战略中，坚持“两手抓”，一手抓知识分子队伍，一手抓干部队伍。如上所述，在解决知识分子问题的同时，邓小平积极推动干部队伍“四化”建设，开启了中国社会向知识型社会、管理型政府的转型。

斯大林提出的“干部决定一切”[①]的口号，早在民主革命时期就一直是我们党的干部队伍建设的重要原则，毛泽东为此还提出了“政治路线确定之后，干部就是决定的因素”[②]的论断。一支坚强有力的干部队伍成为中国革命的中坚力量。但是到20世纪七八十年代之交，中国的干部队伍状况显然已无法适应和胜任艰巨的现代化建设的历史任务，干部队伍的素质直接关系到党的执政能力和执政水平，关系到党的路线、方针、政策贯彻执行的效果。为此，邓小平提出了对干部的“四化”要求：革命化、年轻化、知识化、专业化。

干部队伍的知识化、专业化是抗战时期党的知识分子政策中“工农干部知识分子化”的现代表述和意义的延伸。1939年，在党的《关于吸收知识分子的决定》的文件中，明确提出“知识分子工农群众化”和“工

---

① 《斯大林选集》下卷，人民出版社1979年版，第371页。

② 《毛泽东选集》第2卷，人民出版社1991年版，第526页。

农干部知识分子化”的要求，把对知识分子的思想改造和对干部队伍的文化训练列为同等重要的问题，把对知识分子的改造和提高工农干部的文化素质提到事关革命事业成败的高度。战争年代，由于环境的严酷，对知识分子的思想改造、知识分子与工农相结合强调得多些，而由于客观条件的限制，对干部队伍的知识分子化重视不够。新中国成立以后的一段时期内，干部队伍的知识分子化问题也没有得到应有的重视。不仅如此，学术界对这一问题的研究也不深入。

干部队伍“四化”思想的雏形是陈云最早提出来的。“文革”结束以后，面对改革开放、建立中国特色社会主义的新形势、新任务，党的干部队伍状况十分堪忧：各级领导在年龄上严重老化、干部队伍青黄不接，思想观念、文化知识上远远落后于形势需要，干部队伍素质和能力亟待提高等，特别是在“文革”结束后两年徘徊时期发生的“洋跃进”，更凸显出干部队伍与形势变化的不相适应。据统计，20 世纪 80 年代中期，全国 4000 万名党员中，具有大学文化程度的仅占 4%，中专和高中文化程度的占 13.8%，而小学文化程度的占 42.2%，文盲占 10.1%[①]。陈云在政治局会议、中央全会以及其他会议上多次提出要培养有专业知识的年轻干部的问题。邓小平深感在“新的长征”中人才紧缺、断档的压力，他十分赞同、支持陈云的意见，指出：“我们的人才本来就少，决不能再浪费人才，我们经不起这个浪费。老同志的最主要的任务，第一位的任务，是提拔年纪比较轻的干部。”[②] 在 1980 年 8 月中央政治局扩大会议上，邓小平提出：“干部队伍要年轻化、知识化、专业化，并且要把对于这种干部的提拔使用制度化。”1981 年 6 月，中共十一届六中全会通过的《关于建国以来党的若干历史问题的决议》指出，要“在坚持革命化的前提下逐步实现各级领导人员的年轻化、知识化和专业化”[③]。这是干部“四化”方针第一次载入党的重要文献中。1982 年 9 月，中共十二大把“努

① 《中共中央办公厅转发中组部关于大量吸收优秀知识分子入党的报告》，载《当代中国的人事管理》编辑委员会编：《当代中国的人事管理》，当代中国出版社、香港祖国出版社 2009 年版，第 35 页。

② 《邓小平文选》第 2 卷，人民出版社 1994 年版，第 265 页。

③ 《三中全会以来重要文献选编》（下），中央文献出版社 1982 年版，第 824 页。

力实现干部队伍的革命化、年轻化、知识化、专业化”写入了政治报告和党章之中。在邓小平的直接领导下，年轻干部的培养问题和老干部的离退休问题最终形成了制度，彻底打破了干部任职终身制[①]，为选拔、培养“四化”干部创造了重要条件。

邓小平对干部队伍的重视，还可以追溯到新中国成立初期。1954年7月，邓小平在政务院第221次政务会议的发言中，批评一些行政领导浪费人才、不重视干部队伍培养的现象时指出：“搞建设，干部已成为决定性的因素。要充分发挥现有干部的作用，同时要培养大批各方面的建设人才。政务院许多部门的领导人，他们注意抓生产，抓基本建设，这是对的，但是对培养干部重视不够，这主要表现在对自己所管的学校注意得很差。殊不知办好学校，培养干部，才是最基本的建设。现在，有的部门已有几十万员工，几十所学校，他们不去办好这些学校，却总希望从外面调人。应该主要靠自己培养干部。”[②]也正是基于党内这一“痼疾”，邓小平在1985年时指出：“善于发现人才，团结人才，使用人才，是领导者成熟的主要标志之一。”[③]

此外，在知识分子中发展党员、提拔干部的政策，不仅是新时期改变党内对知识分子的政治偏见、调整党的知识分子政策的重大举措，也是改变干部队伍的知识结构，改变党员干部队伍素质偏低、无法适应大规模经济建设需要的重要举措。1982年和1985年，中共中央办公厅先后转发中央组织部《关于加强在中年知识分子中发展党员工作的报告》《关于大量吸收优秀知识分子入党的报告》。此后，大量优秀知识分子被吸收到党内、被选拔到领导岗位上，党员队伍和干部队伍的结构发生了根本性改变。“靠空讲不能实现现代化，必须有知识，有人才。”[④]“没有大批的人才，我们的事业就不能成功。”[⑤]在知识经济时代，科学技术不仅渗

---

① 1980年和1982年，中共中央先后作出《关于设置顾问的决定》和《关于建立老干部退休制度的决定》。

② 《邓小平文选》第2卷，人民出版社1994年版，第209页。

③ 《邓小平文选》第3卷，人民出版社1993年版，第109页。

④ 《邓小平文选》第2卷，人民出版社1994年版，第40页。

⑤ 同上书，第221页。

透到各个传统产业，科学技术本身也成为重要的生产要素，参与到国民经济的各个领域。因此，人才资源与自然资源一样，成为经济发展和社会进步的重要制约因素。不仅知识分子是国家重要的人力资源，拥有各种专长的高素质干部队伍也成为现代化建设重要的人力资源。

三、邓小平人才资源战略对我们迎接新挑战的启示

邓小平在知识分子问题上既重视对知识分子本身的定位，又超越了对知识分子本体的认识，把知识分子群体放在国家、民族的历史和现实发展中，放在世界潮流的大局中进行审视，对知识分子作出既符合历史、又超越历史的判断，从而在党的历史上第一次比较彻底地解决了党关于知识分子的重大理论问题。知识分子问题的彻底解决，使具有忧国忧民传统、以天下为己任的中国知识分子迎来了真正属于自己的春天。干部队伍的“四化”建设，使党拥有了一支不断壮大的坚持社会主义道路、具有专业知识和能力的干部队伍，有力地保证了党的执政水平和执政能力的不断提高。储备人才资源的战略布局，成为推动改革开放强有力的精神动力和智力保障。这是邓小平作为党的第二代领导人最伟大的贡献之一。

工业革命以来，每一次科技革命都深刻影响了世界力量的格局，每一次人才资源的大规模流动和重新聚合都改变了一个国家和民族的未来。新中国成立后，大批爱国知识分子回归祖国，他们与新中国自己培养的知识分子一道，奠定了新中国科学技术发展的基础。“两弹一星”、多复变函数论、陆相成油理论、人工合成牛胰岛素等成就，高温超导、中微子物理、量子反常霍尔效应、纳米技术、干细胞研究、人类基因组测序等基础科学的突破，超级杂交水稻、汉字激光照排、高性能计算机、三峡工程、载人航天、探月工程、移动通信、量子通信、北斗导航、载人深潜、高速铁路、航空母舰等工程技术成果，为经济社会发展提供了强有力支撑，为国防安全作出了历史性贡献，也为中国成为一个有世界影响的大国奠定了重要基础。“进入 21 世纪以来，新一轮科技革命和产业变革正在孕育兴起，全球科技创新呈现出新的发展态势和特征……科技

创新活动不断突破地域、组织、技术的界限，演化为创新体系的竞争，创新战略竞争在综合国力竞争中的地位日益重要。科技创新，就像撬动地球的杠杆，总能创造令人意想不到的奇迹。”“面对科技创新发展新趋势，世界主要国家都在寻找科技创新的突破口，抢占未来经济科技发展的先机。我们不能在这场科技创新的大赛场上落伍，必须迎头赶上、奋起直追、力争超越。”“只有把核心技术掌握在自己手中，才能真正掌握竞争和发展的主动权，才能从根本上保障国家经济安全、国防安全和其他安全。不能总是用别人的昨天来装扮自己的明天。不能总是指望依赖他人的科技成果来提高自己的科技水平，更不能做其他国家的技术附庸，永远跟在别人的后面亦步亦趋。我们没有别的选择，非走自主创新道路不可。”[①] 习近平在中国科学院第十七次院士大会、中国工程院第十二次院士大会上的讲话中，对科技创新的阐释给我们提出了 21 世纪中国科技发展的新课题。

如今，中国工业、农业、科学技术、国防技术总体发展水平已经赶上或正在向世界先进水平靠近，众多尖端科技领域居于世界先进水平行列，已经拥有世界上最大规模的科技队伍和干部队伍，并正在吸引越来越多的人才加入。2010 年，中国科技人力资源总量达 5700 万人，位居世界首位；2011 年，回国创业的海归人数 18.62 万，中国从 20 世纪 80 年代以来世界最大的人才流出国，转变为世界最主要的人才回流国。干部队伍的知识化、专业化程度不断提高，年龄逐步降低。以中共十八届中央委员会委员为例，新一届 205 名中央委员（不包括候补委员）的平均年龄为 56.1 岁；具有大学以上学历的占 95.7%，有高级专业技术职务的占 37.2%，中国科学院院士、中国工程院院士 15 名。

但是，从世界发展趋势看，从人才资源战略角度看，这两支队伍的整体素质和水平，特别是创新能力和管理水平等仍有待提高，这仍然是 21 世纪我们面临的严峻挑战。创新型科技人才结构性不足矛盾突出，世界级科技大师缺乏，领军人才、尖子人才不足，工程技术人才培养同生

① 习近平：《在中国科学院第十七次院士大会、中国工程院第十二次院士大会上的讲话》，《人民日报》2014 年 6 月 10 日。

产和创新实践脱节。中国经济总量位居全球第二，号称制造业大国。但是科技创新基础还不牢，自主创新特别是原创力还不强，关键领域核心技术受制于人的格局没有从根本上改变。在人才机制上仍存在着吸引力、竞争力不足的问题。人才流失问题并没有完全解决。据统计，2013 年，美国对全球专业技术人才的吸引率为 24%，中国仅为 3%。中国人才流失率在全球排第 39 位，在吸引科学家和工程师方面世界排名第 46 位①，人才资源问题仍然是新一轮“国际竞赛”中的关键因素。在全面深化改革的新形势下，干部队伍，特别是基层干部队伍的知识化、专业化、科学化的水平，适应世界发展新形势、新挑战、新变化的能力仍有待进一步提高。而实施创新驱动发展战略，建设创新型国家，党的十八大提出的全面深化改革能否成功，“两个一百年”奋斗目标能否顺利实现，干部队伍的质量将成为重要的制约因素。

站在历史发展的新起点上，仍有许多困局需要破解、有许多基础性的工作要做，邓小平人才资源战略的思想，对于指导当下中国的人才发展战略仍然具有强烈的现实意义，仍值得我们深入挖掘、继承和发展。

［原载《武陵学刊》2014 年第 6 期］

---

① 蔡秀平、吴江：《吹响人才体制机制改革冲锋号——中共十八届四中全会人才工作新部署解读》，《中国人才》2014 年第 1 期。

“共同体”利益的均衡与共赢
——陈云关于党的宗旨思想的探讨

孙 丹

中国共产党的根本宗旨就是全心全意为人民服务，为全体人民谋幸福。从建党伊始，这一宗旨始终不曾改变。“人民”①的范围是广大的，涵盖了各个不同的阶层和群体的社会成员，他们利益相关，有共同的价值理想，全体人民与中国共产党是一个利益共同体。但其内部不同的阶层和群体之间，也存在着矛盾和冲突。“利益”既指物质利益，也包括政治权益以及精神文化权益。在社会主义初级阶段，维护社会的和谐、稳定和发展，就是维护共同体的稳定和发展。而实现并保持共同体内部不同的阶层和群体之间各方利益的均衡和共赢②，才能真正实现社会的和谐、稳定和发展。对于党员干部来讲，党的“全心全意为人民服务”的根本宗旨，既不是空洞的口号，也不仅是道德要求，而是体现在执政过程和实际工作中。

坚持党的全心全意为人民服务的宗旨，贯穿于陈云一生，既体现在他的思想和政策决策中，也体现在他的工作作风中。在为人民服务这个

---

① 本文使用的“群众”与“人民”同义，不包括敌对的部分。

② 在理论上，自然人利益的获得与其能力、付出、贡献大小等主观因素成正比，因此，收入差距不可避免。这种差距是良性刺激。而在实际社会生活中，利益的获得又受到社会环境如机遇、阶层流动性等客观条件的制约。如果社会机会公平、均等，各阶层之间能够良性流动，这个社会就是和谐稳定的。如果由于社会环境恶化而导致利益差距过大，就必然引起利益群体之间的冲突和社会的不稳定。从博弈论的观点来看，均衡和共赢是最好的结果。均衡，也即陈云常常强调的“综合平衡”，既指物的平衡，也重视人的权益分配的平衡。

问题上，陈云坚守原则，也是“务实”的。在陈云的著作中，“为人民服务”体现在各方利益均衡和共赢的思想，体现在维护共同体和谐共进这一基本原则中。在实际工作中，他强调以经济利益的共赢奠定实现党的政治目标的基础，以政治目标推动经济工作，争取最大限度地实现共同体内部利益的均衡和共赢。他说：“解决这些实际问题就是为人民服务，不解决实际问题谈为人民服务，则是空话一句。”[①]

二

“共同体”这一概念，在经济学和社会学研究中经常使用，近年来在国际关系研究中也多有应用。2015 年 3 月，国家主席习近平在博鳌亚洲论坛 2015 年年会开幕式上发表题为《迈向命运共同体、开创亚洲新未来》的主旨演讲中，提出“命运共同体”的新概念，倡导亚洲各国在同一命运共同体中，在经济上“坚持合作共赢、共同发展”，在地区安全问题上“坚持实现共同、综合、合作、可持续的安全”，在文化交往中“坚持不同文明兼容并蓄、交流互鉴”[②]。2015 年 4 月，在印度尼西亚召开的亚非领导人会议上，习近平在讲话中进一步提出“建设人类命运共同体”的倡议[③]，得到与会者的赞同。国际关系中的共同体，主要追求经济利益和地缘政治关系的均衡与共赢。经济学所谓的经济利益共同体，是指社会各方在理性估算的基础上以不同方式结成的利益联盟式的行动体。互利共存是这个行动体中利益不同的双方或多方联合在一起的唯一重要的保障。经济利益关联的任何一方在谋求己方利益的时候，都不能不在一定程度上保护和顾及其他各方的利益，以继续维护他们之间的利益关系。

而在一个国家内部的社会关系中，维系共同体中利益各方关系的，除了物质利益的维度，还有另一个维度，那就是思想观念、价值体系等精神文化层面的维度。因此，一个政党及其拥护者是由物质利益和思想

① 《在中国共产党第一次全国组织工作会议上的讲话》（1951 年 4 月 4 日），载《陈云文选》第 2 卷，人民出版社 1995 年版，第 128 页。

② 《人民日报》2015 年 3 月 28 日。

③ 《人民日报》2015 年 4 月 23 日。

价值观念两个维度联结起来的共同体，即经济利益共同体和精神文化共同体。这个共同体既是利益攸关、具有共同信念的整体，同时，在这个共同体内部，还存在着各个不同的子群体，这些子群体之间也存在利益冲突和思想观念甚至政治诉求的差异。这其中，经济利益关系的协调、合理与否，对共同体的稳固、对思想价值观念的认同将起到主要的、主导的作用。

中国共产党是马克思主义政党，以实现共产主义为最高理想。中国共产党自成立之日起，就把党作为人民群众利益的维护者和人民群众意志的集中体现者，旗帜鲜明地把实现民族独立复兴，把谋求全体劳苦大众的翻身解放和生活富裕幸福作为自己的目标和理想。共产党成立初期，党的创建者以及很多党员出身剥削阶级家庭，他们背叛自己的阶级（利益集团），与无产者结成经济利益和精神文化共同体，得到了最广大人民的拥护和支持，经过 28 年的奋斗，带领人民实现了民族独立的伟大梦想，建立了人民当家做主的中华人民共和国，中国共产党成为执政党。新中国成立后，特别是完成社会主义改造以后，中国社会阶级关系发生了重大变化，与广大人民利益相敌对的帝国主义、封建主义、官僚资本主义三座大山被推翻，严重的阶级矛盾已基本化解，大规模的激烈的阶级斗争基本结束，马克思主义成为新中国的主流价值体系。从理论和中国社会现实上看，中国共产党与各党派、各民族、各界的全体人民已经结成了完全的共同体，即全体人民的共同体。在这个共同体中，无论是在精神文化上还是在物质上的利益和诉求是完全一致的。在这个意义上，中国共产党与全体中国人民不仅是经济利益和精神文化的共同体，也是命运的共同体。在这个共同体中，不同于历史上任何封建王朝，执政者和人民大众的关系不再是统治与被统治的关系，不再是此消彼长的关系，而是彼此利益攸关、生死攸关，一荣俱荣、一损俱损。

新中国成立以来，共同体保持了基本的和谐和稳定。党在领导全国人民建设社会主义的过程中，实现了经济的快速发展，人民生活发生了翻天覆地的变化，进入 21 世纪，已经从新中国初期的积贫积弱迈入了小康的门槛。2010 年，中国的经济总量已经跃居世界第二，成为世界第二大经济体。以爱国主义、集体主义为核心，以实现中华民族伟大复兴、建设民主富强的社会主义现代化国家为共同理想的社会主义价值体系成为凝聚全体人民的精神纽带。不过，中国是人口众多、面积广大、多民族共存的国家，各区域间、各民族间经济社会发展极不平衡。改革开放以来，随着多种经济成分的出现，在中华民族大的共同体中，工人、农民、知识分子这样简单的阶级阶层的划分，已经由逐渐形成的各种各样的阶层和社会群体所取代。就是说，在全体人民的共同体中，形成了不同区域、不同行业、不同阶层，乃至不同民族的各种子群体。

在经济高速发展的时代背景下，由于存在着经济建设和民生改善失衡、城乡发展失衡、区域发展失衡、收入分配失衡、投资消费比例失衡等问题，不同的利益群体除了具有共同发展、共同进步的一致性，处在不同层级的子群体，也存在着在社会中获取资源和财富的机会成本日益分化，资源配置和财富分配的差距也日益扩大的矛盾和冲突，成为威胁共同体和谐稳定的巨大隐患。因而，执政者必须协调好各个阶层和各个利益团体的利益，在把“蛋糕”做大的同时，兼顾“蛋糕”的分配，改变日益扩大的社会差距和收入分配差距，最大限度地协调、实现共同体内部各方利益的均衡和共赢，才能调动各民族、各界全体人民的积极性和主动性，为共同理想去奋斗，才能保持社会和谐稳定地发展，共产党的执政基础才能稳固。而在日益复杂的国际国内环境下，在经济社会发展与资源、人口、环境的矛盾越来越突出的形势下，在不同的社会群体中，如何科学、高效地配置自然和社会资源、如何公平合理地分配社会财富的问题，考验着执政党和执政者的执政水平和执政能力。

陈云在长期的革命生涯中关于这方面的理论和实践为我们提供了非常宝贵的思想资源和历史经验。陈云的群众利益至上、以全体人民的利益为党的最高利益的原则以及重视和维护共同体内部不同子群体利益的均衡与共赢的思想，贯穿在他的革命生涯各个时期，深刻、透彻地诠释了党的全心全意为人民服务的宗旨。特别是在领导经济工作时，他总是能够作出正确而稳妥的经济决策，在经济工作中实现政治目标，完成党在不同历史阶段的任务。

二

陈云十分重视群众利益和群众工作，提出大官要做小事[①]。而他说的小事，就是为群众办实事，为群众办的实事，小事也是大事。陈云所说的群众利益，既包括物质利益，也包括政治权益以及精神文化权益，以经济利益的共赢奠定政治诉求的基础，在经济工作中实现政治目标。陈云的群众利益观，既强调共同体的全局利益，又总是把群众利益放在首位；既争取短期利益，更重视长远利益。在权衡各方利益时，在维护大的共同体的整体利益和长远利益的基础上，坚决维护和兼顾不同子群体的局部利益，实现全局的均衡及各方的共赢。

民主革命时期，共产党每一个政治纲领的实现，都是以经济斗争的形式完成的。党在带领人民实现经济诉求的过程中，通过宣传、动员、教育，实现群众对推翻三座大山、建立民主国家的理想信念的认同和拥护。大革命失败后，陈云在江苏从事农民运动、领导武装斗争和政治斗争的时候，十分注意通过实现农民的经济利益诉求来发动农民、启发觉悟的方法。当时的江苏农村，土地日益集中于地主阶级，60 多种苛捐杂税，加上天灾人祸不断，使农民不堪重负，自发地开始抗租、抗税、抗债，阶级矛盾十分尖锐。陈云在领导组织农民运动时，通过调查研究，了解到这种情况。他除了提出在思想上武装农民，还提出：“要抓住豪绅地主和国民党军阀强加于群众的一切压迫和剥削所造成的灾害的事实，根据农民的迫切要求，有计划地在农村提出斗争的口号、任务和方式，发动农民开展抗租、抗税、抗债，反对征工筑路，反对军阀战争等斗争。在策略上，要使各种日常斗争互相推动，汇合成反对帝国主义、封建势力的总的斗争。”[②] 在农村建立各种妇女、青年组织时，陈云也要求要“提

---

① 陈云提出“做群众工作的干部，不论是中央委员还是区委委员，都是群众一级的干部，大官要做小事”。参见《陈云文选》第 1 卷，人民出版社 1984 年版，第 318 页。

② 《陈云文选》第 1 卷，人民出版社 1984 年版，第 6 页。

出适合他们的特殊要求，发动他们参加斗争”[①]。

1933年1月，陈云进入中央革命根据地，任中共中央委员、全国总工会党团书记。4月25日，陈云在苏区中央机关报上发表《苏区工人的经济斗争》一文。文中对苏区党和工会忽视工人经济斗争和经济要求的错误倾向进行了严厉批评，指出在右的方面，有的地方不去领导工人改善生活，甚至要工人在战争时期忍受资本家的任何压迫，不要反抗；不去解决农业工人分田以后缺乏耕牛、农具、肥料的实际困难；许多工会收了大量的社会保险金，不去救济工人，反而被工会机关乱用。而“左”的方面，许多城市的商店、作坊提出过高的经济要求，机械执行只适用于大城市的劳动法，使企业不能负担而迅速倒闭；机械实行，八小时和青工六小时工作制；在年关斗争中，举行有害苏区经济流通的总同盟罢工，使资本家乘机抬高物价，破坏苏区经济发展。陈云指出：“只有工人的经济地位改善了，才能提高工人的觉悟，发挥工人参加革命的积极性。”[②]而“工人阶级一方面要争取改善自己的生活，另一方面必须把发展苏区的经济，巩固工农联盟，巩固苏维埃政权，看成自己解放的根本任务。要使工人了解，不彻底推翻地主资产阶级的统治，工人阶级就不能解放自己。因此，要把争取日常利益的斗争和争取革命完全胜利的斗争最密切地联系起来”[③]。党和工会领导工人进行经济斗争、签订劳动合同的时候，“不能只是由工会机关自上而下地提出，而要自下而上地提出，反映工人最迫切的要求”。这样，“才能得到群众的热烈拥护，并使群众有决心为实现他们的这些要求而斗争”[④]。

陈云处理经济问题，总是把执政党与全体人民作为一个利益共同体来考虑的。新中国成立初期，国家财政极其困难，如何渡过这个难关，关系新中国政权的稳固，关系国计民生，是摆在共产党人面前的大考。很多研究者认为，陈云在这一大考中发挥了重要作用。这是符合历史事实的。陈云正是从把党和政府与全体人民作为一个利益共同体出发，提

① 《陈云文选》第1卷，人民出版社1984年版，第7页。
② 同上书，第8页。
③ 同上书，第10页。
④ 同上。

出只有包括执政者在内的全体人民共克时艰，才能解决危机。而在解决危机的时候，必须兼顾不同地区、不同群体的具体情况，即最大限度达到各方利益的均衡与共赢，例如在公债发行、解决各地物价问题、解决失业问题以及劳资关系等问题上，都充分地体现了陈云的这一思想。[①]

1949年8月，陈云在已经解放了的上海总工会筹委会召集的各厂各业有五六百人参加的会议上，就私营企业与国家利益、私营企业工人的权利与义务的关系问题有一个很经典的论述：“私营资本是中国新民主主义经济的不可缺少的部分。在私营工厂中的工人，应该提高生产效率，增加生产。这不是帮资本家赚钱吗？是的。但是从整个国家来讲，生产的东西是多好，还是少好呢？当然是多生产东西好。工人不能单从个人来看，要看整体利益。在私营工厂中的工人，有权利要求实行劳资两利，要求资本家尊重工人的民主权利，遵守人民政府的法令。但也有义务，这就是：完成生产计划，遵守劳资双方订立的契约，遵守政府保护私营企业的法令。”[②]这是对共同体利益均衡与共赢的思想的极有说服力的注解。历史也证明，在新民主主义制度中，劳资双方不仅存在着利益的矛盾和冲突，也存在着利益的一致性，具有剥削性质的私营企业及其经营者，在经济利益上与共产党政府和广大劳动者已经结成了一个共同体。允许其发展，则两利，限制、消灭之，则两害。

20世纪50年代中期，苏联、东欧社会主义国家在经济发展中因长期忽视人民生活而产生的社会动荡，引起中共中央的高度关注。中共八大以后，中共中央政治局决定陈云兼任商业部长，以从改进商业管理体制方面着手解决国家建设与人民生活的关系。陈云在解决商业工作问题时的指导思想和具体措施，今天看来也仍有极强的现实意义。他强调要牢固树立商业工作为人民服务的群众观点，批评商业工作在同私人资本主

---

① 公债发行是新中国成立初期中共执政历史中的重要事件，成功与否关系到政府的信用、人民币的信用等问题。1950年第一次发行公债前，陈云在上海作了大量的调查研究，仔细核算发行债券和增发货币对市场稳定、物价稳定，以及对政府、对不同发行对象的利弊和长远影响等，力争以最小代价取得最大收益，是陈云均衡与共赢思想中最具代表性的实践之一。关于公债发行以及解决这一时期的物价问题，学界研究成果颇多，本文不再赘述。

② 《陈云文选》第2卷，人民出版社1995年版，第22页。

义作斗争时，也有一些不利于人民的地方。他不满于“我们国营商业做生意是‘独此一家’，很有点‘独霸’的味道”，批评“粮食仓库有不少‘溢余’粮食，这同粮食收购单位搞大秤进、小秤出那一套有关”。陈云提出商业部门必须改掉这些使“农民有一肚子气”的毛病。他说：“商业工作天天同人民群众打交道，管吃、穿、用，管油、盐、柴、米。不要看不起这些，这是人民的大事。我们共产党必须天天关心人民群众的切身利益。”[①]

陈云领导经济工作主要是计划经济时期。计划经济强调有计划、按比例协调发展，要处理好农业、轻工业、重工业三者的比例关系，达到综合平衡。而陈云所强调的综合平衡观点，除了考虑到“物”的因素，还总是把人的因素放在重要的位置。这是陈云经济思想的最大特点。经济工作由人来推动，经济发展的成果要惠及全体人民身上，人是工作的出发点和落脚点，这才是陈云的综合平衡观的实质，是马克思主义的社会发展观。1962 年 3 月 7 日，陈云在中央财经小组会议上讲话，谈国民经济问题，其中就谈到人民生活的困难。他说：“现在城市的主、副食品供应都不足，人民的体质下降。可不可以拨一点钢材，制造一些机帆船，增添一些捕鱼网具，让水产部门出海多捕一些鱼？如果一年增产十五万吨鱼，就可以使大中城市的六千多万人平均每人每月有半斤鱼吃。”[②]“除了每人半斤鱼，到明年年底……每人每月可不可以增加半斤肉？……如压缩一部分出口（指猪肉）。这样，鱼、肉两项，五口之家一个月就有五斤。目前，这样的问题，是国家大事。如果六千多万人身体搞得不好，我们不切实想办法解决，群众是会有意见的。人民群众要看共产党对他们到底关心不关心，有没有办法解决生活的问题。这是政治问题。”[③]“农业问题，市场问题，是关系五亿多农民和一亿多城市人口生活的大问题，是民生问题。解决这个问题，应该成为重要的国策。为了农业、市场，其他的方面‘牺牲’一点，是完全必要的。”[④]陈云所说的“牺牲”，

① 参见《陈云传》（下），中央文献出版社 2005 年版，第 1054 页。

② 《陈云文选》第 3 卷，人民出版社 1995 年版，第 209 页。

③ 同上书，第 209—210 页。

④ 同上书，第 210 页。

究其实质，正是使共同体各方利益达到均衡的一种"牺牲"，但其结果是共赢。

三

均衡，并非历史文化传统中平均主义的简单复制，而是求得利益共同体中各个子群体之间的利益在一定张力下的平衡，即各方对自己的利益基本满意。共赢，则是指各个子群体之间利益博弈结果不是零和，更不是负和，而是正和。群众利益不是某些人的个人利益，也不是某一个或某一些群体的利益，而是关乎全体人民的生息和福祉。群众利益，既包括物质利益，也包括精神层面的内容。满足人民群众的利益，从经济利益方面来看，就是要不断发展和提高生产力，创造更多的财富并公平合理地分配社会财富，不断提高最广大人民群众劳动所得，不断提高他们的物质生活水平。

从精神文化方面来看，在公平合理有效的法律和制度安排的前提下，要使每个人有平等的公民权利，有全面发展和思想创造的空间，使所有的人各尽所能，各得其所，既为社会发展作出贡献，也能实现、升华个人的人生价值。这是社会和谐发展的前提，体现和提升个人幸福指数的基础，也是推动社会前进的力量。

按照马克思主义存在决定意识、物质决定精神的唯物主义原理，"共同体"的维系取决于其内部精神信仰和物质基础两个方面，但归根结底是由物质经济利益联结起来的，稳定共同体的基础是经济利益。关于人的生存和发展的学说也是符合唯物主义原理的。不论是群体还是个人，在一定的经济基础之上，才能从事精神生产活动。正因如此，马克思主义经典作家从来不否认利益对人的生存发展的重要性："人们奋斗所争取的一切都同他们的利益有关。"[①]"马克思列宁主义的基本原则，就是要使群众认识自己的利益，并且团结起来，为自己的利益而奋斗。"[②]"只有工

---

① 《马克思恩格斯全集》第1卷，人民出版社1978年版，第82页。

② 《毛泽东选集》第4卷，人民出版社1991年版，第1318页。

人的经济地位改善了，才能提高工人的觉悟，发挥工人参加革命的积极性”,“使群众有决心为实现他们的这些要求而斗争”。[①]就是说，在一个共同体中，只有集体的利益能够覆盖个体利益、只有在实现集体利益基础上才能更好地实现个人利益的时候，同理，只有在共同理想能够覆盖整个群体并有助于实现个人理想价值的时候，个人才会“有决心为实现他们的要求而斗争”，个体才能甘愿为群体的利益而作出牺牲。这就是“共同体”利益的实现——经济利益和精神文化利益的均衡和共赢的局面——在经济利益目标一致、收益分配取得均衡、共赢的基础上，共同的理想信念才能成为凝聚民心的强有力的精神动力，只有这样，才谈得上真正的社会公平，实现社会的繁荣和稳定。从一个长的历史时段来看，就更是这样的逻辑。因此，脱离客观实际的口号，本质上就是损害群众利益的空谈，在任何历史时期，都是无法维持长久的。因此，陈云终其一生都坚决反对不切实际地讲空头政治，要求共产党人不能只做政治首长而不会精确计算，只是政治家而不是企业家[②]。他在谈干部和群众生活问题时，强调改善群众生活，也并不避谈干部的物质待遇。1962 年 3 月中央财经小组会议上，陈云就提出：“（大中城市 6000 万人口）每人半斤鱼，再搞点高级馆子，有钱可以去吃。这样，我们对干部适当照顾一下，群众就不会有多大意见了。现在不少人对照顾干部的办法有意见，这是有道理的。”[③]

中国共产党从革命到执政的近百年间，从建立一块一块的根据地，到成为受到各民族、各党派、各阶层拥戴的执政党，“共同体”是不断变化壮大的。维持和壮大共同体的过程，就是如何达到共同体各方利益的均衡和共赢的过程。没有这种均衡和共赢，共产党所主导的革命和建设就不可能成功，破坏这种均衡和共赢，党的事业就会受到严重影响，社会就会发生动荡。

正是在这个意义上，陈云从理论到实践都作出了解答。他指出：“当权的党容易只是向群众要东西，而忘记也要给群众很多的东西，如果真

---

① 《陈云文选》第 1 卷，人民出版社 1984 年版，第 8、10 页。

② 《陈云传》（上），中央文献出版社 2005 年版，第 635 页。

③ 《陈云文选》第 3 卷，人民出版社 1995 年版，第 209 页。

是那样，群众就会把我们看成强迫摊派的命令机关，所以，我们不应该只知道向群众要东西，更应该时刻注意为群众谋福利。”[①] 新中国成立初期，陈云就从巩固执政地位的高度提出这个问题。他说：“我们花了几十年的时间把革命搞成功了，千万不要使革命成果在我们手里失掉。现在我们面临着如何把革命成果巩固和发展下去的问题，关键就在于要安排好六亿多人民的生活，真正为人民谋福利。”[②]

“群众”也不是永固不变的群体。在大的共同体内部，又存在着各种不同的利益联盟。在现阶段，改革开放已经进入深水区，随着各种经济形式、各种经济体的成熟壮大，全体社会成员分化为形形色色、大大小小的阶层和群体，有弱势，有强势，各阶层群体之间不断产生各种利益纠纷，甚至引发价值观念的冲突。在这些不同的阶层和群体之间，甚至在党内，正在形成某些与全体人民的共同体相“离心”的特殊权益共同体[③]。这种由少数人组成的特殊权益共同体，垄断和侵占了庞大的社会资源和财富，扭曲和破坏了经济和社会发展的秩序，时时刻刻威胁着全民共同体的利益，侵害着全社会共同的理想和信念，严重威胁着社会的稳定。而党内“利益共同体”的出现，无疑是全民共同体的最大威胁。试想，如果党政官员都成为裸官，如果领导干部高高在上，脱离群众，形成官僚特权阶层，那么无产阶级政党在物质利益、政治诉求和价值取向上迟早会与大多数人民群众分道扬镳，执政党与全体人民结成的共同体也就迟早会瓦解。

近年来，国民“幸福指数”“幸福感”问题，不仅受到媒体的持续关注，每年都进行相关的问卷调查，发布相关数据，还被不少地方政府纳入施政目标。“幸福”是人得到并感知满足的状态。根据人的需要和满足的程度，幸福感分为多个层次，不同的人对幸福与否以及幸福程度

---

① 《陈云文选》第1卷，人民出版社1984年版，第173页。

② 《陈云文选》第3卷，人民出版社1995年版，第210页。

③ 有学者在2007年就提出，目前在一定的社会领域中，存在着“腐败利益共同体”，其特点是“成员彼此互相利用、互相包庇……官官相护、官商勾结、官匪一家、家族腐败、集体腐败、买卖官职等”。参见宋彦锋：《创新反腐思路，破除“利益共同体”》，《中共乐山市委党校学报》2007年第3期。

的感知并不相同，甚至可能相去甚远。生理欲望的满足如食色、健康等，心理的满足如情爱、物欲的满足等，是中低层次的满足。精神的满足则是较高深层次的满足，如心灵的安宁与思想的自由等。中低层次的满足实现以后，才会产生高深层次的精神需求。从群体效应来看，把幸福指数化，可以从经济利益的满足和精神文化需求的满足两方面来考量。

在经济利益方面，幸福指数是否得到提升，不单要衡量全体人民的物质生活水平是否不断提高，而且还要考察所有的劳动者在一个共同体中是否处于适当的经济地位，劳动付出与所得是否匹配，在承担社会改革风险的同时，是否能够分享改革和发展的成果。因此，社会保障的能力、贫富差距的大小、经济社会运行的安全度，成为衡量幸福与否的重要参数。在精神文化方面，不单要考量不同群体日益增长的各不相同的精神文化需求是否能够得到满足，而且还要使全体人民在一个共同体中处于适当的政治地位。因此，社会中公平正义的程度、对人的各项权利尊重和实现的程度、不同群体对主流价值观的认同与信仰的程度，就成为衡量幸福与否的重要参数。[①]

可见，从中国社会现实出发，只有始终维护好不同群体特别是弱势群体的利益，保持各方利益的均衡与共赢，才能不断提升幸福指数，才能使人得到并感知真正的幸福，才能凝聚起全体人民的力量，在21世纪中叶全面建成小康社会，实现中华民族的伟大复兴。中共十八大以来，在经济体制、政治体制、社会治理、文化教育、生态文明建设等方面全面深化改革，郑重地承诺“发展成果更多更公平惠及全体人民”[②]，特别是全面反腐、重拳反贪，加强社会保障和生态环境治理等举措，深得民心。今天，重温陈云关于党的宗旨的思考，他的群众利益至上、努力实现共同体中各方利益均衡和共赢以及在此基础上实现政治和文化诉求的思想

① 2008年剑桥大学发布的《欧洲社会调查报告》中，丹麦人的幸福指数最高。丹麦人快乐的秘诀在于“平衡”——工作和家庭生活的平衡，以及城市生活和乡村生活的平衡。丹麦人的诚信由来已久，表现在生活中的方方面面。哥本哈根一家旅游公司的经理拉斯·约根森说：“我们是一个小国，人们的贫富差距非常小，也基本没有等级差别，因此人们的生活都很安逸。”

② 《中共中央关于全面深化改革若干重大问题的决定》，《人民日报》2013年11月15日。

和实践，是党的全心全意为人民服务宗旨的宝贵思想资源和精神遗产，是开启解决当今经济社会生活中各种矛盾大门的钥匙，值得我们好好地研究、学习和运用！

[原载《徐州工程学院学报（社会科学版）》2015 年第 5 期]

新时期文化产业建设考察

孙　丹

文化与文化生产、文化产业，是不同性质、不同层次的概念。新中国对文化事业和文化产业的理解既受经济发展水平的限制，也受意识形态观念的影响。从单一的文化事业向文化事业与文化产业并举的转变反映了新时期理论界、文化界对社会主义文化建设理论的大胆探索和积极实践。群众文化作为意识形态的一部分，因其具有广泛的大众娱乐消费基础以及与传统文化和民间文化的紧密联系，成为催生文化产业最丰饶的沃土。文化经济崛起为21世纪中国新的经济增长点。文化产业处于大发展时期。而文化产品作为文化的载体，生产与传播方式的变革必然会对文化的传承与发展产生巨大的影响。文化的核心是价值观，文化传统必定持续地存在并显现于文化生活和文化产品中。在繁荣文化经济的同时，如何处理当代文化与传统文化、民族文化与外来文化的关系，是发展繁荣社会主义文化必须面对的课题。

传统的狭义的文化主要是指人类所创造的与物质文明相对的精神文明成果，其中包括经济文化、政治文化、精神文化、艺术文化。这些成果既包括有形的，也包括无形的。广义的文化则是指物质文明和精神文明的总和。本文所研讨的文化主要是在狭义的范围内进行。文化产业的内涵到20世纪末已经从传统的传媒产业扩展到与从事文化产品的生产、提供文化服务有关的一切产业。它与一般产业的区别是，文化产业是以人类的知识、智力、精神、艺术和信息活动及其成果为资源进行生产并物化为可供进行流通和交换的产品，其产品主要是为了满足人们不同层次的文化娱乐等精神需求。因此文化产业被称为无烟工业，是低能耗、高附加值产业。本文论及的文化产业主要是指广义的内容。

文化产业的出现和巨大的发展，改变了经济结构和经济增长方式，加速了文化的资本化和资本的文化化。文化资本作为跨国资本的一种在全球范围内进行文化投资、寻找市场，不仅促进了资本在全球市场的流动，同时以人们始料不及的速度和方式完成了全球范围内的文化传播，促进了不同文化之间的交流与融合，也带来了不同意识形态和文化价值观的冲突与对抗。中国文化产业正是在这种经济、文化全球化背景中悄然兴起并发展壮大的。考察新时期文化产业建设的发展轨迹，考察由单一的文化事业转向文化事业与文化产业并举的文化建设过程中理论界、文化界对社会主义文化建设理论的大胆探索和积极实践，对文化政策的制定、文化建设的方向以及未来文化产业发展走向的判定都具有重要意义。

一、中国改革开放前群众文化建设的特点

由于对文化概念层出不穷的新的理解，到 20 世纪末，关于文化的概念已经有 200 余种解释。关于文化产业的概念，也存在狭义与广义两种内涵的解释。新中国几十年来在制定文化政策和文化发展战略时，由于对文化和文化产业的不同认识，形成了不同历史时期文化建设发展的不同格局。

群众文化是以新中国文化建设的理念和模式为基础而形成的社会主义新文化的重要组成部分。[①] 它以由五四以来的新文化传统发展而来的延安革命文化为主要内容，以群众文化系统为主要传播渠道。群众文化的性质是以马克思主义为指导思想的社会主义文化，是社会主义意识形态的组成部分。

---

① 参见邓安庆、邓名瑛：《文化建设论——中国当代的文化理念及其系统构建》，湖南人民出版社 1998 年版，第一章。

中国改革开放前群众文化建设的特点是：

一是在全国建立了比较系统完整的文化行政管理体系和群众文化事业机构。改革开放以前，文化一直是意识形态的主要部分。在组织体制上，各级文化部门属于党的各级宣传部门，作为党的喉舌和阵地，主要执行宣传党的方针政策的任务。在行政体制上，文化作为党和人民的事业受到党政双重管理。从中央到地方，省、自治区、直辖市、地区直至县、市都设立了文化行政管理机构，政府文化部门设置的群众文化事业机构，按纵向原则，依行政序列，与文化行政管理机构一样逐层设置。

群众文化事业机构在业务上接受上一级群众文化事业机构的指导，行政上接受同级文化行政管理机构的领导。群众艺术馆的主要职能是群众文化活动的指导与研究，业务门类是各种文学艺术的范围。文化馆的主要职能是群众文化活动的组织与辅导，业务门类以文学艺术为主体，辅以普及科技文化知识等。乡镇和街道文化站的主要职能是群众文化活动的组织与管理，业务门类则包含了文学、艺术、科普、体育、时政宣传等多种文化工作内容，并受委托管理本辖区内的文化市场，即文化站兼具业务和行政双重职能。

二是群众文化事业由国家统一建设，群众文化事业单位是由国家全资投资的事业单位，文化从业人员几乎全部都是在编的国家干部。在经费上，基本上由各级政府财政全额拨款，各种文化活动也主要由各级政府立项拨款和组织实施。

三是文化艺术生产和服务未被纳入社会生产体系，群众文化也不例外。文化产品虽然一般是以商品的形式通过流通渠道到达受众方，但是文化艺术产品在创作生产过程中不计投入与产出，“文化大革命”期间，还一度取消了稿酬制度。文化产品的生产经营和服务单位也不是以营利为目的，基本上是维持成本而没有利润的。在文化消费上，与其他物质消费一样，也是低消费。群众文化事业是以组织、辅导、研究、指导群众文化活动为工作内容。群众文化活动方式则是群众自愿参加多种多样的文艺活动，而不是遵守行政命令。

四是群众文化虽然形式多样，但主要任务是传播主流意识形态，性质是国家意识形态的一部分。群众文化的风格特点是主流意识形态与民间大众文化紧密结合而形成的民族化、大众化风格。群众文化极具民族特色，但它不是民间文化的简单再现。群众文化工作将具有浓郁地方特色和民族风格的民间大众文化与新中国社会主义文化理念相结合，创造出一种宣传社会主义思想道德的、为人民大众喜闻乐见的文化形式，这是顺应毛泽东提出的“民族化、大众化”要求以及“内容与形式”“普及与提高”的辩证法对文化普及工作的巨大贡献。

群众文化系统的建立是社会主义中国文化建设的重要成就之一。在新中国经济文化还比较落后、文盲半文盲占人口很大比例、很多地区文化生活几近于零的一定历史时段里，群众文化系统的建立，对于贯彻党的路线方针政策、传达国家大事、推广普及文化知识、收集整理民间文化遗产、兴办文化活动、活跃文化生活、提高百姓文化素质起到了不可估量的巨大作用。各级文化馆、站，几乎遍布大江南北、长城内外的所有市县镇乡。到 1991 年底，全国政府文化部门所辖的群众艺术馆 371 个，文化馆 2890 个，文化站 52000 个，群众文化专业人员 13.9 万人。[①] 文化馆的很多工作人员本身就是各方面的专家，他们长年承担着繁重艰苦的工作，以种种形式举办文化、艺术、科技讲座、培训班，培养最基本的文化人才，传播文明常识，宣传政策法规。在节假日里，在各种集市、集会中，他们经常组织文艺演出，使城乡各阶层，尤其是闭塞落后地区的普通百姓，也能闻知天下大事、领略艺术的魅力，在劳作之余，得到些许娱乐消遣。他们收集、整理、保护了大量的文化遗产，让散佚湮没的民间艺术、历史传说、文物精品，得以重见天日，流传后世；他们也为基层机关、学校、厂矿、乡村、部队培养了大批文化人才、文艺骨干。

新中国群众文化建设的成就是巨大的，几十年间积累了丰富的经验。群众文化是新中国成立以来文化建设的重要组成部分，而文化建设是社会主义事业的组成部分。群众文化事业对于传播先进文化、活跃群众文化生活，特别是传播、普及马克思主义哲学观和社会主义意识形态、道德观念、文化形态等功不可没。但是，群众文化体系是适应中国计划经

① 20 世纪 90 年代以后，已经形成国家、集体、个人多种渠道兴办群众文化事业。

济体制而建立和发展的，主要由国家投资、单一渠道建设。因此，几十年来，尽管实现了群众文化的繁荣和进步，群众文化成为具有广泛群众基础和娱乐休闲性质的文化活动，却没有因此而形成文化产业经济的发展和繁荣。也正是因为具有广泛的大众娱乐消费基础以及与传统文化和民间文化的紧密联系，群众文化成为催生文化产业最丰饶的沃土。

二、社会主义市场经济与文化产业萌芽

文化产品作为商品，制造生产文化产品成为一种谋生手段，是随着市民社会形成、产生消费性娱乐活动的需要而出现的。美国电影《莎翁情史》生动地描绘了莎士比亚时代剧作家在艺术创作激情和为稻粱谋的内在冲突中进行艺术生产的艺术生涯。中国明朝中后期，随着市民阶层的壮大和明末社会涉俗之风的兴盛，江南的通俗文化如通俗小说、艳情小说、春宫画、地方戏曲等一度十分繁荣，也产生了一批靠卖文、卖艺为生的文化人。而现当代发达国家把文化作为产业加入到经济运行图中并形成一套完整的运作机制则是20世纪市场经济高度发达、资本增值速度大大提高的产物了。

人类进入现代社会以后，文化传播的速度明显加快了。原因之一就在于市场经济条件下，人类生产的一切产品都成为商品——文化产品也不例外，而商品只有在大量的和快速的流通中才能最大限度地实现价值的增值，商品的所有者才有利可图。而现代科学技术，为文化产品的批量生产复制和广泛传播提供了必要的条件。在这种情况下，文化的传统定义被改写了，教育的普及，使文化不再只是少数人所享有的专利。文化除了作为意识形态的载体，在现代化的传媒作用下，文化被空前地大众化了。文化大众化与文化生产的工业化、信息化互为因果，催生了20世纪和21世纪最具发展“钱”景的产业——文化产业。狭义的文化产业的含义在20世纪上半叶就已经广泛使用了，主要是指报纸、电视、流行音乐、无线广播、电影、书籍、漫画、杂志等大众传媒。第二次世界大战以后，文化产业成为发达国家经济发展的重要产业部门，文化产业的内涵也被不断地延伸，现在已将与“文化”和“产业”结合有关的产业

部门都列入文化产业，即除了大众传媒，文化产业还包括文化产品的生产、销售以及与之相关的服务行业，包括音乐节、戏剧节、表演艺术、高雅文化、体育比赛、文化景观的旅游开发以及一些新兴的传媒形式如电话、电信、电脑以及音像产品等在内的所有文化产品的生产、销售及服务。

商品经济的发展，必然或早或迟地催生文化经济。随着改革开放的深入、经济的持续快速发展，人民生活水平不断提高，国家单一渠道进行文化建设已经无法满足人民群众不断增长的精神文化生活的需求。多种渠道进行文化建设打破了文化事业单一发展的格局。新时期以来，文化产业的发展经历了一个由自发向自觉的转变过程。从中国人民大学报刊复印资料中心全国报刊索引数据库（1978—1997）的检索中可以看到，直到 1988 年，"文化产业"一词方首次见之于内地媒体的标题上[①]；而"文化工业"一词则一直到 1993 年方见之于媒体文章的标题上[②]。而在西方，20 世纪 30 年代就有学者提出了"文化工业"的概念，用以概括大规模、大批量、工业化的文化生产的特点。不仅如此，与西方国家一样，"文化工业"的概念在中国被提出之初，引发了思想文化界的广泛、持久的批判和讨论[③]。而实际上，以营利为目的的文化活动在改革开放伊始就已经产生了。

新中国文化产业的发展大体经历了以下几个阶段：

第一，自发发展阶段。这一阶段的主要内容是文化事业单位"以文补文"活动的兴起和个体文化经营活动的出现，可以视为中国文化产业的发端。

20 世纪 70 年代末 80 年代初中期，尽管当时并不知文化产业为何物，以营利为目的的文化活动已经随着流通领域突破国营独营的经营管理体

① 李建中：《论社会主义的文化产业》，《人文杂志》1988 年第 3 期。

② 秦朔：《1993，新文化工业的传奇：对广东一些经济与文化现象的思考》，《南方日报》1993 年 3 月 30 日第 6 版；黄力之：《"文化工业"的乌托邦忧思录：一个关于后现代主义的话题》，《文艺报》1993 年 5 月 8 日第 3 版。

③ 文化工业概念的出现，与西方马克思主义文化批评理论的引进有直接内在的联系，其在 20 世纪 90 年代的讨论基本局限在对以大众文化为代表的文化工业的批判。

制开始兴起了。表现为两个方面：一是群众文化事业单位的“以文补文”活动，二是个体经营者的文化经营活动。

20世纪80年代前后，基层文化馆、站就开展了“以文补文”的文化经营活动，以补充财政经费的不足。主要做法是自筹资金进行文化设施建设，开展多种文化活动，如建立图书室、摄影室、游艺室、地方戏团队、电影放映队等，进行有偿服务，所得利润用于改善职工生活以及进行扩大再生产。从80年代开始，在全国文化事业单位中，开始试行以经营承包责任制为主要形式的体制改革。由于商品经济的恢复，文化行业的书刊发行销售环节（第二渠道）以及文化娱乐业率先进行了产业化经营的尝试。基层文化单位和挂靠在基层文化单位的实体纷纷开展市场经营活动。党和政府也给予了一定的政策支持和鼓励。[①]1987年初，文化部、财政部和国家工商局联合颁发了《文化事业单位开展有偿服务和经营活动的暂行办法》。这是文化产业从事业中分离出来、意识形态教育与文化消费娱乐分层的起点。全国各地方文化事业单位纷纷建起文化服务类的第三产业（或者创办通俗性的、综艺性的报纸、期刊，党报、党刊也纷纷开办通俗性的副刊，开设通俗性、纪实性连载的栏目）。据不完全统计，全国各省市群众文化系统都创办了以刊登通俗文艺作品为主、以营利为目的的文艺刊物，或者将原有的刊物改版为通俗文艺刊物。80年代中期，是通俗文艺的大发展时期。1985年，《今古传奇》单期发行量达到270多万册;《故事会》的单期发行量达到700多万册。当时，仅广西，通俗文艺报刊就达53种，“每种小报发行量在100万—200万份之间”[②]。

个体文化经营者的经营活动最初大多是设小书摊儿、书屋，提供通俗小说的租借。笔者当年寻访过武汉个体书摊儿比较集中的武昌街道口

---

① 《人民日报》1984年12月25日第3版发表题为《要跟上改革的形势》的评论，提出政府有关部门对群众文化事业单位要简政放权，文化事业单位要锐意改革。群众文化国家、集体要办，也要允许和鼓励个人或个人集资去办，并陆续出台了一系列政策：1984年12月29日国务院发布《关于对期刊出版实行自负盈亏的通知》；1985年4月17日国家工商行政管理局、广播电视部、文化部发布《关于报纸、书刊、电台、电视台经营、刊播广告有关问题的通知》；1985年6月7日文化部发布《关于出版社兼办自费出版业务有关事项的通知》；1987年2月2日文化部、财政部和国家工商局联合发布《文化事业单位开展有偿服务和经营活动的暂行办法》。

② 《广西“通俗文学热”调查记》,《文学报》1985年第2期。

地区和汉口的武胜路地区。当时走私、盗版的金庸、梁羽生的主要武侠作品如《飞狐外传》《雪山飞狐》《鹿鼎记》《萍踪侠影》《白发魔女传》等在书摊儿上都能找到，租借一天几分钱。主要读者是非脑力劳动者和少年儿童。当时在知识文化群体中，对这类书籍及其读者都是嗤之以鼻的。[①]但是，随着政治文化对社会生活影响力的减弱，通俗文化风行，个体的录像厅、台球室以及各种文化场所开设的旱冰场、说书场等虽然难免鱼龙混杂，对流行音乐、通俗文艺的争论不绝于耳，但是，这些已经成为当时群众业余文化生活的主要内容。

第二，理论探讨、文化产业起步阶段。群众文化事业虽然已经自发进入了市场经济的海洋，但是仍旧接受的是国家事业单位的管理，因此，事业化的管理和市场化的经营之间的矛盾就不可避免地产生了，然而这种矛盾并未引起人们的重视和市场法规的及时出台，而是在 20 世纪 80 年代中后期引发了一场文化产品能否商品化的激烈论争。[②]这场论争的焦点是文学艺术作品的属性问题。也就是说，对影剧院商业化经营，对文化事业单位开设舞厅、游艺厅、茶馆等“以文补文”经营活动虽然也有非议，但基本是持肯定态度的。而对文艺作品是否具有商品属性、文艺作品能否成为获利的商品，所引发的则是一场传统文化与现代文化、民族文化与外来文化的文化之争了。评论界主要有三种意见：第一种，在某些批评者眼中，通俗文学大多是一些粗制滥造、胡编乱造、低级庸俗、思想内容很不健康的作品。持这种批评意见的人，一般来说是对通俗文学本质特征缺乏了解，或者说仍然是坚持“文化大革命”以来一元文化的思维定式，站在唯主导文化为正宗的立场，以高雅文学的批评标准来品评通俗文学创作，对通俗文学采取排斥和打倒的态度，偏颇和有失公允自然是难免的。第二种，尽管也不免使用雅文学的标准评论通俗文学，

① 当时的教育工作者对青少年沉迷于武侠小说十分忧虑。笔者当年对通俗文化也是持反对态度的。在以硕士研究生身份进行“阅读对儿童的影响”的课外调查时，发现通俗文化与儿童文艺在创作规律和文艺功能方面有某种相通之处，从此开始关注通俗文化。

② 群众文化系统“以文补文”活动在 1985—1988 年达到高峰。但是将其与现代工业化大众文化及其传媒工具相比较是不可同日而语的，群众文化走上产业化发展的道路尚需时日。而随后进行的文化市场的清理、整顿，客观上压缩了文化生产和经营的发展空间和政策环境，客观上阻碍了其向文化产业的转型发展。

但是他们能以多元的视角和开放的胸襟对待通俗文学，辩证地看待通俗文学的来龙去脉。第三种，已经体现了对通俗文学本质特征的认识，甚至已经触及雅俗文学审美价值不同层次的问题，他们更倾向于把雅俗文学当作一种共生的文学现象，强调它们既有共生和共融的特点，同时存在着明显的殊异。

对通俗文化的认识，直到20世纪90年代才发生了比较大的变化。经过近十年的生长期，通过多次的整顿治理、去芜存菁，通俗文学告别了急剧膨胀的阶段，适应了市场规则，生成了联系读者和市场的链环，形成了自律的机制，进入了平稳发展的阶段；新闻出版管理部门形成了一整套专业化、科学化的管理体制，制定了相应的条例、法规，并在管理、管制的同时，组织开展了对通俗文学的理论研究工作，特别是几家大型通俗文学期刊，为了赢得自身的生存和发展，在出版通俗小说作品、开展通俗文学理论研究和创作评奖的同时，纷纷开始探索产业化经营之路。

与此同时，与新华书店发行主渠道并驾齐驱的第二发行渠道迅速发展起来，并占据了文化市场的半壁江山。① 这个时期，文化产业问题本身并没有引起理论界的注意，文化界和媒体广泛关注的是文化市场的产生、存在和发展。散见于报刊的少量文章，主要有两方面内容：一是对文化市场混乱状况的批评；二是呼吁政府出台相应的法律法规，实施对文化市场的有效监管和引导。

随着改革开放的深入，十余年的经济建设已经初见成果。文化艺术生产领域的技术更新，电子技术（告别铅与火、迎接光与电的印刷出版系统、数字技术在音乐、影视等艺术领域的应用）、文化市场的繁荣、信息技术的飞速发展、文化人下海经商热② 等，20世纪80年代末90年代初，在物质条件和文化环境方面已经具备了一定的发展文化产业的条件。而通俗文学热降温，在经济发达地区，具有明显工业化生产特征的大众文化的崛起，可视为中国文化产业发展历史的界碑。被称为“文坛异数”

① 第二发行渠道在经历了地下（非法）发行渠道、非主流发行渠道、完全进入市场等过程，渐渐成熟发展起来，成为与国营主渠道比肩的重要发行网络。

② 文人下海创业的，主要是创办与文化有关的公司及产业。

的王朔及其麾下的影视产业的成功运作，在这一时期对中国文化的震荡，可以说是彻底松动了中国文化中重文轻商的传统观念。1992 年，中共十四大正式确立了建立社会主义市场经济体制的目标。文化发展进入了新的阶段。文化界开始对广东特别是深圳等经济特区初具规模的文化产业和文化发展模式进行理性思考，总结经验教训。有人将这一时期的文化概括为两大特色："重新定位和文化产业观诞生，中国文化由躁动走向沉静。"①

然而中国文化产业的发展远没有如此顺利。以"人文精神危机"为主题的文化大讨论成为 20 世纪 90 年代中国文化界的重大事件。②这场被视为"知识分子在命运转折关头自我拯救的整体性努力"③的大讨论，对于当时弥漫整个社会的媚俗之风、弥漫文化界的商业气息和急功近利的价值取向进行了不留情的批评。但是这场讨论无疑也存在着局限性。讨论进行到中后期，特别是 1995 年以后，讨论"文化产业""文化工业"的文章明显多了起来，主要是将批量复制生产的大众文化视为反文化，于是，继对通俗文艺的批判之后，在知识界形成了对"大众文化"的批判和讨伐。

对大众文化的批评始于 20 世纪 20 年代已经进入工业化社会的西方发达国家。文化产品生产方式从书斋里的创造到工业化、产业化生产，这种改变发生后，在西方工业国家引发了截然对立的两种观点：一种观点认为，文化工业是文化发展的必由之路，文化将被最大限度地赋予大众性和共享性；另一种观点则认为，文化工业的出现，将取代高雅艺术的创造和欣赏方式，而产生一种普遍的、毫无价值的审美趣味，使人的精神生活日趋平面化、肤浅化、庸俗化，并预言人类将逐渐丧失构建精神伊甸园的能力，真正的艺术将逐渐从文化工业中消失。

对文化工业的争论和批判，从 20 世纪二三十年代一直持续到七八十

---

① 刘洪涛：《一九九四年文化两大特色：重新定位和文化产业观诞生，中国文化由躁动走向沉静》，《人民日报（海外版）》1995 年 1 月 2 日第 3 版。

② 一般认为，这场讨论发端于王晓明等人 1993 年发表在《上海文学》上的《旷野上的废墟——文学和人文精神的危机》一文。

③ 李书磊：《"人文精神"的真实含义》，《文艺争鸣》1995 年第 6 期。

年代。然而，后现代主义文化理论在对许多文化产业和文化产品进行了深入的实证分析之后，认为对文化的商品化和文化创造活动中商品化思维现象应该有历史眼光，不能简单地从道德是非角度衡量，当然似乎也不必忘乎所以而竭力推崇，将对文化工业的批判性研究转向了客观分析。中国发展文化产业的进程，尽管落后于世界，但并未在这种参照中走上终南捷径，而是经历了与西方国家同样的认识历程。此外，面对经济全球化浪潮裹挟着的发达国家工业文化对民族文化、传统文化的步步进逼和挤压，中国思想、文化界对这一问题的认识更蒙上了民族主义的色彩。

第三，文化产业列入国家发展战略。20 世纪 90 年代末，随着中国加入世界贸易组织日益成为现实，随着入世谈判中关于文化和文化产业问题的不可回避，随着世界各国国民经济结构调整变化过程中对文化产业的扶持，以及文化产业对中国 21 世纪国民经济发展所起到的日益突出作用的显现，文化产业发展问题引起了决策者极大的关注。2001 年，《中共中央关于制定国民经济和社会发展第十个五年计划的建议》中明确提出了“深化文化体制改革，建立科学合理、灵活高效的管理体制和文化产品生产经营机制……完善文化产业政策，加强文化市场建设和管理，推动有关文化产业发展”。文化产业发展和建设问题被首次列入了中国国民经济和社会发展之中。

因此，在中国，“文化产业”这一概念被普遍接受是 20 世纪 90 年代后期的事情，文化产业开始起步。然而，市场是最好的老师，经济规律是最佳的向导。在理论探讨的同时，随着 90 年代以来市场经济体制的逐步完善，国民经济的持续发展，国际文化交流的增多，借鉴国外文化产业的发展模式，中国文化产业也迅速发展，文化产业化的浪潮从多种所有制企业进一步扩展到国有大型文化单位。文化产业由 80 年代主要通过对文化市场的被动适应，开始从流通业向制造业、服务业扩展。90 年代以后，对文化生产企业的打造，从较小规模的事业单位发展成为文化企业集团，涌现出了一批产业化运作的龙头企业，如北京歌华集团、中国对外演出公司、重庆歌乐山烈士陵园、重庆沙坪坝区文化馆、自贡灯会等都是成功的文化企业，其中，重庆沙坪坝区文化馆是文化资本运作的成功典型，重庆歌乐山烈士陵园是文化资源运作和开发的成功典范。经过几年的发展，广州日报集团、羊城晚报集团、南方日报集团、经济日报集团、北京歌华集团、上海文汇新民联合报业集团、永乐电影电视集团、上影集团、世纪出版集团等一批文化产业集团，成为代表中国文化产业实力的“小巨人”。

从适应市场到打造文化产业形象的变化是中国文化产业发生发展过程中的显著特征。20 世纪 80 年代初，流通领域的开放搞活，国家文化政策的调整，已经触动了国家统包、统管文化的格局。为了丰富群众的文化生活、解决文化事业经费不足问题的“以文补文”“以副助文”的文化经营活动已经显示了文化经济的力量。据统计，1987 年，全国文化事业单位开展有偿服务和经营活动的营业总额约 6 亿元，纯收入 1.4 亿元，相当于国家拨给文化事业经费的 13.6%。① 据 1988 年底统计，中国 60% 的文化事业单位开展了多种形式的以文补文活动，从业人员达 5.8 万人，营业总额 7.4 亿元，补文纯收入 1.84 亿元，相当于当年国拨文化经费的 16.3%。②1992 年，邓小平南方谈话发表以后，文化部向各地文化厅局和直属单位发出通知，提出贯彻邓小平南方谈话与中共中央政治局全体会议精神、深化文艺体制改革、加快文化事业发展步伐的十点意见，③ 其中第六条和第八条的有关内容继续支持了文化经营活动。④

一部分文化产业从事业中分离出来，并在 20 年的时间里初步形成了文化产业体系，是中国改革开放的重要成果之一。但是与世界文化产业巨头相比，中国的文化产业仍然是幼稚产业，而由于文化产业之“文化”的特殊性，在中国进一步向世界打开开放的大门，在人们为经历了 15 年

---

① 蒋涵蔑：《“以文补文”成为文化发展重要途径——去年全国文化事业单位有偿服务纯收入一点四亿元》，《人民日报》1988 年 7 月 2 日第 3 版。

② 李得友：《以文补文多业助文——文化部门去年创收近两亿元》，《人民日报》1989 年 5 月 20 日第 4 版。

③ 《深化文艺体制改革加快文化事业发展——文化部提出十点改革意见》，《人民日报》1992 年 8 月 16 日第 1 版。

④ 第六条：“大胆利用外资、侨资、台资、发展文化事业，充分利用外资、侨资、台资从事文化设施的硬件建设，积极引进国外先进的文化器材、设备和文化科学技术。允许试办中外合资文化事业。在不影响主权和国家利益的前提下，积极接纳外国对中国的文物保护、考古发掘、图书情报等文化科技和资金的支援。”第八条：“完善文化经济政策，为文化事业建设提供必要的物质条件。继续大力开展以文补文、多业助文活动，兴办文化企业和第三产业。”

的艰苦谈判终于加入世界贸易组织（WTO）而欢呼雀跃之时，文化界、学术界的有识之士也陷入了空前的焦虑和惶恐之中。他们从 20 世纪 80 年代对通俗文化的讨伐到 90 年代对大众文化和文化工业激烈的批判，都在客观上从理论和观念上否定了产业化的文化发展之途。80 年代以及 90 年代前期，文化经营活动一直没有提到文化产业的层面，呈现一种被动适应文化市场需求和以市场为导向的局面。而现代大众文化的主要特征是引领时尚、“导向”大众。中国的文化产业发展还停留在市场经济初期阶段。出现这种状况的重要原因就是社会各界混淆了文化建设中公益导向的文化事业和市场导向的文化产业这两个不同层次的问题。在发展文化产业过程中出现的种种问题，一直被当成文化中的公益性问题和意识形态问题本身，引起思想文化界、学术界的论争并导致决策的滞后，从而延误了建设发展文化产业的时机。

三、文化产业与民族文化、外来文化

西方工业国家文化产业已经走过了近百年的发展道路，形成了成熟的巨大的文化产业链、文化市场和文化消费群体，创造了后工业时代一系列的经济奇迹：旅游业成为全世界第一大产业；图书报刊出版业成为不少发达国家的支柱产业；不少体育赛事成为世界各民族的盛大节日，也为世界经济带来无限商机。四年一次的奥运会已经成为获得巨额利润的巨大产业。美国文化产业自 1983 年至今一直保持连续增长态势，其影视产品的出口值甚至超过了航天工业的产值。1994 年，其视听产品（影视和音像）在国民经济中的位置从 1985 年的第 11 位跃居于 1994 年的第 6 位，成为仅次于飞机出口的第二大出口商品，占国际市场的 40%，体育经济收入在美国已经超过了石油工业和证券交易所的收入。1998 年，日本娱乐业生产经营收入达 40 亿日元，超过日本汽车工业的总产值。

1993 年，美国的图书营业额是 225 亿美元，日本是 91.3 亿美元，韩国为 22.1 亿美元，同一年中国的图书营业额是 15.1 亿美元。1996 年，美国麦格劳·希尔出版公司一家的年收入是 29.35 亿美元，高出同年中国全国出版业销售总额的 1/3。1996 年，在国际图书贸易中，中国图书出口量占世界图书贸易额的 0.04%。1998 年，按照中国最大最全的图书批发机构现货较多时统计，品种不到 4 万种，而同一时期日本最大的东畈、日畈图书公司可供书目有 30 万种；德国大的图书批销公司一家的可供品种就有 60 万种，并且具备在 24 小时之内将图书送到欧洲任何一个零售店的能力。

在新闻、影视等传媒产业，国外的发展规模也是十分惊人的。目前，美国《读者文摘》拥有 6000 多名员工，以 19 种语言、48 种国际版本在 100 多个国家编辑出版，总发行量达 2800 万份，年收入为 20 亿美元；而中国最具影响力、发行数量最大的同类期刊《读者》目前只有 4 种版本，总发行量不到 1000 万册。美国的《大都会》有 36 个版本，在国际上的销售额高达 450 万美元；《花花公子》有 16 个国际版本，读者约 500 万。在德国，音乐市场的年总值为 35 亿美元，当地演出占 40%；西班牙的年音乐市值有 10 亿美元；英国的流行音乐喜剧之变种“歌剧幻影”的年收入达 25 亿美元。①

正是因为以美国为首的文化产品对各民族文化的覆盖和吞噬的倾向，引起了世界各国政府和文化界人士的极大关注。一些非西方背景的学者提出了“文化侵略”“文化霸权”“文化殖民”理论，对这一文化现象进行反思。

文化生产方式和传播工具的变革，改变了传统的文化传播方式，资本所携带的文化价值观念和意识形态观念的渗透和蔓延，对于输入民族的影响是巨大、复杂和长远的。经济、文化的全球化问题一直受到各国学者的关注，关于文化冲突与文化共存的论争伴随全球化速度的加快不断深入。文化的核心就是意识形态和价值观。文化经济强势国家在大量倾销文化产品的时候，必然也在大量输出其意识形态和价值观，以实现意识形态的“全球化”。这是西方发达国家在后殖民时代以资本输出方式取代武力输出方式向发展中国家灌输一种生活和价值观念，推行世俗化和狂欢性的文化。在全球化过程中，发展中国家“门户洞开”，发达国家

---

① 参见李怀亮：《美国文化是不是“压路机”——美国文化产业政策的全球化取向》，《文艺报》2002 年 5 月 11 日第 4 版。

不费一枪一弹将西方的工业商品与文化商品源源不断地输送到发展中国家，同时不仅将大量财富运回本国，而且在众人的狂欢和世俗的幻想中，成功地实现两种价值观的对接和强势文化对弱势文化的吞噬。美国总统克林顿在1996年出版的《希望与历史之间：迎接21世纪对美国的挑战》一书中曾经露骨地表达了这一思想："某些人把这种不断增加的国际互相依赖视为对我们国家和我们作为美国人的价值观的威胁。但事实几乎恰恰相反。在世界上影响不断加强的正是美国的价值观——自由、自决和市场经济。从国际贸易的迅速发展中获益最多的正是美国公司。当世界其他国家的生活水平提高之后，需求最多的正是美国工人制造的美国产品。"西方发达国家通过各种途径进行文化渗透，使发展中国家的民族文化受到威胁。面对全球化进程中日益强大的文化同化力量，如何保持本国文化个性，避免被文化霸权吞噬，已经是一个关系到民族国家生死存亡的重大问题。

全球化带来了民族文化发展的危机，同时也以前所未有的速度、在前所未有的范围内促进不同民族文化之间的交流。在警惕文化侵略与文化霸权的同时，我们应该以积极理性的态度和平和宽容的精神迎接这一文化发展的机遇，在世界文化发展中增添富有特色的一笔。因此，世界各国在制定社会发展战略时无不十分重视文化发展战略，各国都在利用文化交流的形式宣传自己的国家形象、弘扬民族文化和优秀传统，并向世界传播自己的意识形态、价值观念以及生活方式。许多国家已经开始注意在发展经济的同时保护自己的民族文化，法国与美国、加拿大与美国在文化贸易大战中，都提出并且坚持"文化例外"条款，反对无限制开放本国文化市场。中国学界对文化工业的批判和反思也在一定程度上对西方文化侵略敲响了警钟。但是我们也应该看到，一种成熟的文化，它的发展与进步历来是建立在一定的经济发展基础和不同文化的碰撞与交流基础上的。世界上现存的古老文化没有哪一种是一直保持其同一性而不随着时代变迁而发生变化的。古老文化的生命力正是蕴藏在变化之中。

传统文化在发展中是不可能被另一种文化完全覆盖的。文化传统很难随着社会的变迁、社会制度的改变而发生根本性的巨变。新的价值观被接受是需要一个过程的。文化在传承过程中，又不可能不产生变异，不可能不进行整合。历史曾经赋予不同民族不同的信仰、典礼、仪式、节日、服饰、习俗等，其中有的已经消失，有的正在趋于消失，或者被局限在某一地区。现代社会放弃了其中的某些东西，采用或者创造了其他更适合我们时代生活的新东西。地球上所有国家都在经历这种变化进程。从文化发展的意义上说，这是文明的进步，而不是相反。古往今来，不同文化融合而带来文化的巨大发展的先例不胜枚举。在保护民族文化的前提下，文化仍然需要不断地与不同的文化进行竞争，只有这样，文化才能得到革新、复兴以及演进，才能获得旺盛的生命力，以适应滚滚而来的生活潮流。

当然，并不是说文化的融合是自然生成的过程，而是恰恰相反，不同文化的融合、民族文化的发展创新离不开积极的文化建设与创新。如果对民族文化的保护工作仅仅停留在对外来文化的抵制和批判上，而没有积极主动的文化建设，那么就只能走回闭关锁国、遏制文化发展的老路上去。改革开放以来，我们借鉴不同国家的政治制度、文化制度，建立起有中国特色的社会主义民主政治，经济体制改革、政治体制改革不断的继续和深化，建立了适合中国国情的经济、政治、文化体制的发展模式。意识形态领域和文化领域，各种论争不断，既有学术之争，也有思想意识的分歧。因此，20 年来，我们立足于国情、立足中国文化传统、立足于中华民族伟大复兴从而立于世界民族之林的文化建设也一直在不遗余力地进行着。所有这一切，无不是在改革开放、中外文化交流日益频繁的前提下进行的。

洋快餐曾经被视为中餐的强劲对手，然而，它在中国发生的戏剧性变化，从一个侧面反映了餐饮文化的整合。在国外，快餐店是给忙碌的上班族迅速解决饥饿问题的场所，因此，买卖双方都要求快速和便捷。麦当劳、肯德基以生产的配方化和流水线，满足快速、便捷的需要。而在中国，除了匆匆来去的人，中国化的麦当劳既是谈情说爱的一隅，也是会见客户的地方；既是孩子们的游乐园，也是学生们读书写字的课堂；既是旅途劳顿者的驿站，也是朋友相聚的场所。在 20 世纪 80 年代，洋快餐刚刚涌入中国时，其凶猛之势，令人瞠目。一时之间，舆论大哗，中餐经营者人人自危，似乎中餐已经到了穷途末路。很多业界人士纷纷撰文探究中西餐饮之利弊，似乎配方化和流水线生产才是中餐的出路。近几十年的实践，已经证明了中餐并没有被消灭。随着人民生活水平的提高，中餐经营理念的更新，中餐业更加兴旺，经营方式更加灵活，服务更加令人满意。而中式快餐在经历了一度的低迷后，现在品种丰富，生意兴隆。因此，很难说文化的影响是单一向度的。风俗层面的文化大多只是与百姓传统生活方式存在共同的部分才会被接受。

20 世纪 70 年代末 80 年代初，港台流行歌曲风靡大陆，内地流行乐坛原创性的音乐活动几近于零，内地的歌手只有模仿、翻唱港台歌曲才可能走红。然而，岁月流转，经过内地音乐人的艰苦努力，在十年左右的时间里，中国流行音乐迅速成长壮大起来，成为毫不逊于港台流行乐坛的重要一脉。

在文化产业化发展这一问题上，除了应该区别对待文化事业和文化产业问题外，我们还应该吸取 20 世纪初东西文化之争中的教训，走出非此即彼的僵化思维定式，用一种开放、互动、前瞻、理性的思维方式，紧紧把握时代的特点和文化发展规律，以一种积极的态度应对文化发展的新形势，建构符合民族文化发展规律的文化产业发展模式。

中国文化产业的兴起和发展的时间虽然短暂，发展势头和发展速度却不可小觑。截止到 2000 年底，中国娱乐、音像、演出、艺术品等四大市场共有 22 万个经营单位，从业人员 95 万多人。还有电影放映机构 3000 多家，放映单位 12 万多个。全国有图书发行网点 10 万多个。21 世纪的中国，文化消费已经成为广大民众不可缺少的生活内容。21 世纪初，在中国制定的《国家和社会发展第十个五年计划》中首次提出发展文化产业的问题，文化产业的发展问题成为中国未来发展阶段中国民经济和社会发展战略的重要组成部分，并成为中国 21 世纪经济全面持续发展的基础之一。2001 年，北京的文化产业增加值占全市 GDP 的 4.6%，达到 130 亿元，已显现支柱产业的势头。继北京、上海、广州、深圳等发达城市编制文化产业发展规划之后，江苏、浙江、湖南、湖北、天津、四川、重庆等省市也都着手制定文化产业发展规划。这些规划的共同特点是，力图使文化产业在未来 5—10 年内占当地 GDP 的 5%—6%，并成为当地经济发展的支柱产业。在2002年初首届中国文化产业论坛上，专家预测，到2005年，中国文化的潜在消费能力将达到5500亿元。

在文化建设问题上，应该从两个不同层面上进行。首先，文化是意识形态的载体，在文化建设中必须坚定不移地贯彻主导意识形态和价值观念。发展中国家既要积极融入全球化发展之中，同时又要与本民族国家的具体情况相结合，制定出符合本民族文化发展特色的指导思想，以全体人民的共同信念，以富有民族特色和时代精神的文化凝聚全体人民。在文化建设上，全面复古和全盘西化不仅都违背了文化发展的规律，也必然要毁坏民族文化、损害民族利益。要使民族文化与外来文化辩证统一起来。既要接受西方文化中的积极因素，例如竞争观念、公平思想、现代民主精神、法律意识、环境意识与效率意识，也要坚持发扬优秀的民族文化和光荣革命传统，同时，要坚决消除和拒绝传统文化与外来文化中的腐朽思想，如封建意识、平均主义以及拜金主义、商品拜物教以及极端个人主义思潮等。

其次，要下大力气发展文化产业。文化建设不能仅仅停留在意识形态层面，而是要通过各种各样、风格各异、丰富多彩的载体和形式表达出来。21世纪，文化产业已经成为世界各国经济发展的新的增长点。1998年，中国文化产业的增加值仅占国内生产总值的0.75%，占第三产业增加值的2.33%，文化产业从业人员只占就业人员总数的0.4%。而许多发达国家，文化产业已经成为经济增长和吸纳劳动就业的支柱产业之一。例如，1998年，美国的文化产业经营总额高达2000亿美元，其视听产品的出口额名列美国出口项目的前茅，仅次于航空航天业。前文中我们列举了代表中国文化产业实力的“小巨人”集团，其中年收入最高的是广州日报集团，约有17亿元人民币。相比之下，名列1999年全球500强的第31位的索尼公司年收入为531.56亿美元，列第151位的沃尔特·迪士尼公司年收入为229.76亿美元，列第282位的时代华纳公司年收入为145.82亿美元，九大媒体巨无霸支配着全球文化市场。它们依次是时代华纳公司、沃尔特·迪士尼公司、贝塔斯曼公司、维亚康姆公司、新闻集团、索尼公司、CTL、环球公司、日本广播公司。在九大媒体巨头引导下，全球50家媒体娱乐公司占据了当今世界95%的文化市场。目前传播于世界各地的新闻，90% 以上由西方七大国垄断，其中又有 70% 是由跨国大公司所垄断。美国控制了全球 75% 的电视节目的生产和制作，美国公司出产的影片产量只占全球影片产量的 6.7%，却占领了全球总放映时间的 50% 以上。发展文化产业，中国具有巨大的文化资源优势和巨大的文化消费市场。但是从目前的发展状况来看，发展中国文化产业显然要在短时间内学习更多的东西。以美国为代表的西方文化特别是大众文化在全世界的强势地位，仰仗的不仅是经济实力，其先进的生产经营方式、完备的法律体系、与时代同步的高科技应用、对不同民族文化资源的吸收创新，以及不断推陈出新的艺术想象力和创造力，特别是创造精神和探索精神，不断地将文化艺术推向新的高峰，不断丰富着社会的文化生活的能力，都是值得我们认真学习和研究的。

［原载《当代中国史研究》2003 年第 1 期］

新世纪新阶段社会主义文化的繁荣与发展

曹光章、刘子瑛

中共十六大之后，中国进入全面建设小康社会，加快推进社会主义现代化的新的发展阶段，文化在中国特色社会主义事业总体布局和全面建设小康社会中的地位和作用越来越突出。全国上下更加自觉、主动地推进社会主义文化建设，在理论和实践上都取得重大进展。

一、中国特色社会主义文化理论的创新与发展

中国特色社会主义文化理论是中国特色社会主义理论体系的重要组成部分。中共十六大以来，中共中央不断推进实践基础上的理论创新，提出一系列重大战略思想，丰富和发展了中国特色社会主义理论体系，这其中就包含着对文化建设的理论思考以及对文化发展规律的探索。

（一）不断在新的高度上认识文化建设的重要意义

中共十五大报告第一次提出“文化是综合国力的重要标志”的命题，标志着中共对文化建设重要意义的认识达到一个新的高度。中共十六大、十七大报告承袭了中共十五大报告对文化建设的基本判断，从全面建设小康社会全局的高度，更加全面地概括了文化建设的重要地位和作用。中共十七大报告指出：“当今时代、文化越来越成为民族凝聚力和创造力的重要源泉，越来越成为综合国力竞争的重要因素，丰富精神文化

生活越来越成为中国人民的热切愿望。”① 基于对文化建设重要意义的这种认识，报告提出“推动文化大发展大繁荣”“兴起社会主义文化建设新高潮”的任务。高度重视文化建设的地位和作用，是中国特色社会主义文化发展进入新世纪新阶段以来的重要特征，也是文化理论和实践不断创新的直接推动力。

（二）全面科学地把握文化的属性及功能

在社会主义文化发展史上，在很长的时期内，我们往往只注重文化作为上层建筑所具有的意识形态属性和功能，而对文化满足人民群众精神生活需求的功能以及文化在市场经济条件下所具有的商品功能和产业属性认识不足。这成为长期以来束缚社会主义文化发展的一个思想障碍。中共十六大报告第一次把文化建设区分为文化事业和文化产业两部分，第一次把“文化产业”的概念写进党的重要文件中，明确了文化产业在文化建设中的地位和作用。这表明党对文化产品的意识形态属性和产业属性有了清晰的认识，标志着党的文化建设理论发展过程中产生了质的飞跃。此后，党关于文化双重属性、双重功能及其相互关系的认识逐步深化，形成了“既要注重文化产品的意识形态属性，又要注重文化产品的产业属性”“文化产品的意识形态属性与产业属性是紧密相连的，占领市场和占领意识形态阵地是统一的，社会效益和经济效益是一致的”② 等一系列论断。

（三）深入探索新形势新条件下的文化发展规律

关于文化双重属性和功能的科学认识，具有文化领域思想解放的重要意义，使得党对社会主义文化建设规律的探索大踏步前进，对文化产业发展和意识形态建设的规律都取得了更加深刻的认识。在社会主义市场经济条件下，文化产品的生产和传播，绝大部分都要进入市场，遵循市场规则，通过商品交换转化为群众的消费，文化生产力的不断提高成

---

① 《中国共产党第十七次全国代表大会文件汇编》，人民出版社 2007 年版，第 32 页。

② 《十六大以来重要文献选编》（上），中央文献出版社 2005 年版，第 343 页。

为文化发展的重要内容和标志。为此，2004 年 9 月，中共十六届四中全会通过的《中共中央关于加强党的执政能力建设的决定》提出“解放和发展文化生产力”的命题，把文化生产纳入社会化大生产的范畴。与此相联系，文化体制改革和文化创新被看作是解放和发展文化生产力的重要途径。2006 年 10 月，中共十六届六中全会通过的《中共中央关于构建社会主义和谐社会若干重大问题的决定》，提出建设社会主义核心价值体系的目标；中共十七大报告进一步指出，社会主义核心价值体系是社会主义意识形态的本质体现。牢牢把握社会主义先进文化的前进方向，把建设社会主义核心价值体系作为社会主义意识形态建设的核心，以社会主义核心价值体系引领社会思潮，并且贯穿文化建设的各个方面，体现了对新形势新条件下社会主义意识形态建设规律的深刻揭示和科学把握。

（四）形成明确的文化发展思路、全面的文化发展战略和完善的文化体制改革方案

中共中央在不断探索文化建设规律的基础上，形成了明确的文化发展思路，文化发展战略和文化体制改革总体方案逐步完善。在文化发展思路上，明确了要一手抓公益性文化事业，一手抓经营性文化产业；一手努力构建覆盖城乡、惠及全民的公共文化服务体系，一手壮大文化产业、繁荣社会主义文化市场；一手抓繁荣，一手抓管理，推动文化全面协调健康发展。在文化发展战略上，明确要提升国家文化软实力，提高全民族的思想道德素质和科学文化素质，促进人的全面发展，实施文化“走出去”战略，增强中华文化国际影响力。[①]2005 年 12 月，在总结文化体制改革试点经验的基础上，中共中央、国务院发出《关于深化文化体制改革的若干意见》，提出整个文化领域深化改革的指导思想、原则要求、目标任务和总体方案，成为深化文化体制改革的纲领性文件。2006 年 3 月、2008 年 4 月，两次全国文化体制改革工作会议召开，对不断推

① 李长春：《深入学习实践科学发展观，推动社会主义文化大发展大繁荣》，《求是》2008 年第 22 期。

进中的文化体制改革工作进行总结和进一步部署。与此同时，国务院及中央有关部门相继发布一系列相关的政策性文件，为深化文化体制改革提供配套的支持政策。

2008 年 11 月，李长春在《求是》杂志发表题为《深入学习实践科学发展观，推动社会主义文化大发展大繁荣》的文章，从八个方面总结了中共十六大以来文化发展理念的创新。[①] 这些文化发展理念，科学回答了新世纪新阶段中国社会主义文化发展的一系列重大问题，是对新的历史条件下文化发展规律的客观反映，是中共十六大以来中国特色社会主义文化理论创新成果的结晶。这些理论创新成果既是新世纪新阶段社会主义文化发展成就的重要内容，同时也为推动社会主义文化的发展和繁荣指出了正确的方向，提供了有力的理论支撑。

二、社会主义核心价值体系建设取得成效

中共十六届六中全会提出建设社会主义核心价值体系的任务，把它作为有效凝聚社会各个阶层、各个利益群体，不断巩固全党全国各族人民团结奋斗共同思想基础的有力武器，是思想文化建设和意识形态建设上的一个重要理论创新。中共十六大以来，社会主义核心价值建设在思想理论创新和宣传、道德风尚建设方面都取得明显成绩。

（一）丰富和发展中国特色社会主义理论体系，巩固全党全国各族人民团结奋斗的共同思想基础

不断推进中国特色社会主义理论体系创新。中共十六大以来，为全面推进中国特色社会主义事业的发展，中共中央作出了一系列重大战略决策，提出了贯彻落实科学发展观、构建社会主义和谐社会、加强党的执政能力建设和先进性建设、建设创新型国家、建设社会主义新农村、树立社会主义荣辱观、走和平发展道路等一系列重大的战略思想。中共

① 李长春：《深入学习实践科学发展观，推动社会主义文化大发展大繁荣》，《求是》2008 年第 22 期。

十七大提出了中国特色社会主义理论体系的科学命题。不断创新的中国特色社会主义理论体系，使社会主义核心价值体系的思想和理论内涵更加丰富和鲜活，增强了社会主义核心价值体系在多元价值生态环境中的吸引力和引导力，为社会主义核心价值体系建设在整个思想文化领域以至全社会的进展开辟了道路。

实施马克思主义理论研究和建设工程。2004 年 1 月，中共中央发出《关于进一步繁荣发展哲学社会科学的意见》和《关于实施马克思主义理论研究和建设工程的意见》，明确提出和布置实施马克思主义理论研究和建设工程。4 月，中央实施马克思主义理论研究和建设工程工作会议在北京召开，胡锦涛会见出席会议的全体代表并发表讲话。此后，中共中央、国务院和有关部门又不断推出一系列举措推动马克思主义理论研究和建设工程的实施。目前，这一工作已取得丰硕成果，完成了关于毛泽东思想、邓小平理论和“三个代表”重要思想研究，中共十六大以来理论创新研究、国外马克思主义研究等大量成果，编写出版了《科学发展观学习读本》《思想道德修养与法律基础》《中国近现代史纲要》《毛泽东思想、邓小平理论和“三个代表”重要思想概论》《2005：理论热点面对面》《理论热点面对面（2006）》等读本、教材和通俗读物。马工程对于推进中国特色社会主义理论创新，促进社会主义核心价值体系建设，巩固全党全国人民共同奋斗的思想基础，发挥了积极作用。

兴起用党的理论创新成果武装干部群众的新高潮。中共十六大把“三个代表”重要思想确立为中国共产党必须长期坚持的指导思想，并提出兴起学习贯彻“三个代表”重要思想新高潮的战略任务。中共十六大之后，全党全国开展了学习宣传十六大精神、全面学习贯彻“三个代表”重要思想的活动。2005 年初开始，中共中央又用一年半的时间在全党开展了以实践“三个代表”重要思想为主要内容的保持共产党员先进性教育活动。根据中共十七大的部署，从 2008 年 9 月开始，中共中央在全党分批开展深入学习实践科学发展观活动，深入宣传阐释科学发展观的重大意义、科学内涵、精神实质和根本要求，兴起了学习实践科学发展观的热潮。在不断推进理论创新的同时，积极开展一系列宣传和学习活动，使党的理论创新成果及时向新闻宣传、思想教育以及实际工作领域转化，成为全党全国人民的广泛共识，并引起国际社会的广泛关注，巩固和加强了全党全国人民团结奋斗的共同思想基础，在国际社会树立了良好形象，有力地推动了全面建设小康社会的步伐。

（二）大力弘扬民族精神和时代精神，唱响主旋律

弘扬抗震救灾精神、北京奥运精神、载人航天精神。自 2003 年以来，中国先后经历了 2003 年春的“非典”疫病灾害、2008 年初南方部分地区严重低温雨雪冰冻灾害以及 2008 年 5 月的四川汶川特大地震灾害。中共中央、国务院领导全党和全国人民成功取得了抗击灾害的胜利，充分展现和弘扬了中华民族伟大的民族精神。

2008 年，北京奥运会和残奥会成功举行，向世界展示了中国改革开放和社会主义现代化建设的巨大成就，展示了中国人民昂扬向上的精神风貌。9 月，北京奥运会、残奥会总结表彰大会对北京奥运精神做了全面概括。这些精神是以爱国主义为核心的民族精神和以改革创新为核心的时代精神的生动体现，不仅为成功举办北京奥运会、残奥会提供了重要思想保证，也为全面建设小康社会、加快推进社会主义现代化、实现中华民族伟大复兴提供了强大精神动力。

2003 年 10 月、2005 年 10 月、2008 年 9 月，神舟五号、神舟六号、神舟七号载人航天飞行获得圆满成功，充分展示了中国显著提高的经济实力、科技实力和综合国力，激发了中华民族的自豪感和凝聚力。广大航天工作者大力发扬以爱国主义为核心的民族精神和以改革创新为核心的时代精神，培育形成了特别能吃苦、特别能战斗、特别能攻关、特别能奉献的载人航天精神，为全党全军全国各族人民沿着中国特色社会主义道路奋勇前进增添了精神力量。

开展主题宣传教育活动，唱响时代主旋律。2003 年以来，围绕隆重纪念毛泽东诞辰 110 周年、邓小平诞辰 100 周年、陈云诞辰 100 周年、纪念中国人民抗日战争暨世界反法西斯战争胜利 60 周年、红军长征胜利 70 周年、香港回归 10 周年、建军 80 周年、改革开放 30 周年和新中国成立 60 周年等重大节庆日和纪念日，中共中央和相关部门广泛开展主题宣传和教育活动，深入进行革命历史和革命传统教育、爱国主义教育、

理想信念教育和改革开放教育，唱响了继续解放思想、坚持改革开放、推动科学发展、促进社会和谐的时代主旋律。

（三）培育良好社会风尚、提高公民文明素质

扎实推进公民道德建设。2001 年 9 月，中共中央印发的《公民道德建设实施纲要》成为指导新时期公民道德建设的纲领性文件。中共十六大以来，遵循纲要要求和部署，在中共中央领导下，社会各界共同努力，人民群众积极参与，公民道德建设在实践中开拓创新、扎实推进、蓬勃发展。社会主义荣辱观深入人心，社会道德风尚发生可喜变化。2003 年 9 月，中央精神文明建设指导委员会发出《关于进一步加强公民道德建设的意见》，紧紧围绕全面建设小康社会的奋斗目标，对加强公民道德建设工作做出部署。意见决定从 2003 年开始，将 9 月 20 日定为“公民道德宣传日”。此后，每年在“公民道德宣传日”来临之际，中宣部、中央文明办会同有关部门都举办论坛、系列网谈和知识竞赛，持续探讨进一步加强改进公民道德建设的措施和办法，动员社会各界关心、支持和参与公民道德建设。2006 年 3 月，胡锦涛看望全国政协委员时提出以“八荣八耻”[①] 为主要内容的社会主义荣辱观，全社会反响强烈，公民道德建设形成新的热潮。2007 年 9 月，新中国成立以来首次评选表彰道德模范活动在北京举行，李明素等 53 名同志荣获“全国道德模范”，孙茂芳等 254 名同志荣获“全国道德模范提名奖”。这些道德模范为当代中国社会树起新的道德标杆，展示了近年来公民道德建设的丰硕成果。

深入开展“讲文明、树新风”活动。2006 年 2 月，中央文明委、北京奥组委在全国组织开展“迎奥运、讲文明、树新风”活动。从 2006 年初到 2008 年北京奥运会举办，活动历时三年，按照部署动员、全面展开、形成高潮、巩固成果四个阶段在全国展开。这一活动声势大、效果好。奥运志愿服务感动中国、感动世界。文明礼仪知识普及活动参与面

① “八荣八耻”是指：以热爱祖国为荣、以危害祖国为耻，以服务人民为荣、以背离人民为耻，以崇尚科学为荣、以愚昧无知为耻，以辛勤劳动为荣、以好逸恶劳为耻，以团结互助为荣、以损人利己为耻，以诚实守信为荣、以见利忘义为耻，以遵纪守法为荣、以违法乱纪为耻，以艰苦奋斗为荣、以骄奢淫逸为耻。

广、影响力大，公益广告传播文明、引领风尚、形成声势，大大提升了环境文明、秩序文明、行为文明，人们的道德情操、文明境界得到升华，文明礼仪、志愿服务蔚然成风，展示了国人讲文明、重礼仪、团结友善的精神风貌。

深化文明创建活动。2005 年 10 月和 2009 年 1 月，中央文明委分别召开了首届和第二届全国精神文明建设工作表彰大会，授予一批全国文明城市（区）、全国文明村镇、全国文明单位、全国精神文明建设先进工作者、全国创建工作先进城市（区）、全国创建先进单位荣誉称号。2006 年和 2009 年，中央文明办、建设部、国家旅游局分别表彰首批和第二批全国文明风景旅游区和全国创建文明风景旅游区工作先进单位，深化拓展创建文明风景旅游区活动。2006 年，中央文明办、国家旅游局联合开展实施提升中国公民旅游文明素质行动计划，集中纠正中国公民旅游中的不文明行为，着力提升中国公民的文明素质和全社会的文明程度，到 2008 年底前取得阶段性成果。

（四）净化社会文化环境，加强未成年人思想道德建设和大学生思想政治教育

高度重视新形势下未成年人思想道德建设和对大学生的思想政治教育。2004 年 2 月、8 月，中共中央、国务院先后颁发《关于进一步加强和改进未成年人思想道德建设的若干意见》和《关于进一步加强和改进大学生思想政治教育的意见》。2004 年 5 月、2005 年 1 月，全国加强和改进未成年人思想道德建设工作会议、全国加强和改进大学生思想政治教育工作会议先后在北京召开。胡锦涛分别发表重要讲话，深刻阐明了新形势下加强和改进未成年人思想道德建设以及大学生思想政治教育工作的重要性和紧迫性，明确提出了相应的指导思想、重要原则和主要任务。两个《意见》、两次会议、两篇重要讲话，表明中共中央和国务院对于新形势下未成年人思想道德建设和大学生思想政治教育的高度重视，有力地推动了未成年人思想道德建设和大学生思想政治教育工作的开展。

净化社会文化环境，促进未成年人健康成长。中共十六大以来，特别是中共中央、国务院《关于进一步加强和改进未成年人思想道德建设

的若干意见》下发以来，各地各部门认真贯彻中央决策部署，大力实施文化环保工程，组织开展专项行动，强力净化社会文化环境，取得明显成效。但是社会上仍然存在一些群众反映强烈的突出问题。为此，2009年1月，中共中央办公厅、国务院办公厅颁发《关于进一步净化社会文化环境，促进未成年人健康成长的若干意见》。2月，中央文明办在北京专门召开了全国净化社会文化环境工作会议。随后，全国各地、各相关部门全面开展了整治互联网低俗之风、网吧专项治理、净化荧屏声频和校园周边环境治理等工作。进一步净化社会文化环境，是社会主义精神文明建设以及加强和改进未成年人思想道德建设的基础工程，是关系亿万家庭切身利益的民心工程，是确保中国特色社会主义事业后继有人的希望工程，对于促进未成年人健康成长和确保中国特色社会主义事业的顺利发展具有长远意义。

三、文化事业和文化产业协调发展，文艺创作大繁荣

（一）发展公益性文化事业，构建公共文化服务体系

中共十六大以来，随着对文化发展规律的不断深入探索和深化认识，党和国家如何发展公益性文化事业的思路越来越清晰。发展公益性文化事业的根本任务，就是构建覆盖全社会的公共文化服务体系，为人民群众提供基本的公共文化服务，保障人民收听收看广播电视、读书看报、进行公共文化鉴赏、参与大众文化活动等基本文化权益。建设公共文化服务体系，必须坚持公益性、基本性、均等性、便利性的原则，坚持以政府为主导，以公共财政为支撑，以公益性文化事业单位为骨干，以基层为重点，鼓励全社会积极参与，创新公共文化服务方式。遵循这一发展思路，中共十六大以来的公共文化服务体系建设取得举世瞩目的成就，覆盖全社会的公共文化服务体系初步建成。

公共文化基础设施建设取得明显成就，公共文化服务网络、服务能力日益增强。国家大剧院、国家图书馆二期暨国家数字图书馆等一大批国家级和地方重点文化设施先后建成并投入使用。文化信息资源共享工程、广播影视数字化工程等重要文化工程项目建设顺利推进。广播电视

“村村通”工程、农村电影放映工程、乡镇综合文化站等农村文化建设重点工程广泛实施。截至2008年，全国共有县以上公共图书馆2799个，文化馆3217个（含群艺馆），博物馆1722个，文化站37384个，社区、村文化室137665个。除文化文物系统外，其他部门的图书馆、展览馆、科技馆、工人文化宫（俱乐部）、青少年宫等公益文化事业也有了快速发展。据统计，目前全国共有高校系统图书馆1100多个，科研专业图书馆8000多个，全国工会系统有工人文化宫、俱乐部3.9万个；全国各种青少年校外活动场所12000多家，其中教育系统有2600多家，共青团系统有1400多家，妇联系统有1200多家。全国还有科技馆400多个，展览馆158个。[①] 自2004年起，各类公共博物馆、纪念馆、陈列馆、美术馆、文化馆、图书馆以及基层文化活动中心逐步向全社会免费开放，公共文化服务能力不断增强。

公共文化建设投入不断增加。2001—2007年，全国文化事业投入总计859.9亿元。其中，2007年全国文化事业费达到198.96亿元，比2006年增加了40.93亿元，增长了25.9%；全国人均文化事业费达到15.06元，比2006年的11.91元增长了26.4%；农村文化投入56.13亿元，比2006年的44.6亿元增加了11.53亿元，增长25.9%。[②]2008年，全国文化事业费达248.04亿元，比2007年增加49.08亿元，同比增长24.67%。各省（区、市）文化事业费较2007年都有大幅度的增长，有22个省的增幅超过了20%。其中，增幅最高的为海南省，增幅高达125.25%。[③]

（二）发展经营性文化产业，提升文化产业整体实力和竞争力

经营性文化产业的根本任务是繁荣文化市场，满足人民群众多层次、多方面、多样化的精神文化需求。经营性文化产业的发展坚持以市场为

① 蔡武主编：《改革、发展、繁荣——改革开放30年中国文化发展报告》，文化艺术出版社2008年版，第113页。

② 同上书，第112页。

③ 《2008年全国文化统计数据分析报告之一》，中华人民共和国文化部网站，2009年6月16日。

导向，调动社会力量，紧紧抓住经营性文化单位转企改制这一重点，推动经营性文化产业在市场竞争中不断壮大。中共十六大以来，中国文化产业经历了由小到大、从弱变强的发展历程，从2003年起，文化产业增加值增幅高于同期GDP增幅五六个百分点，文化产业的增长势头明显快于一般经济领域。据不完全统计，2008年文化及相关产业总产值为6000多亿元，就业人数约为1200万人。产业门类日益齐全，产业链不断延伸，传统文化产业得到改造提升，新兴文化业态蓬勃发展，文化产业总体素质不断增强。[①]从中央到地方涌现出中国对外文化集团公司、北京儿童艺术剧院股份有限公司、深圳歌剧团等一批有实力、有竞争力的大中型国有或国有控股文化骨干企业，也产生了上海盛大网络发展有限公司、浙江宋城集团控股有限公司等一批在全国影响较大的民营龙头文化企业。据统计，截止到2006年，中国拥有民营文化企业29万多个，从业人员320万人。[②]以公有制为主体、多种所有制共同发展的文化产业格局逐步形成。

《国家"十一五"时期文化发展规划纲要》确定的文化创意、影视制作、出版发行、数字内容和动漫等九大重点文化产业不断壮大。2008年中国网络游戏出版产业的实际销售收入达183.8亿元，比2007年增长了76.6%，同时为电信、IT等行业带来高达478.4亿元的直接收入，收入规模超过传统娱乐内容产业。新闻出版业市场潜力初现，新媒体出版增长达40%以上，投资增长36%，产值增长40%左右。[③]

实施重大文化项目带动战略，推动国家数字电影制作基地建设工程、国产动漫振兴工程等一批具有战略性、引导性和带动性的重大文化产业项目，在重点领域取得跨越式发展。2004—2008年，文化部先后命名三批共137个国家文化产业示范基地企业和单位以及两批共四个国家级文化产业示范园区。文化产业基地和区域性特色文化产业群建设快速发展，文化产业整体实力和竞争力显著增强。在以文化会展为平台推动文化产

---

① 《抓住机遇实现文化产业跨越式发展——文化部副部长欧阳坚谈中国文化产业发展前景》，《光明日报》2009年4月9日。

② 韩永进编著：《新的文化自觉》，文化艺术出版社2008年版，第205页。

③ 《中国文化产业在全球经济"寒冬"中逆风飞扬》，《光明日报》2009年6月19日。

业发展方面，仅 2008 年，第四届中国（深圳）国际文化产业博览交易会、第四届中国西部（西安）文化产业博览会、2008 中国义乌文化产品交易博览会成交额就分别达到 702.32 亿元、58.77 亿元、18.6 亿元人民币。①

对国家文化出口重点企业进行鼓励和扶持，奖励优秀文化出口产品和服务项目，组织文化企业参加国际文化会展，拓展国际文化交流与合作。2007 年，文化部、商务部等六部门出台了《文化产品和服务出口指导目录》，公布了《2007—2008 年度国家文化出口重点企业和文化出口重点项目》，奖励了自 2005 年以来在国际文化市场上表现出色的九个优秀出口文化企业和 18 个优秀出口文化产品和服务项目。培育出像杂技芭蕾《天鹅湖》、原生态歌舞《云南映像》、舞蹈《杨贵妃》等一批具有民族文化特色、自主知识产权和原创性的知名文化品牌，中华文化的国际竞争力不断扩大。据商务部统计，2007 年中国文化出口产品和服务进出口贸易总额为 166.4 亿美元，其中核心文化产品进出口贸易总额达到 129.2 亿美元，比 2006 年增长 26.6%，是 2001 年的 3.7 倍；文化服务进出口贸易额为 37.2 亿美元，比 2006 年增长 39.9%，是 2001 年的 6.1 倍。②

（三）繁荣文艺创作，丰富人民群众精神文化生活

中共十六大以来，中国文学艺术创作繁荣，涌现出一大批各种艺术形式的优秀作品，极大地丰富了广大人民群众的精神文化生活。通过大力实施文化精品工程，充分发挥中宣部“五个一工程”、国家舞台艺术精品工程、国家重点出版工程的示范带动作用，推动产生了一大批展示中国特色、反映时代风貌、思想性艺术性观赏性俱佳的精品力作。获得中宣部第十届精神文明建设“五个一工程”（2003—2006）特等奖的电影《张思德》《云水谣》《太行山上》，电视剧《恰同学少年》《延安颂》《插树岭》《亮剑》，话剧《立秋》等作品在人民群众中产生了广泛的影响。其中，话剧《立秋》2004—2009 年共演出 500 场，观众达 50 多万人次。

① 蔡武在 2009 年全国文化厅局长会议上的讲话。

② 蔡武主编：《改革、发展、繁荣——改革开放 30 年中国文化发展报告》，文化艺术出版社 2008 年版，第 97 页。

国家舞台艺术精品工程自2002年以来推出了50台精品剧目和一批优秀作品。此外，国家重大历史题材美术创作工程，国家昆曲艺术抢救、保护和扶持工程，国家重点京剧院团专项资金的设立和实施，“文华奖”剧目评选与展演，“交响乐之春”演出季，以及中国京剧艺术节、全国声乐比赛、全国杂技比赛等活动持续举办，推动了话剧、儿童剧、戏曲、杂技、舞蹈、音乐、音乐剧、舞剧、歌剧、美术等艺术门类的创作达到了空前的繁荣和发展。

随着人民群众文化消费需求的不断增长和文化产业的不断壮大，文学艺术产品在数量上增长迅速。影视生产方面，2007年电影产量超过400部，电视剧产量超过14000集，影视动画产量突破10万分钟。[①] 新闻出版方面，2008年全国共出版图书275668种、期刊9549种、报纸1943种、录音制品11721种、录像制品11772种以及电子出版物9668种。[②]

2008年，为迎接北京夏季奥运会而举行的北京奥运重大文化活动，境内部分由近170台全国优秀舞台剧（节）目展演和62项专业艺术展览构成，通过国家舞台艺术精品工程精品剧目展演、非物质文化遗产优秀剧种展演、国家艺术院团优秀剧（节）目展演、群众演艺和少儿演艺优秀剧（节）目展演、奥运主题剧目展演、“中国交响乐之春”、“京昆情韵”戏曲展演、“梦幻之旅”杂技展演、民族风情歌舞展演等九大板块的展演，生动展现了中国舞台艺术创作演出的最新风貌，其参演剧目数量之多、质量之高、范围之广，是新中国成立以来舞台艺术最为集中的一次精彩展示；专业艺术展览形式多样，内容丰富，包括古代文物精品展示、民族民间艺术品展示、故宫典藏历代绘画精品展览、近现代艺术大师精品展览等，向世界生动展示了中国丰富多彩的民族文化传统和文化创新、发展的丰硕成果。[③]

借助2008年北京夏季奥运会这一世界舞台，中国以创新的形式向世

---

① 王太华：《在全国广播影视局长会议上的讲话》，国家广播电影电视总局网站，2008年2月6日。

② 新闻出版总署财务司：《2008年全国新闻出版业基本情况》，载刘斌杰、于友先、邬书林主编：《中国出版年鉴2009》，中国出版年鉴社2009年版，第816—820页。

③ 《彰显时代精神服务人民大众——2008年中国文化建设回眸》，《光明日报》2009年1月6日。

界自信地展现了5000年的中国传统文化，展示了新中国成立60年来社会主义文化建设的辉煌成就，赢得世界的尊重。伴随改革开放以来民族复兴的伟大历程，中国文化在新世纪新阶段已经重新踏上复兴之路。

［原载《当代中国史研究》2010年第2期］

十六大以来的文化体制改革历程

曹光章

文化建设是中国特色社会主义事业总体布局的重要内容，文化体制改革是中国全方位改革事业的重要组成部分。1978年之后，文艺表演团体内部的体制改革拉开了中国文化体制改革的序幕。之后，中国的文化体制改革大体经历了以下三个阶段：20世纪80年代的起步阶段、20世纪90年代在探索中不断前进的阶段和中共十六大以来深化推进的阶段。其中，被称为“新一轮文化体制改革”的第三阶段的探索尤其重要，进展最快，文化改革发展的成就显著。究其原因，中共十六大之前，“在文化体制改革方面，我们曾做了大量探索，也取得一定成效，但释放的能量有限。根本的问题是要触及体制，仅在机制层面上是不够的，要创新面向群众、面向市场的体制和机制”[①]。中共十六大之后，针对影响文化发展的机制障碍和体制弊端，针对制约文化发展的难点问题，文化体制改革在试点基础上不断加强文化改革发展的总体设计和长期规划，加快推进，初步走出了一条中国特色社会主义文化发展道路，为中国特色社会主义道路的探索作出巨大贡献。中共十八大之后，与全面深化改革的部署和要求相适应，文化体制改革不断加强顶层设计，推动文化改革与发展进入新的阶段。

---

① 李长春：《文化强国之路——文化体制改革的探索与实践》（上），人民出版社2013年版，第54页。

一、深化文化体制改革的背景

当人类社会跨入21世纪的时候，中华民族满载着改革开放的丰硕成果进入全面建设小康社会、加快推进社会主义现代化的新的发展阶段。在这一新的阶段，文化赖以生存和发展的经济基础、体制环境、社会条件发生了深刻变化，给文化改革发展带来了一系列重大影响，既造成了压力和挑战，也提供了机遇和动力。

中国经济经过几十年持续快速发展，人民群众生活总体上达到小康水平，为文化需求和消费能力的快速增长奠定了坚实的物质基础。到2001年，全国城乡居民家庭的恩格尔系数平均降低到0.5以下，城镇为37.9%，乡村为47.7%，与改革开放之前相比，分别下降了约20个百分点。2001年，全国城乡居民文化消费支出总量达到3107.4亿元。2002年，城镇居民家庭人均文化消费占总消费支出的6.7%。这些数字标志着人民群众精神文化需求和消费能力达到前所未有的历史新高。与此同时，人民群众文化素质和鉴赏水平显著提高，文化需求呈现多方面、多层次、多样化的发展态势。文化需求在数量上的扩张和质量上的提升，成为推动文化改革发展最强大的社会驱动力。

2001年，中国经济的市场化指数达到69%，超过60%这一国际公认的市场经济临界水平。[①]中国成为一个真正的发展中的市场经济国家。这对于文化发展有两个方面的影响：一方面，"市场在国民经济和社会事业各个领域的资源配置中发挥越来越重要的基础作用，极大地提高了资源配置的质量、效益和速度，拓展了精神文化产品的创作、生产、流通和消费空间"；[②]另一方面，社会主义市场经济体制作为当今中国社会的基础性和决定性经济结构，决定着文化发展不但要遵循社会主义精神文明建设的特点和规律，而且要适应市场经济体制的要求。完善文化市场体系、

---

① 曾学文：《有权威报告测算，2003年中国经济的市场化指数已达73.8%——中国经济市场化程度不断提高》，《人民日报》2005年8月15日。

② 李长春：《文化强国之路——文化体制改革的探索与实践》（上），人民出版社2013年版，第47—48页。

重塑文化市场主体、发展和壮大文化产业、改革文化的宏观管理体制和微观运行机制，是市场经济条件下解放和促进文化生产力的必然要求。社会主义市场经济体制的不断完善，成为推动21世纪文化改革与发展的系统性和结构性动力。

在21世纪，科技进步和创新对经济和社会发展的作用越来越突出。就文化来说，科技与文化的融合越来越紧密，科技对文化创新的作用越来越显著，文化发展越来越依赖于科技的进步。这方面最突出的标志就是数字技术的应用和互联网的普及带来文化创新和传播领域的重大革命，引起文化生产方式和消费方式深刻变革，文化内容、文化形式和文化业态创新空前活跃，数字影视、数字出版、动漫游戏、网络电视、手机电视等新兴文化业态发展迅速。截至2002年6月，中国上网用户数达到4580万人，仅次于美国和日本，居世界第三位。[①]仅半年之后，中国网民人数在2002年底就超过日本，跃居世界第二位。网民平均每周上网时间达到9.8小时。[②]数字技术的应用和互联网的普及，为加快国家文化发展，形成新的文化创造力提供了新的机遇。

2001年，中国加入世界贸易组织，标志着中国对外开放进入新的阶段。在中国加入世界贸易组织的谈判过程中，文化的市场准入问题始终是一个焦点问题。在世界贸易组织的规章体系中，文化归属于服务贸易。服务贸易不同于货物贸易，享有贸易保护权。此外，保护民族文化也是国际惯例，世界贸易组织充分照顾了这一惯例。中国在加入世贸组织过程中，充分利用上述规则，为中国文化对外开放争得了一段过渡时间。但是，在国际经济一体化、现代社会信息化的趋势下，文化贸易和交流的全球化已经成为不可逆转的大趋势。在这一大趋势下，充分利用好文化领域对外开放的过渡期，积极主动地学习借鉴世界优秀文化成果和文化产业发展的成功经验，将有助于我们快速提高文化竞争力，推动中国文化走向世界。

社会的经济基础、体制环境、科技和国际条件的深刻变化，从积极

---

① 李艳、任建民：《最新统计报告显示中国互联网用户数居世界第三》，《人民日报》2002年7月23日。

② 孙秀艳：《中国网民数世界第二》，《市场报》2003年1月21日。

的方面看为文化发展提供了机遇和动力；从中国文化的发展现状和水平来看，又表现为文化发展面临着挑战和压力。文化产品和服务还不能满足人民群众日益增长的精神文化需求，供需矛盾突出，尤其缺少思想性、艺术性、观赏性俱佳的精品力作。文化的生产和管理体制还保留着诸多计划经济体制的特征，大量文化资源特别是国有文化资源还游离于市场体制之外，国有经营性文化单位还没有转变成文化市场中富有活力和竞争力的市场主体，一些文化单位甚至难以为继。由于体制和机制的不完善，中国文化经营主体还不善于把高新技术和市场运作相结合，形成新的文化创造力。在对外开放中，文化产业竞争力明显不足，文化贸易存在严重逆差。比如，2001 年中国电影、音像制品的出口总额为 0.3 亿美元，而同年的进口额为 0.5 亿美元；同年中国引进和输出图书版权的比例为 11.9∶1；2003 年，中国音像制品的进出口金额之比进一步扩大到 9∶1。[①] 对外开放的扩大，使中国在国际和国内都面临西方文化资本、文化产品和价值观念的严重挑战，文化安全和意识形态安全形势严峻，中国文化存在着“既守不住也打不出去”的危险。

二、文化体制改革由试点向面上推进

文化发展面临的上述形势，在 2002 年召开的中共十六大得到充分的重视和反映。结合全面建设小康社会、加快推进社会主义现代化的主题，大会报告突出强调文化建设的重要地位和作用，提出全面建设小康社会，必须大力发展社会主义文化，建设社会主义精神文明。报告提出“继续深化文化体制改革”的任务，并要求“抓紧制定文化体制改革的总体方案”，标志着中国文化体制改革站在了新的起点上。

（一）开展公益性文化事业单位和经营性文化企业单位改革试点

为落实中共十六大提出的深化文化体制改革的要求，2003 年 6 月，

---

① 丁伟：《发展中国对外文化贸易的历史机遇》，《光明日报》2004 年 9 月 22 日。

中共中央政治局常委召开会议专门研究文化体制改革工作，并成立了中央文化体制改革试点工作领导小组。6 月 27 日至 28 日，全国文化体制改革工作会议在北京召开，确定北京、上海、重庆、广东、浙江、深圳、沈阳、西安、丽江等 9 个省市或地区和山东大众报业集团、国家图书馆、中国电影集团公司等 35 家新闻出版、广播影视和文艺院团等单位为文化体制改革试点，全国文化体制改革试点工作正式启动。7 月，中共中央办公厅转发中宣部、文化部、国家广电总局、新闻出版总署《关于文化体制改革试点工作的意见》，对试点工作的开展作出具体安排。35 家试点单位分为公益性事业单位和经营性文化企业单位两大类进行改革，前者以增加投入、转换机制、增强活力、改善服务为重点；后者以创新体制、转换机制、面向市场、增强活力为重点。9 个综合试点区则承担着探索宏观管理体制、微观运行机制、文化经济政策、文化市场体系、资源优化配置机制、对外交流机制等 6 项任务。总的任务是在破除妨碍文化发展的体制弊端上探索新的路子，在解决制约文化发展的难点问题上取得新的突破，从理论和实践的结合上进行探索，为制定文化体制改革总体方案、推动文化体制改革做准备。

文化改革试点任务下达之后，各试点地区和单位高度重视、认真组织、积极实践，推动试点工作有条不紊地顺利开展起来。一些未被列为试点的地区和单位，也主动提出加入试点行列，虽暂时未能如愿，但照样对照改革“路线图”，立志“自学成才”，结合自身实际进行了大胆的探索和实践。为配合试点工作，国务院于 2003 年 12 月印发《文化体制改革试点中支持文化产业发展的规定（试行）》和《文化体制改革试点中经营性文化事业单位转制为企业的规定（试行）》两个文件[①]，确定了财政税收、投资和融资、资产处置、工商管理、社会保障等 10 个方面的配

① 这两个规定的执行期限为 2004 年 1 月 1 日至 2008 年 12 月 31 日。2008 年 10 月，国务院办公厅又印发《关于文化体制改革中支持经营性文化事业单位转制为企业的规定》和《关于文化体制改革中支持文化企业发展的规定》，使之成为文化体制改革的新的配套政策，执行期限为 2009 年 1 月 1 日至 2013 年 12 月 31 日。2014 年 2 月，国务院办公厅又下发《文化体制改革中经营性文化事业单位转制为企业的规定》和《进一步支持文化企业发展的规定》，适用期限为 2014 年 1 月 1 日至 2018 年 12 月 31 日。

套政策。2004 年 8 月，中共中央办公厅、国务院办公厅转发了中宣部、中央编制办等部门《关于在文化体制改革综合试点地区建立文化市场综合执法机构的意见》①，推动综合试点地区地市以下的原文化、广播影视、新闻出版部门实行“三局合一”，实行政企分开、政事分开、管办分离；并把以上部门各自设立的执法机构和“扫黄”“打非”队伍调整归并，组建属地管辖、统一高效的文化市场综合执法机构，以解决文化市场管理中长期存在的职能交叉、多层执法、多头执法和管理缺位等问题。这一举措，在综合试点地区逐步建立起了文化市场综合执法机构和综合文化行政责任主体，理顺了文化市场管理体制，促进了文化行政管理部门的职能转变。

经过两年多的探索和实践，各试点地区和单位基本完成中央确定的试点任务，为改革向面上推进提供了典型示范和成功经验。

（二）形成文化体制改革总体方案，制定首个文化发展中长期规划

2005 年 12 月，在认真总结试点经验的基础上，中共中央、国务院下发《关于深化文化体制改革的若干意见》（以下简称《意见》）。这是新中国成立以来党中央、国务院第一次就文化体制改革作出的重大决策。《意见》从总体上明确了深化文化体制改革的指导思想、原则要求和目标任务，标志着文化体制总体改革方案的形成。2006 年 9 月，《国家“十一五”时期文化发展规划纲要》（以下简称《纲要》）公布，此《纲要》与《国民经济和社会发展“十一五”规划纲要》相衔接，对文化建设作出中长期规划。这是中国第一个专门部署文化建设的五年发展规划。《意见》和《纲要》这两个文件，是党和国家在总结前期试点经验基础上对文化体制改革所作的总体设计和长期安排。它们的出台，意味着文化体制改革的总体思路、文化发展的战略和目标任务基本成型。为落实《意

---

① 2009 年 9 月，中宣部、中编办等五部门下发的《关于加快推进文化市场综合执法改革工作的意见》明确要求，文化体制改革试点地区要在 2009 年底前整合现有文化市场执法队伍实行统一执法，其他地区要按照《国家“十一五”时期文化发展规划纲要》的部署，在 2010 年底之前基本完成综合执法机构的组建。

见》精神，2006 年 3 月，中央召开全国文化体制改革工作会议，分别在除西藏、新疆外的全国所有省（区、市）确定了一批试点地区和单位。文化体制改革沿着扩大试点、由点到面逐步推开的思路向纵深拓展、向面上推开。综合性试点地区要率先推开改革，除新疆、西藏以外的其他省区市也要确定自己的改革试点地区和单位，取得经验后逐步推开。新疆、西藏要从自身实际出发，逐步推进改革。改革的目标任务不断细化，要求在重塑文化市场主体、完善市场体系、改善宏观管理、转变政府职能四个关键环节上实现新突破，其中明确强调国有经营性文化单位转企改制是文化体制改革的中心环节。《纲要》颁布后，各地政府部门抓紧制定和实施本地区、本部门的文化发展纲要，各地文化体制改革与发展呈现出有序实施，整体推进的良好面貌。

三、文化体制改革加快推进，基本完成阶段性改革任务

（一）文化体制改革全面展开

2007 年召开的中共十七大提出“兴起社会主义文化建设新高潮，推动社会主义文化大发展大繁荣”的任务，促使文化体制改革加快步伐。2008 年 4 月，中央再次召开全国文化体制改革工作会议，贯彻落实中共十七大精神，要求加大力度、加快进度、推动文化体制改革取得实质性进展。在这一阶段，全国先后有 108 个地区和近千家文化单位进入了新一轮的改革试点，文化体制改革在重点领域和关键环节取得新进展。2009 年 8 月，全国文化体制改革经验交流会在南京召开。会议在总结已有经验的基础上，要求全面完成出版、发行、电影、文化市场管理等领域的改革，全力推进文艺院团、新闻媒体等领域的改革。会议进一步明确了改革的目标任务、时间进度和责任主体，形成了文化体制改革的时间表和路线图。文化体制改革进入加快推进、全面展开的阶段。

在文化体制改革全面展开的同时，中央从贯彻落实科学发展观、转变发展方式等重大战略思想和战略部署出发，从调整经济结构、应对国际金融危机的现实要求出发，不断加强对文化改革与发展的研究和部署。2010 年 3 月，中央政治局常委会专门研究了中共十六大以来文化体制改

革工作。4 月，中共中央办公厅、国务院办公厅转发了《中央宣传部关于中共十六大以来文化体制改革及文化事业文化产业发展情况和下一步工作意见》，第一次明确提出“不断增强中国文化软实力和国际竞争力，努力探索中国特色社会主义文化发展道路”，并确定了 2012 年前文化体制改革的主要任务。2010 年 7 月 23 日，中央政治局就深化中国文化体制改革研究问题进行第 22 次集体学习。胡锦涛在主持学习时发表讲话，提出了“三加快一加强”的重点任务：加快文化体制机制改革创新，加快构建公共文化服务体系，加快发展文化产业，加强对文化产品创作生产的引导。2011 年 10 月，中共十七届六中全会专门研究文化改革发展问题，并通过《中共中央关于深化文化体制改革推动社会主义文化大发展大繁荣若干重大问题的决定》。该《决定》阐述了中国特色社会主义文化发展道路，确立了建设社会主义文化强国的目标，吹起了向文化进军的新号角。2012 年 2 月 15 日，中共中央办公厅、国务院办公厅印发了《国家“十二五”时期文化改革发展规划纲要》。根据中央部署，文化体制改革按照既定路线图和时间表，要加大力度、加快进度、巩固提高、重点突破、全面推进，向着 2012 年中共十八大召开之前完成阶段性改革任务的目标快速推进。

（二）基本完成文化体制改革阶段性目标任务

2012 年 9 月，全国文化体制改革工作表彰大会召开。李长春在大会上的讲话中指出，文化体制改革由点到面、有序推开，历经十年……基本完成中央确定的文化体制改革的阶段性任务。[①] 国有经营性文化单位转企改制方面，全面完成了出版发行、电影电视剧制作、广电传输等单位的转企改制，基本完成一般文艺院团、非时政类报刊出版单位等单位的转企改制，重点新闻网站的转企改制取得重大突破。截至 2012 年 9 月，全国有改革任务的 580 家出版社、3000 多家新华书店、850 家电影制作发行放映单位、57 家广电系统所属电视剧制作机构、38 家党报党刊发行

---

① 李长春：《文化强国之路——文化体制改革的探索与实践》（上），人民出版社 2013 年版，第 258—260 页。

单位全部完成改制。全国2103家有改革任务的文化系统国有文艺院团有2093家完成改革任务。全国3388种应转企改制的非时政类报刊有3041种完成改革任务。中央和全国除新疆、西藏、青海外的28个省区市应转企改制的重点新闻网站中，80%以上已完成和基本完成改革任务。据不完全统计，全国共注销经营性文化事业单位法人6950家、核销事业编制近29.4万个。[①]公益性文化事业单位内部改革不断深化，人事、收入分配和社会保障等“三项制度改革”取得明显成效，管理水平和服务效率显著提高，责任明确、行为规范、富有效率、服务优良的运行机制逐步形成。文化市场综合执法改革基本完成，截至2012年8月，全国列入改革范围的403个地级市及2594个县（区）全部组建综合执法机构[②]，有效解决了文化市场管理职能交叉、多头执法问题，执法体制逐渐理顺，执法力量显著增强，文化市场管理水平迈上新台阶。政府职能大幅度转变，新闻出版系统和广电系统行政管理部门实现了“局社分开”“局台分开”，文化行政管理部门正由办文化向管文化转变，由主要管理直属单位向社会管理转变，由行政管理为主向行政、法规、经济等综合管理转变，文化宏观管理体制进一步完善。

中国文化体制改革经过十年的不懈探索和实践，有力地促进了文化生产力的解放和发展；有利于文化科学发展的体制机制初步形成，以公有制为主体、多种所有制共同发展的文化产业格局初步形成；有力地促进了文化事业的发展和文学事业的繁荣，公共文化服务体系日益完善，文化产品和服务能力极大增强，人民群众基本文化权益保障水平得到大幅提高，人民群众精神文化需求得到更好满足；有力地促进了经济结构调整和发展方式的转变，文化产业比重不断增加，对国民经济增长贡献率不断提高；有力地促进了国家文化软实力的提升，以民族文化为主体、吸收外来有益文化、推动中华文化走向世界的文化对外开放格局进一步形成。文化体制改革，使中国文化领域的面貌焕然一新，文化建设开创

① 李长春：《文化强国之路——文化体制改革的探索与实践》（上），人民出版社2013年版，第273页。

② 蔡武：《深入贯彻落实中共十八大精神 开创文化系统改革发展新局面》，《中国文化报》2013年3月20日。

了新的局面，初步走出了一条中国特色的社会主义文化发展道路。

四、文化体制改革进入新的阶段

（一）文化体制改革面临新的课题

如同其他领域的改革一样，文化体制改革也不是一蹴而就的，阶段性改革任务的完成不代表文化体制改革已经结束，而是仍处于攻坚期和深水区。转企改制后的国有文化企业需要进一步发展和壮大，文化事业单位分类改革、现代文化市场体系的建立、政府职能的转变都还需要大力推进，新的体制和机制还处于初创时期，文化体制改革与其他领域改革的统筹协调、系统推进还需要在全面深化改革的顶层设计中进一步谋划和探索。这些都成为中共十八大之后文化体制改革面临的新的课题。

（二）以增强文化创造活力为中心环节进行顶层设计

2012 年 11 月通过的中共十八大报告以《扎实推进社会主义文化强国建设》为题，对下一步文化建设作出部署："建设社会主义文化强国，关键是增强全民族文化创造活力。"而增强文化创造活力，就要"深化文化体制改革，解放和发展文化生产力"。2013 年 11 月召开的中共十八届三中全会提出，"紧紧围绕建设社会主义核心价值体系、社会主义文化强国深化文化体制改革"，"以激发全民族文化创造活力为中心环节，进一步深化文化体制改革"。同时还部署了完善文化管理体制、建立健全现代文化市场体系、构建现代公共文化服务体系、提高文化开放水平等四项重点任务。文化体制改革的上述要求和部署与十八届三中全会"全面深化改革"的主题相适应，注重文化体制改革的顶层设计，围绕文化体制改革的根本任务和中心环节，统筹协调推进。"以中共十八届三中全会为标志，新一轮改革大潮已经启动，文化体制改革进入一个新的阶段。"①

2014 年 2 月，习近平主持召开的中央全面深化改革领导小组第二次会议，审议通过《深化文化体制改革实施方案》（以下简称《实施方

---

① 《在新的起点上深化文化体制改革》,《人民日报》2014 年 3 月 26 日。

案》)。《实施方案》注重系统性、整体性、协调性，强调文化体制改革要与经济、政治、社会等其他各领域改革统筹协同，加强文化市场体系建设使之与经济体制改革相衔接；深化文化行政管理体制改革使之与国家行政管理体系相衔接；大力发展公益性文化事业支撑深化体制改革。《实施方案》还突出了攻坚克难的要求，确定了一些涉及深层次矛盾和难点问题的重大任务。《实施方案》要求狠抓落实，在工作推进上力求做到具体化、项目化、责任化，共开列出 25 项、104 条重要改革举措及工作项目，并按照 2015 年、2017 年、2020 年三个时间节点明确了进度要求，确保各项改革任务能落地、见实效。[①]2014 年 3 月 24 日至 25 日，全国文化体制改革工作会议在北京举行，统筹安排落实《实施方案》确定的各项重点任务。

（三）向现代文化治理方式转变

一年多来，各级部门根据中央部署相继出台了一系列文化体制改革的举措。2013 年国家启动“文化金融扶持计划”，推动文化和金融的融合，共为全国 92 个文化产业项目提供了 4.61 亿元的贴息支持。2014 年 2 月 26 日，国务院印发《关于推进文化创意和设计服务与相关产业融合发展的若干意见》，推动文化创意产业在拉动实体经济、发展创新型经济，促进经济结构调整和发展方式转变方面发挥更大作用。3 月印发《关于加快发展对外文化贸易的意见》，有效地推动了文化产品和服务出口。2013 年，两家文化部直属文艺院团实行企业化管理试点，中国爱乐乐团开展组建理事会制度试点，标志着文化事业单位改革取得新的实质性进展。根据中共十八届三中全会决定提出的“建立党和政府监管国有文化资产的管理机构，实行管人管事管资产管导向相统一”的方针，各地积极探索经营性文化单位转企改制后的文化资产管理问题，实践中已经形成了在财政部门成立文化资产办公室、在宣传部门设立文化资产管理部门、单独设立文化资产管理部门、归口国资委管理等各种不同的模

① 孙志军：《今年启动八十多项改革任务 文化体制改革“强魂健体”》，《人民日报》2014 年 3 月 12 日。

式。转变政府职能、简政放权的总体改革要求在文化体制改革领域也取得明显进展。截至 2014 年 2 月，文化部原有的 13 项行政许可审批项目中，已取消或下放了 9 项；国家新闻出版广电总局取消举办全国性出版物订货、展销活动审批等 21 项行政职责，下放了音像复制单位、电子出版物复制单位设立审批等 8 项行政管理职责。文化行政管理部门的简政放权，表明中国的文化管理体制正由办文化向管文化、由管微观向管宏观的现代文化治理方式转变。

［原载《毛泽东邓小平理论研究》2014 年第 9 期］

改革开放以来中国民营电视剧制作业的历史嬗变

潘　娜

中国民营电视剧制作业的发展历程分为四个阶段：萌芽阶段（1978—1991）、起步发展阶段（1992—2002）、蓬勃发展阶段（2003—2008）、转型发展阶段（2009—2014）。各个阶段的监管政策与主要特征，反映了电视剧行业产业化路径的深刻变革。

一、萌芽阶段（1978—1991）

（一）从“积极组织社会力量发展电视剧”到“禁止私人制作电视剧”

中共十一届三中全会召开至20世纪90年代初是民营电视剧的萌芽阶段。这一时期，从“积极组织社会力量发展电视剧”的宽松环境到实行电视剧制作许可证制度，电视剧制作主体的准入门槛逐步抬高，监管政策日益规范。

1979年8月18日至27日举行的第一次全国电视节目会议为了解决国产电视剧短缺的问题，中央广播事业局号召要“大办电视剧”[①]，在会议精神的指导下，全国有条件的电视台都开始大办电视剧。然而，电视剧

① 刘习良主编：《中国电视史》，中国广播电视出版社2007年版，第168页。

产量仍然十分不足，这主要有两方面原因：其一，在“四级办电视”的方针下，全国电视台数量大幅增长，播出需求增多。其二，全国电视机的社会普及率快速提高：从 1978 年的 300 万台增长到 1982 年的 2761 万台，电视观众逾亿；到 1988 年，全国电视机社会拥有量已经达到 1.43 亿台。[①]电视剧产量难以满足大幅增长的电视观众的需求。在电视剧要出成效的要求下，电视剧文艺单位的人力、物力、财力严重不足的情况十分突出。基于这种形势，1983 年 12 月，广播电视部委托电视艺术委员会、中央电视台、中国电视剧制作中心，召开了 1984 年全国电视剧选题规划会议，强调：“采取两条腿走路的方针，在加强电视系统生产电视剧力量的同时，积极组织社会力量发展电视剧。”[②]这是政策上首次明确提出鼓励社会力量参与电视剧生产制作。由此，系统内外的企事业单位、社会影视公司、社会团体以及个人，纷纷加入电视剧的投资制作队伍当中。例如，较早成立的陕西华山影视公司，在 1984 年制作了《水浒外传》等电视剧作品。[③]

20 世纪 80 年代中后期，民营电视剧在宽松的政策环境下快速发展。有评论称：“‘民间’电视剧生产越来越兴旺，冲击着官方的电视剧生产。”[④]然而，随着生产规模和产量的迅速扩大，电视剧的质量问题成为突出矛盾。观众普遍反映不满意，有报刊上的文章指责是由于社会上的公司不负责任导致电视剧质量下降。在缺乏有效制度约束的条件下，社会制作公司良莠不齐，部分制作者受经济利益驱使，背离了艺术创作的初衷。为了规范电视剧制作，管理部门决定加强管制，收紧电视剧制作的准入门槛。1989 年 10 月 31 日，广播电影电视部颁布实施了广发录字［1989］821 号文件《关于实行电视剧制作许可证制度的规定》[⑤]，其中第三条明确提出“禁止私人制作电视剧”，第十条规定“许可证不得涂改、

---

① 杨伟光主编：《中国电视论纲》，中国广播电视出版社 1998 年版，第 1 页。

② 吴素玲：《中国电视剧发展史纲》，北京广播学院出版社 1997 年版，第 190—191 页。

③ 江长录、徐喆：《华山银花异奇峰——华山影视公司成立剪彩侧记》，《当代戏剧》1985 年第 1 期。

④ 本刊记者：《多方位的探讨：“电视剧艺术理论研讨会”纪实》，《现代传播》1988 年第 4 期。

⑤ 该文件于 1995 年 10 月 18 日废止，由广播电影电视部第 17 号令《电视剧制作许可证管理规定》替代。

出卖、租借、转让。持证单位不得以任何方式让不具备制作条件或无许可证单位制作电视剧”。[①] 随后，1990 年 8 月 4 日，广播电影电视部又发布了［1990］520 号文件《〈关于实行电视剧制作许可证制度的规定〉的补充规定》，对《关于实行电视剧制作许可证制度的规定》中所称的“电视剧”进行了解释，明确了监管范围。于是，刚刚兴起的一批民营电视剧制作公司或是倒闭，或是转以投资、合作、挂靠等形式继续生产制作。

（二）萌芽阶段中国电视剧制作业的主要特征

第一，从无到有，由小变大。民营电视剧制作主体的出现，首先得益于改革开放的时代大潮和个体私营经济快速发展。更重要的是，在中国电视恢复发展初期，电视剧这种艺术形式不仅确立了艺术的主体性，而且成为重点发展的电视节目种类。在电视台面临着严重“节目荒”的情况下，民营电视剧制作业的发展一度在政策上得到鼓励与支持。但是，随着发展规模的快速增长，民营电视剧制作公司不断暴露出一些弱点。

第二，“影视合流”助推民营电视剧制作主体的发展。20 世纪 80 年代中期，“影视合流”在一定程度上促进了民营影视剧制作公司的发展。这一时期的电视剧基本按照电影的手法进行拍摄制作，电影人纷纷投身电视剧制作领域，在制作运营方面比较灵活。一些电影人利用业余时间自行拍摄电视剧，如《为了孩子》《众手浇开幸福花》《道路就在你脚下》等电视剧。[②]

第三，销售渠道增多，为民营电视剧制作主体发展提供动力。从电视机的快速普及到 20 世纪 80 年代末期，录像带进入平常百姓家。录像市场的蓬勃兴起和电视剧产品销售利润来源的增多，对民营影视剧制作行业的持续生产产生了一定的拉动作用。

---

① 《中华人民共和国国务院公报》1989 年第 27 期。

② 柏荫萱：《北影厂电视片〈道路就在你脚下〉开拍》，《电影评介》1982 年第 4 期。

二、起步发展阶段（1992—2002）

（一）政策口径有限放宽，一批优质民营电视剧制作主体蓄积实力

这一阶段，广电行政管理部门原则上仍不允许个人、私营企业设立影视制作经营机构，但鼓励社会各界以投资、资助的方式参与制作电视剧。可以说，20 世纪 90 年代至 21 世纪初，是民营电视剧制作公司真正开始增强实力、发展壮大的重要阶段。上千家民营制作公司打着“广告”“文化传播”“策划咨询”等旗号相继成立，以“挂靠”“协助”“承制”“合作”等形式参与电视剧的投资、制作。由于整体数量少，发展又很隐蔽，很不成气候，但这些公司却成为后来电视公司的雏形。[①] 目前行业内制作实力最强的公司，大部分是在这一时期相继成立的。例如，海润影视制作有限公司、金英马影视制作有限公司、北京鑫宝源影视投资有限公司、慈文影视制作有限公司、上海新文化广播电视制作有限公司等。这一阶段，民营影视剧制作公司逐渐开始找准定位，市场竞争力明显增强，并且随着电视剧交易市场逐渐形成，民营影视拍摄基地开始建立，民营影视剧制作公司的经营和生存空间大大拓宽了。

1995 年 9 月 1 日，广播电影电视部令第 16 号《影视制作经营机构管理暂行规定》[②] 颁布实施，这是第一个专门针对影视节目制作经营机构的管理规章。其中第五条明确规定：“个人、私营企业原则上不设立影视制作经营机构。”[③]1995 年 10 月 18 日，广播电影电视部令第 17 号《电视剧制作许可证管理规定》[④] 颁布实施。第 17 号令删除了 821 号文件里面的“禁止私人制作电视剧”和“赞助单位或个人不得干预

① 刘远军：《中国民营电视公司的运营现状研究》，四川大学出版社 2010 年版，第 56 页。

② 该文件于 2004 年 8 月 20 日废止。详见国家广播电影电视总局令第 48 号《关于废止部分法规性文件的决定》。

③《中华人民共和国国务院公报》1995 年第 25 期。

④ 同上。

编、导、摄、录工作”条款。[①] 虽然有严格的规定和种种限制，但第16、17号令的颁布实施，与1989年的相关规定相比明显放松了管理口径，“政府有关部门对民营影视机构‘挂羊头卖狗肉’的行为，睁一只眼闭一只眼，并未较真”[②]。这可以视为对当时正处于起步成长阶段的民营影视剧制作公司的一种默许：国家在推动国有电视剧制作机构提高制作水平和提升经营能力的同时，有限制地为民营影视剧制作公司的生存发展留有空间。

1997年8月1日，国务院第六十一次常务会议通过了国务院令第228号《广播电视管理条例》。该条例第35条对设立电视剧制作机构作出如下规定：“设立电视剧制作单位，应当经国务院广播电视行政部门批准，取得电视剧制作许可证后，方可制作电视剧。电视剧的制作和播出管理办法，由国务院广播电视行政部门规定。”[③] 随后，国家广电总局颁布《关于清理整顿电视剧生产单位和影视制作经营机构的通知》（广发社字［1997］457号文件）和《关于对广播电视节目制作经营单位重新审核登记的通知》（广发社字［1997］881号文件）。[④] 在1997年8月至1998年3月间，根据全国电视剧生产单位和影视制作经营机构的数量、结构、性质、制作情况重新确定了电视剧制作单位资格。同时，各省级广播电视厅局重新审批影视制作经营机构。1998年10月2日，广电总局颁布了《国家广播电影电视总局关于核发〈广播电视节目制作经营许可证〉和〈电视剧制作许可证〉的通知》（广发社字［1998］653号文件）[⑤]，规定电视剧制作许可证分甲、乙两种：甲种证是长期许可证，有效期为三年；乙种证是临时许可证。可申领《电视剧制作许可证》的机构包括省会市级（含）以上电视台（或电视

---

① 《中华人民共和国国务院公报》1995年第27期。

② 陆地：《中国电视产业启示录》，上海交通大学出版社2007年版，第78页。

③ 国家广播电影电视总局法规司：《中华人民共和国广播影视法规汇编》，中国法制出版社2013年版，第32页。

④ 这两个规范性文件均于2010年11月12日废止。详见国家广播电影电视总局令第65号《关于废止部分广播影视部门规章和规范性文件的决定》。

⑤ 该文件于2009年1月20日废止。详见国家广播电影电视总局令第58号《关于废止部分广播影视规章和规范性文件的决定》。

剧制作中心)、电影制片厂、音像出版单位和有专门制作电视剧机构的专业宣传、文艺单位。这基本确立了当前中国影视剧拍摄制作以及经营活动的管理、运行机制。这一时期“隐形”存在的民营影视剧制作机构没有申请影视剧制作许可证的资格，但是相关的规章、规范性文件也未再提及“禁止私人制作电视剧”或“个人、私营原则上不设立影视制作经营机构”，这并非政府管理部门对此问题的忽视，而是一种默许的态度，限制性发展。

此外，这一时期的海外和境外引进剧，特别是港台剧火爆荧屏，引起了社会各界的担忧。为了规范电视剧播出秩序，繁荣国产电视剧，加强对引进、合拍电视剧的宏观调控，广电总局发布了《关于进一步加强电视剧引进、合拍和播放管理的通知》(广发社字[2000]5号)①，严格控制引进剧的播放比例和播出时段。此通知一出，引进影视剧的数量迅速由原来的近3000集锐减到1000集以内，政策引导效应显著。在这种形势下，国产电视剧的市场空间大增，使艰难发展的民营制作公司进入宝贵的历史发展机遇期。

进入21世纪以来，民营影视剧的产量大幅增加、品质不断提升，逐渐成为影视剧行业的重要制作力量。2000年6月15日，国家广电总局令第2号《电视剧管理规定》②颁布实施。其中第二章第十九条明确提出："国家鼓励社会各界以投资、资助的方式参与制作电视剧。"③同时，次年又制定颁布了该规定的实施细则《关于实行广播电视节目制作、发行行业准入制度的实施细则(试行)的通知》(广发办字[2001]1476号文件)。其中，第二条明确规定“未取得制作经营许可证的机构或个人不得从事任何广播电视节目的制作业务”④。这一系列规章、规范性文件体现出了政府管理部门的两难之处：一方面，希望国有制作机构向社会融资，

---

① 该文件于2009年1月20日废止。详见国家广播电影电视总局令第58号《关于废止部分广播影视规章和规范性文件的决定》。

② 该规定于2008年1月1日废止。详见国家广播电影电视总局令第55号《关于废止部分广播影视规章的决定》。

③《中华人民共和国国务院公报》2001年第16期。

④ 国家广播电视总局发展研究中心编:《中国电视剧60年大系法规卷》，中国广播影视出版社2018年版，第92页。

扩大生产规模；另一方面，出于国家文化艺术安全的考虑，又将个人、私营、股份制的民营制作企业继续挡在电视剧制作的大门之外。不过，民营公司事实上获得了更多机会参与影视剧的投资拍摄。随着制作实力的增强、经营理念的成熟，民营影视剧制作公司逐步发展壮大。

（二）起步发展阶段民营影视剧制作业的主要特征

第一,一批实力雄厚、市场竞争力强的民营制作公司逐渐发展壮大，民营剧渐成品牌。到 20 世纪 90 年代中后期，随着行政管理部门对《广播电视节目制作经营许可证》的发放逐渐放宽，一大批民营影视剧制作公司纷纷成立，并且呈现地域聚集的特点，其中以北京、广州、浙江、陕西等地区居多，一些实力雄厚、市场竞争力强的民营影视剧制作公司发展起来，成为影视剧制作领域中不可忽视的力量。

第二，主体身份尚未真正确立。这一时期，虽有上千家各种名目的民营影视制作公司相继成立，但都以投资、挂靠、合作、承制等方式进行电视剧的拍摄制作。同时，这一时期由于电视剧直接或间接带来了丰厚的电视广告收益，从事代理业务的广告公司也凭着得天独厚的优势开始大规模地投入影视剧的制作中。

三、蓬勃发展阶段（2003—2008）

（一）民营影视剧制作公司正式获得市场主体资格，渐成行业主力军

中共十六大第一次将“文化事业”与“文化产业”这两个概念区别开来，这标志着中国文化体制改革进入了一个新的历史阶段。2003 年 12 月 31 日，国务院办公厅颁布《关于印发文化体制改革试点中支持文化产业发展和经营性文化事业单位转制为企业的两个规定的通知》（国办发［2003］105 号文件），其中第十条明确规定：“鼓励、支持、引导社会资本以股份制、民营等形式，兴办影视制作、放映、演绎、娱乐、发行、会展、中介服务等文化企业，并享受同国有文化企业同等待遇”。在民营影视机构管理方面，2003 年 8 月，广电总局向八家民营电视剧制作公司颁发了电视

剧制作许可证（甲种）。[①]2004年6月16日，又为16家股份制及民营电视剧制作公司核发了电视剧制作许可证（甲种）。这意味着民营影视制作公司正式获得了市场主体资格，与国有制作单位享有平等身份。由国有制作单位在中国电视剧制作业‘高人一等’的日子正式宣告结束。从此，民营企业将名正言顺地转为“正规军”。民营影视剧制作公司从此脱掉“隐身衣”，名正言顺地发展。

2004年2月20日，国家广电总局正式颁布实施《关于促进广播影视产业发展的意见》（广发办字［2003］1407号）[②]，其中指出：“允许各类所有制机构作为经营主体进入除新闻宣传外的广播电视节目制作业。”[③]2006年4月6日，国家广电总局印发了《关于印发〈电视剧拍摄制作备案公示管理暂行办法〉的通知》[④]，取消原有的“电视剧题材规划立项审批”制度，实行“电视剧拍摄制作备案公示管理暂行办法”。[⑤]可以说，此举改变了计划经济时期的管理思路：从直接行政干预逐渐向“隐形”引导的方式转型，这对民营制作公司的良性竞争具有积极作用。

（二）蓬勃发展阶段民营影视剧制作业的主要特征

第一，民营影视剧制作公司市场主体资格获得正式确认。国家广电总局向具有一定制作实力的民营影视公司发放电视剧制作甲种许可证，可以调控国有制作机构与民营影视制作公司之间的力量制衡，发挥“鲶鱼效应”，活跃影视剧制作市场，壮大电视剧制作主体实力。整体来看，这一阶段在中国电视剧制作行业的第一梯队里，民营影视剧制作公司的比重有所增加，并呈现出以北京为龙头，地方迅速发展的

---

① 郑叶：《海润影视等八家民营影视公司喜获电视剧生产甲种证》，《北京青年报》2003年8月15日。

② 该文件于2010年11月12日废止。详见国家广播电影电视总局令第65号《关于废止部分广播影视部门规章和规范性文件的决定》。

③ 《国家广电总局〈关于促进广播影视产业发展的意见〉（摘要）》，《中国广播电视学刊》2004年第3期。

④ 该文件于2010年11月12日废止。详见国家广播电影电视总局令第65号《关于废止部分广播影视部门规章和规范性文件的决定》。

⑤ 参见中国政府网 http：//www.gov.cn/zwgk/2006-04/11/content_250700.htm.

态势。民营电视剧产品数量逐年递增，在国产电视剧中所占的比重日趋加大。

第二，民营影视剧制作企业之间差距悬殊，“马太效应”凸显。随着广播电视节目制作门槛的不断降低，从2004年到2008年，持有《广播电视节目制作经营许可证》的机构增长了1714家。按照估算，在这些新增的广播电视制作公司中，民营公司占到了80%以上。但是这些如雨后春笋般诞生的广播电视节目制作公司，真正有实力独立拍摄电视剧的并不多。总体而言，这一阶段民营电视剧制作公司整体上存在着“小、散、乱”的特点。随着电视剧产量逐年增加，出现了大量低品质、同质化的电视剧产品。少数能够找准定位、运营有道的新公司逐渐彰显出竞争优势，迅速获得了相当的市场份额。例如，华谊兄弟传媒有限公司就是后来居上的范例。

第三，民营电视剧制作业呈现以北京为龙头、区域快速发展的特征，集聚效应明显。大部分制作实力雄厚的民营电视剧制作公司聚集在北京。此外，随着东南沿海地区民营经济的快速发展，浙江、江苏、广州、上海等地的民营电视剧也同样呈现快速发展的劲头。电视剧拍摄制作的区域聚集特征，带动了影视产业链以及观光旅游、衍生产品等延伸产业链的形成。

四、媒介融合背景下的转型发展阶段（2009—2014）

（一）视听新媒体成为民营电视剧制作业发展突破口，跨界融合创造新生态

近年来，以网络视频为主的视听新媒体快速发展，用户规模“井喷式”增长，并呈现出从PC端向移动视频终端转移的趋势。2009年广电总局对网络视频行业进行规范，民营视频网站经过优胜劣汰和“洗牌”，涌现出几家大型视频网站占据相当一部分市场份额。2009年底，几大民营视频网站高调宣布推动网络视频正版化，斥亿元巨资购买影视剧网络播出权，电视剧的网络传播从盗版猖獗、几千元的低价直线上升至几万元每集甚至是十几万元每集的价格，电视剧的版权价值得到提升，民营

电视剧制作公司的议价能力有所增强。[①]

然而，随着版权内容积累的逐步完成，民营互联网企业开始深度介入影视内容制作业，近年来出现了网络剧、微电影等新的节目类型。2012年7月，国家广电总局、国家互联网信息办公室联合印发了《关于进一步加强网络剧、微电影等网络视听节目管理的通知》。2014年1月20日又下发了《关于进一步完善网络剧、微电影等网络视听节目管理的补充通知》，确立了“先审后播、自审自播”的管理制度，其核心要义即“谁办网，谁负责”，比传统电视剧审查制度更为灵活，自主性更高，对传统电视剧的艺术形态、制播模式、运营机制等方面带来更深层次的影响。

（二）转型发展阶段民营电视剧制作业发展的主要特征

第一，民营电视剧成为名副其实的主力军，跨地区、跨所有制发展。实力雄厚的民营电视剧制作公司跨地区投资制作、跨所有制发展的特征明显。此外，“一剧两星”等政策新规使电视剧投资制作的风险增大，加快了电视剧制作机构“洗牌”，小的制作公司在竞争中进一步萎缩甚至倒闭。

第二，国家支持力度加大，民营电视剧制作公司上市融资连现亮点。继2009年10月底华谊兄弟传媒股份有限公司率先登陆创业板之后，2010年10月26日，有“电视剧第一股”之称的浙江华策影视股份有限公司于深交所创业板正式挂牌上市，成为国内第二家成功登陆深圳A股市场的影视公司，此后，连续有民营影视剧制作公司上市融资。截至2013年底，已有五家民营影视剧制作公司成功上市。上市融资不仅在一定程度上弥补了资金短板，更有利于完善公司治理结构，有利于增强社会知名度和品牌信誉度，有效带动金融资本和社会资金进入民营影视制作业，对中、小型民营影视剧制作公司的成长起到间接拉动作用。

第三，跨界融合加速，互联网企业成为民营电视剧制作业“黑马”。2010年1月，中国“三网融合”进入实质性推进阶段。经过几年波折，

① 潘娜：《三网融合背景下民营电视剧的版权交易与保护》，《视听界》2011年第1期。

2014 年 4 月 17 日，国家级有线电视网络公司——中国广播电视网络有限公司正式成立。但由于改革缓慢，广播、电视面临着大规模受众群、投资商向互联网转移的危险，显示出互联网传播管道对卫星、有线传播管道的强烈替代效应。[①] 此后，互联网巨头企业加快布局进入电视剧制作业，例如，阿里巴巴在香港收购了文化中国，乐视网收购了电视剧制作业顶尖公司东阳花儿等，资本市场与业界翘楚结合，将进一步加快民营电视剧制作业的结构调整和转型升级。互联网思维、创新技术、金融资本，与具有创新意识的民营电视剧制作主体相结合，将有可能实现民营电视剧品质的极大飞跃。

［原载《中国广播电视学刊》2016 年第 5 期］

---

① 彭文胜：《互联网广播影视融合发展的新尝试：以湖南广播电视台为例》，《广播电影电视决策参考》2014 年第 5 期。

改革开放以来中国共产党宗教政策发展创新的时代特色

魏立帅

中国是一个有多种宗教的国家，佛教、道教、伊斯兰教、基督教和天主教并存。宗教问题攸关国家利益、人民感情和社会主义建设进程，既是一个重要的理论问题又有重大现实意义。中国共产党在处理宗教问题过程中，把马克思主义宗教观的基本原理与中国国情相结合，形成了中国特色马克思主义宗教观。改革开放以来，中国共产党的宗教政策进一步拓展创新，提出一系列宗教政策，制定了许多宗教法规。这些政策法规既是对新中国成立以来宗教政策的继承，又有随时代进步所作的发展创新。这包括重新恢复和发展了宗教信仰自由政策，提出并实施了依法加强对宗教事务管理的政策，坚持并拓展了独立自主自办宗教的原则，进一步巩固发展同宗教界的爱国统一战线，要求正确处理宗教方面两类不同性质矛盾，提出积极引导宗教与社会主义社会相适应等。跨入 21 世纪，中国共产党提出促进宗教关系和谐、构建和谐社会的思想。新时期中国共产党的宗教政策表现出三大特点：一是站在人类社会历史发展的高度认识宗教问题，二是以国家利益为核心处理宗教问题，三是坚持从人民群众的立场出发对待宗教问题。

一、站在人类社会历史发展的高度认识宗教问题

宗教观是制定宗教政策的前提。宗教观包含三方面内容：一是宗教

本质观，即对宗教性质的认识；二是宗教价值观，即对宗教的社会功能、作用和意义的认识；三是宗教历史观，即对宗教的起源、演化及规律的认识。新时期中国共产党宗教政策的一个重大特点是，站在人类社会历史发展的高度认识宗教问题。

关于宗教的本质，恩格斯在《反杜林论》中指出："一切宗教都不过是支配着人们日常生活的外部力量在人们头脑中的幻想的反映，在这种反映中，人间的力量采取了超人间的力量的形式。"[①] 马克思主义认为宗教是一个历史范畴，它的产生和消亡都需要一定的历史条件："只有当实际日常生活的关系，在人们面前表现为人与人之间和人与自然之间极明白而合理的关系的时候，现实世界的宗教反映才会消失。只有当社会生活过程即物质生产过程的形态，作为自由结合的人的产物，处于人的有意识有计划的控制之下的时候，它才会把自己的神秘的面纱揭掉。但是，这需要有一定的社会物质基础或一系列物质生存条件，而这些条件本身又是长期的、痛苦的历史发展的自然产物。"[②] 新中国成立后，中国共产党结合马克思主义宗教观和中国实际，总结出中国宗教群众性、民族性、国际性、复杂性和长期性的特点。进入新时期，中国共产党对宗教的认识进一步深化。

在宗教界拨乱反正过程中，为消除"文革"期间人们对宗教的错误认识，加快宗教界落实政策。1982 年 3 月，中共中央印发《关于中国社会主义时期宗教问题的基本观点和基本政策》，对社会主义时期宗教存在和发展的根源做了论述："宗教是人类社会发展一定阶段的历史现象，有它发生、发展和消亡的过程。宗教信仰、宗教感情，以及同这种信仰和感情相适应的宗教仪式和宗教组织，都是社会的历史的产物。""在社会主义社会中，随着剥削制度和剥削阶级的消灭，宗教存在的阶级根源已经基本消失。但是，由于人们意识的发展总是落后于社会存在，旧社会遗留下来的旧思想、旧习惯不可能在短期内彻底消除；由于社会生产力的极大提高，物质财富的极大丰富，高度的社会主义民主的建立，以及

① 《马克思恩格斯选集》第 3 卷，人民出版社 1995 年版，第 666—667 页。

② 《马克思恩格斯选集》第 2 卷，人民出版社 1995 年版，第 142 页。

教育、文化、科学的高度发达，还需要长久的奋斗过程；由于某些严重的天灾人祸所带来的种种困苦，还不可能在短期内彻底摆脱；由于还存在着一定范围的阶级斗争和复杂的国际环境，因而宗教在社会主义社会一部分人中的影响，也就不可避免地还会长期存在。”[①] 在对宗教长期性认识基础上，中央强调：“对于社会主义条件下宗教问题的长期性，全党同志务必要有足够的清醒的认识。那种认为随着社会主义制度的建立和经济文化的一定程度的发展，宗教就会很快消亡的想法，是不现实的。那种认为依靠行政命令或其他强制手段，可以一举消灭宗教的想法和做法，更是违背马克思主义关于宗教问题的基本观点的，是完全错误和非常有害的。”[②]

为在新的历史条件下处理好宗教问题，1990 年 12 月，全国宗教工作会议召开。江泽民在邀请部分代表座谈时指出：“马克思主义宗教观认为宗教的发生、发展和消亡有一个过程，想用行政的办法或强制手段消灭宗教是不可能的。在中国，随着剥削制度和剥削阶级的消灭，宗教存在的阶级根源已经基本消失。但是，旧社会遗留下来的旧思想、旧习惯不可能在短期内彻底消除。我们解决宗教问题的根本途径只能是发展社会主义的物质文明和精神文明，逐步消除宗教赖以存在的根源。”[③] 可以说，新时期中国共产党的宗教政策是建立在对宗教正确认识基础上的。这种认识的一个突出特点是，站在人类社会历史发展的高度看待宗教的产生和其整个存在过程。正因为站在这样的高度，新时期宗教政策才凸显了长期性、连续性和稳定性的特点，更加强调尊重宗教自身发展规律，提倡宗教与社会主义社会相适应。

二、以国家利益为核心处理宗教问题

中国五大宗教中，佛教、伊斯兰教、基督教和天主教都是世界性宗教。处理宗教问题，既要考虑到国内信教群众的感情和国家稳定，又要

① 《新时期宗教工作文献选编》，宗教文化出版社 1995 年版，第 54、55 页。
② 同上书，第 55 页。
③ 同上书，第 200 页。

照顾到国际影响，抵制国外敌对势力利用宗教对中国的渗透和干涉。可以说，宗教问题事关国家安全和国家利益。因此，中国共产党和中国政府高度重视宗教问题。1993 年 11 月，江泽民在全国统战工作会议上强调“民族、宗教无小事”。对宗教工作，他强调：“一是全面、正确地贯彻执行党的宗教政策，二是依法加强对宗教事务的管理，三是积极引导宗教与社会主义社会相适应。”[①] 新时期宗教政策的一个重大特点就是，以国家利益为核心处理宗教问题。维护国家利益和国家安全是同广大群众（包括信教群众）的利益一致的。这包括两个方面，一方面是尊重和保护公民的宗教信仰自由和正当的宗教活动，另一方面是打击各种打着宗教旗号损害国家利益和人民利益的违法犯罪活动，抵制国外敌对势力利用宗教干涉中国内政。

中国共产党对宗教问题与国家安全和国家利益的关系有清醒认识。1980 年 8 月 26 日，邓小平同班禅大师谈话时指出：“对于宗教，不能用行政命令的办法；但宗教方面也不能搞狂热，否则同社会主义，同人民的利益相违背。”[②] 处理宗教问题的一个重要内容是对宗教活动的管理。对此，《关于中国社会主义时期宗教问题的基本观点和基本政策》规定：宗教活动的时间、规模和次数，宗教组织应当加以安排，避免妨碍社会秩序、生产秩序和工作秩序。任何宗教组织或教徒不应当在宗教活动场所以外布道、传教，宣传有神论，或者散发宗教传单或其他未经政府主管部门批准出版发行的宗教书刊。政教分离，不允许宗教干涉宗教外的活动。20 世纪 80 年代初，新疆、甘肃、宁夏、云南、四川等信奉宗教的一些少数民族地区出现了宗教干预教育、争夺学生的问题。对此，1983 年 2 月，中央转发了教育部《关于正确处理少数民族地区宗教干扰学校教育问题的意见》，明确指出：必须坚持宗教与教育分离的原则，必须坚持宗教不得干预教育的原则，任何人不得利用宗教进行妨碍国家教育制度的活动。

1991 年 2 月，为更好地贯彻党的宗教政策，中共中央、国务院发布

① 《新时期宗教工作文献选编》，宗教文化出版社 1995 年版，第 250、253 页。

② 《邓小平年谱（1975—1997）》（上），中央文献出版社 2004 年版，第 669 页。

《关于进一步做好宗教工作若干问题的通知》，明确提出政府依法管理宗教事务。通知指出："依法对宗教事务进行管理，是指政府对有关宗教的法律、法规和政策的贯彻实施进行行政管理和监督。政府依法保护宗教团体和寺观教堂的合法权益，保护宗教教职人员履行正常的教务活动，保护信教群众正常的宗教活动，防止和制止不法分子利用宗教和宗教活动制造混乱、违法犯罪，抵制境外敌对势力利用宗教进行渗透。对宗教事务进行管理，是为了使宗教活动纳入法律、法规和政策的范围，不是去干涉正常的宗教活动和宗教团体的内部事务。"①

在依法做好国内宗教工作的同时，中国共产党和中国政府努力妥善处理宗教界国际交往问题。进入新时期，中共中央提出要有计划有领导地开展宗教方面的国际交流交往活动。1979 年 4 月，中共中央提出宗教国际交往的基本原则：同外国教会原则上可以在以我为主平等的基础上进行友好往来，但必须从严掌握并且一定要坚持独立自主、自办教会的原则，坚决拒绝任何形式的控制；同各国教会的宗教界人士可以进行互相访问、友好往来，但必须坚持自传的原则，坚决拒绝任何外国教会的神职人员来华传教；同各国宗教界可以进行宗教方面的学术文化交流，但必须警惕帝国主义的文化渗透活动；对外国宗教团体和个人按照宗教习惯的少量捐献和布施，原则上不应生硬拒绝，出于友好愿望的可以灵活处理，但必须坚持自养的原则，坚决拒绝外国教会的办教经费和津贴；国际宗教组织、学术团体和有关的国际会议，对我态度友好的可以参加。1982 年宪法修改时，将"宗教团体和宗教事务不受外国势力的支配"写入宪法。

宗教问题历来具有国际性的特点，20 世纪 80 年代末 90 年代初，东欧剧变、苏联解体，某些国外敌对势力打着宗教旗号，在新疆、西藏等地区进行分裂活动，搞所谓"东突厥斯坦""大哈萨克共和国"等，煽动民族分裂。为此，江泽民多次到新疆、西藏、青海、广西、云南等地视察指导工作，告诫全党要高度重视民族、宗教工作。为规范外国人在华宗教活动，抵制各种借宗教名义危害中国利益的行为，1994 年 1 月，国

① 《新时期宗教工作文献选编》，宗教文化出版社 1995 年版，第 216 页。

务院颁布《中华人民共和国境内外国人宗教活动管理规定》，体现了尊重境内外国人宗教信仰自由，保护他们正常宗教活动和开展正常宗教交流活动的精神。同时也明确“中国的宗教团体和宗教事务不受外国势力支配”的原则，规定他们应当遵守中国法律，不得损害中国社会公共利益，不得以任何方式干预中国宗教内部事务。

随着改革开放深入发展，宗教方面出现许多新情况和新问题，需要制定一部综合性行政法规，对涉及国家利益和社会公共利益的宗教事务进行调整和规范。2004 年 11 月 30 日，国务院发布《宗教事务条例》（以下简称《条例》）。《条例》以保障公民宗教信仰自由、维护宗教和睦与社会和谐、规范宗教事务管理为目的，将宗教信仰自由的内涵、宗教团体、宗教活动场所、宗教教职人员、宗教财产、宗教院校、宗教出版物、开展对外交往活动等方面的权利和法律责任，以法律形式确定下来。另外，《条例》按照依法行政、建设法治政府的要求，规范了政府有关行政管理部门的行政行为。《条例》作为中国宗教方面的综合性行政法规，规范了宗教活动，体现了宗教信仰自由原则，同时要求宗教活动要在法律许可的范围内活动，维护了国家利益和国家安全。

三、坚持从人民群众的立场出发对待宗教问题

宗教问题涉及广大信教群众的宗教感情，处理宗教问题必须考虑到这一点。新中国宗教界在新中国成立后的表现也充分证明，广大神职人员和信教群众是社会主义国家的公民，他们是热爱祖国的，他们也是社会主义现代化建设的重要力量。中国共产党和中国政府代表人民的利益，正确对待宗教问题也是代表人民利益的表现。新时期宗教政策的一个重要特点就是，坚持从人民群众的立场出发来对待宗教问题。

1979 年 10 月，中央批转《关于做好杂居、散居、少数民族工作的报告》，指出，“在杂居、散居的一些少数民族中信仰宗教，仍然是一个群众性的问题”[①]。1980 年 3 月，中央西藏工作座谈会指出，“信奉喇嘛

① 《新时期宗教工作文献选编》，宗教文化出版社 1995 年版，第 30—31 页。

教，是历史上长期形成的，在西藏人民群众中有深远影响，必须慎重对待。如果处理不当，就会脱离群众，影响民族团结。”[①]1990 年 12 月，全国宗教工作会议召开，时任国务院总理李鹏在会上指出：“中国信仰各种宗教的群众虽然在全国总人口中所占比例不算很大，但绝对数字并不小。尤其是中国有近二十个少数民族几乎全民族信仰某一种宗教。宗教在中国仍有比较广泛的群众基础。因此，从某种意义上讲，正确对待宗教问题就是正确对待群众的问题。”[②]这里将正确对待宗教问题上升到“正确对待群众的问题”的高度，是对关于宗教民族性和群众性特点认识的继承，同时，也表明了在新的历史时期中国共产党对待宗教的立场。

2000 年 1 月，时任全国政协主席李瑞环在与全国宗教团体领导人迎春座谈时，论述了中国共产党坚持宗教信仰自由政策的四条原因，其中第二条指出，坚持宗教信仰自由政策是我们的根本宗旨所要求的。中国共产党和中国政府的根本宗旨是全心全意为人民服务，尽一切努力实现和维护广大人民群众的根本权利，其中当然也包括对宗教信仰的自由选择权利。在中国，信教和不信教群众在思想信仰上的差异是次要的，在政治上经济上根本利益的一致性才是主要的。只有尊重公民的宗教信仰自由权利，才能调动广大信教群众的积极性，才能使信教和不信教的群众在根本利益一致的基础上团结起来，把意志和力量凝聚到建设现代化国家、实现更加美好生活的共同目标上来。[③]

2001 年 12 月，江泽民在全国宗教会议上进一步强调了宗教工作在党和国家事业发展大局中的重要地位，把宗教工作的重要性概括为“四个关系到”：做好宗教工作，关系到加强党同人民群众的血肉联系，关系到推进两个文明建设，关系到加强民族团结、保持社会稳定、维护国家安全和祖国统一，关系到中国的对外关系。[④]强调了宗教工作对于加强党同人民群众联系的重要性。为配合宗教工作会议召开，《人民日报》发表社论指出，“我们党代表最广大人民群众的根本利益，当然也包括广大信教

---

① 《新时期宗教工作文献选编》，宗教文化出版社 1995 年版，第 20 页。

② 同上书，第 190—191 页。

③ 《李瑞环同全国宗教团体领导人举行迎春座谈》，《人民日报》2000 年 2 月 1 日。

④ 《全国宗教工作会议在京举行》，《人民日报》2001 年 12 月 13 日。

群众的合法利益"，中国信仰各种宗教的广大群众"也是建设有中国特色社会主义的积极力量"。[①]这是党对信教群众政治地位的明确肯定，也是对党同信教群众关系的明确定位。

正是在这些思想指导下，中国公民的宗教信仰自由得到切实保障。《关于中国社会主义时期宗教问题的基本观点和基本政策》阐述了宗教信仰自由的内涵："尊重和保护宗教信仰自由，是党对宗教问题的基本政策。这是一项长期政策，是一直要贯彻执行到将来宗教自然消亡的时候为止的政策。宗教信仰自由，就是说：每个公民既有信仰宗教的自由，也有不信仰宗教的自由；有信仰这种宗教的自由，也有信仰那种宗教的自由；在同一宗教里面，有信仰这个教派的自由，也有信仰那个教派的自由；有过去不信教而现在信教的自由，也有过去信教而现在不信教的自由。"[②]

新时期中国共产党对宗教问题认识的深化，是与中国共产党对宗教理论和问题的研究重视分不开的。中国共产党高度重视宗教理论的研究，1985年6月，《中共中央统战部关于全国统一战线理论工作会议的情况报告》强调："研究科学社会主义，不能不研究统一战线和民族、宗教问题；研究具有中国特色的社会主义，更不能不研究中国的统一战线和民族、宗教问题。"[③]值得注意的是，每一项宗教政策和法律法规的出台，都经过广泛深入调查和征求意见，体现了民主立法的精神。2007年12月18日，胡锦涛在中共中央政治局集体学习时强调，正确认识和处理宗教问题，切实做好宗教工作，关系党和国家工作全局，关系社会和谐稳定，关系全面建设小康社会进程，关系中国特色社会主义事业发展。我们要从这样的战略高度，充分认识做好新形势下宗教工作的重要性。

［原载《山东社会科学》2009年第7期］

① 《紧密团结信教群众共同致力于建设有中国特色社会主义的伟大事业》，《人民日报》2001年12月13日。

② 《新时期宗教工作文献选编》，宗教文化出版社1995年版，第59页。

③ 同上。

第四篇

习近平关于文化建设的重要论述：逻辑理路与擘画路径

潘　娜

马克思和恩格斯开创了唯物史观意义上的文化观，但是，他们较少明确使用“文化”这一概念，也没有来得及形成相对独立的文化理论体系。列宁在俄国革命和社会主义建设过程中，对文化观进行了积极探索和实践，形成了比较系统的马列主义文化学说，并产生了深刻历史影响。中国共产党人将马克思主义文化观的基本原理同中国革命、建设、改革的具体实际相结合，承继并不断发展马克思主义文化观。尤其是中共十八大以来，习近平从马克思主义实践哲学的科学原理出发，发表了一系列关于中国特色社会主义文化建设的重要论述，形成了马克思主义文化观的最新思想成果，丰富和发展了中国特色社会主义的基本意涵，推动中国当代文化建设逻辑和建设形态的第二次跃升。

一、新的逻辑起点：文化成为形构新时代中国特色社会主义的重要向度

当一个国家的生产力水平发展到一定程度，经济短缺问题不再成为社会主要矛盾时，文化在推动社会发展进程中的能动作用便会越来越突出。特别是，不同观念文化的政治性诉求由隐到显、从弱变强，深刻影响着这个国家的政治发展道路和社会生活形态。中共十八大以来，以习

近平同志为核心的党中央，深刻认识到新的时代维度和社会条件下文化的重要作用，将中国特色社会主义文化的地位提升到前所未有的新高度，并赋予其新的时代内涵和历史使命。

（一）新高度：文化上升为中国特色社会主义基本内涵的重要内容

中共十八大以来，文化在党和国家事业发展全局中的地位和作用不断得到提升。十八大报告对推进中国特色社会主义事业作出“五位一体”总体布局，文化建设与经济建设、政治建设、社会建设、生态文明建设并列，居于灵魂地位。2016 年 7 月 1 日，习近平在庆祝中国共产党成立 95 周年大会上的重要讲话中指出：“坚持不忘初心、继续前进，就要坚持中国特色社会主义道路自信、理论自信、制度自信、文化自信，坚持党的基本路线不动摇，不断把中国特色社会主义伟大事业推向前进。”① 这一重要论述，创造性地在文化维度上丰富和拓展了中国特色社会主义的深厚根基和前进动力，明确了文化自信与道路自信、理论自信、制度自信具有同等重要的意义。2017 年 10 月 24 日，中共十九大通过的《中国共产党章程（修正案）》，把中国特色社会主义文化同中国特色社会主义道路、中国特色社会主义理论体系、中国特色社会主义制度一道写入党章。② 这一历史性的创举，将中国特色社会主义文化提升为中国特色社会主义基本内涵的重要内容，从而使中国特色社会主义文化在最本质、最精髓、最高形态上，成为构成新时代中国特色社会主义的新向度。

（二）新内涵：强化新时代中国特色社会主义文化的历史基因

如何对待本国的文明史，在一定程度上反映了执政党的成熟度和领导人的智慧。习近平指出：“一个抛弃了或者背叛了自己历史文化的民族，

① 习近平：《在庆祝中国共产党成立 95 周年大会上的讲话》，人民出版社 2016 年版，第 12 页。

② 《中国共产党第十九次全国代表大会文件汇编》，人民出版社 2017 年版，第 104 页。

不仅不可能发展起来，而且很可能上演一幕幕历史悲剧。”[①] 这个深刻论断不仅表明习近平发展中国特色社会主义文化的总体性逻辑和历史本位立场，而且对思想文化领域存在的“西方中心主义”错误倾向发出了警示。中国改革开放以来取得了经济腾飞的奇迹，成为世界第二大经济体，但同时也要看到，信息资本主义借助互联网等传播工具在中国进行“文化殖民”的速度和深度令人震惊。从价值观念到生活追求，“文化转基因”无处不在。颜色革命的戏码更是在日常生活、人文教育、学术研究等各个场景中上演，无孔不入地侵入人民群众的精神世界。资本主义文化具有强烈的殖民性，如果不珍惜自己民族的历史文化、不守护中华文化的独立性，那么，精神质变便很容易滑向政治倒戈的危险境地，乃至倾覆党和国家的前途命运。基于其他社会主义国家“内部爆炸”的历史教训和意识形态对决的复杂现实，习近平在党的十九大报告中对中国特色社会主义文化作出了新的时代阐释，指出：“中国特色社会主义文化，源自中华民族5000多年文明历史所孕育的中华优秀传统文化，熔铸于党领导人民在革命、建设、改革中创造的革命文化和社会主义先进文化。”[②] 这就在总体性维度上将中国特色社会主义文化的根须扎实于更加深厚的历史文化土壤当中，使之抵抗侵袭、生长壮大的机能更加强健。

（二）新使命：增强新时代中国特色社会主义的韧性

如果说道路、理论体系、制度是形构中国特色社会主义的刚性向度，那么，文化则是意构中国特色社会主义的柔性向度并赋予中国特色社会主义事业发展以更基本、更深沉、更持久的力量。历史的正义性正是在文化的积淀中萃取而出。众所周知，西方资本主义文明的崛起是建立在海外殖民和资源掠夺的罪恶历史之上，更是壮大于阶级剥削的制度化和文化化当中；而中华民族几千年文明史和新中国70多年社会主义创业史的缔造，从来都是依靠中国人在自己的国土家园上艰苦奋斗而来，这种

① 习近平：《在中国文联十大、中国作协九大开幕式上的讲话》，人民出版社2016年版，第6页。

② 习近平：《决胜全面建成小康社会 夺取新时代中国特色社会主义伟大胜利》，人民出版社2017年版，第41页。

非侵略性的文明形态在世界上是独一无二的，具有超越资本主义文明的包容性与进步性。同时，抵抗外侵的苦难历史锻造了中国人顽强坚韧的民族性格，积淀下不断自我修复、扬弃、创新的文化传统。习近平无比珍视中华民族宝贵的文化传统，自信于中国人民的民族性格，坚信以此为血肉生命的新时代中国特色社会主义文化，必然能够更加牢固地承托马克思主义理想信念在中国的政治实践，使马克思主义文化观在21世纪中国焕发出新的生命力。

二、新的建设范式：从马克思主义实践哲学出发推动中国当代文化建设逻辑和建设形态的第二次跃升

每个国家的文化发展都有自己的一套独特的文化范式，即区别于其他国家文化发展的总的运行模式。这种运行模式的形成是政治行动、经济基础、社会条件、文化传统等综合因素相互作用的结果，并且经过一段历史时期的沉淀而稳定下来，内化于文化主体的思想价值体系当中，使文化主体自觉规范其实践活动。文化范式往往具有较强的惯性，并不总是与时代发展相适应，这就需要强而有力的政治力量推动其创新发展。考察中国当代文化建设范式的历史演展，总体上可以看到文化建设逻辑与建设形态的两次跃升。如果说十一届三中全会恢复了中共八大的思想路线，将文化建设范式从“以阶级斗争为纲”中超拔出来转向“以经济建设为中心”[①]从而实现了第一次跃升，那么，中共十八大以来，习近平则基于中国社会主要矛盾变化和新的国际形势的现实考量，推动中国当代文化建设范式的第二次跃升，即在国内构建符合人民美好生活需要的文化建设逻辑和建设形态，在国外稳健推进由含蓄到主动的范式转换以应对大国文化霸权挑衅。

（一）人民美好生活需要：根据中国社会主要矛盾变化推动文化建设范式转型升级

经过改革开放，中国已经从低收入国家跃升到上中等收入国家行

① 俞吾金：《邓小平与中国当代文化范式的转变》，《复旦学报（社会科学版）》1993年第3期。

列。[①] 随着国民经济水平的变化，中国社会主要矛盾也发生了变化。习近平在党的十九大报告中对此作出了新的重大科学论断，指出："中国特色社会主义进入新时代，中国社会主要矛盾已经转化为人民日益增长的美好生活需要和不平衡不充分的发展之间的矛盾。"[②] 这表明，"人民群众的需要在领域和重心上已经超出物质文化的范畴和层次，只讲'物质文化'已经不能真实全面反映人民群众的愿望和要求"[③]。相应地，改革开放以来所形成的以物质文化建设为优先地位的文化范式，也就不再完全适用于解决现阶段社会主义文化建设的主要矛盾，甚至有可能由于娱乐性文化产品的过度供给而使文化陷入消费主义窠臼，遮蔽人的真正的精神成长需求。中共十八大以来，习近平从历史唯物主义的科学原理出发，深刻把握文化发展的内在规律，在全面深化改革的战略全局中推动文化范式的升级转换，以提高质量和加强社会效益为根本着力点，回应人民群众更高层次、更为全面的文化需求变化，在新的历史方位上实现社会主义文化的再建构。

（二）霸权威胁：由含蓄到主动的对外文化范式转换

2018 年以来，美国以贸易争端为先导，悍然视中国为战略对手，体现了美国对社会主义新经济体"脱嵌"其主导的西方中心主义世界秩序的深刻焦虑。实际上这种焦虑自苏联解体结束两大阵营对抗之后便一直存在。20 世纪 90 年代初，西方中心主义捍卫者亨廷顿提出的文明冲突论就将儒教文明视为对西方文明最严重的挑战之一。这一方面是来自于西方国家自身经济和人口活力的衰弱，另一方面则是忧虑中国经济和军事实力强盛之后会清算以 1840 年鸦片战争为开端的屈辱历史，反过来发动侵略和对外扩张。[④] 在这种一贯的霸权逻辑下，美国为了继续保持从

---

① 国家统计局：《新常态新战略新发展——"十二五"时期我国经济社会发展成就斐然》，国家统计局网站，2015 年 10 月 13 日。

② 《中国共产党第十九次全国代表大会文件汇编》，人民出版社 2017 年版，第 9 页。

③ 《习近平新时代中国特色社会主义思想三十讲》，学习出版社 2018 年版，第 69 页。

④ ［美］塞缪尔·亨廷顿：《文明的冲突与世界秩序的重建》，周琪等译，新华出版社 2009 年版，第 205 页。

两次世界大战中渔利所获得的长达一个多世纪的世界霸主地位，不遗余力地在中国开展“文化殖民”，以“自由民主”等话术蒙骗、扰乱中国社会秩序，以期将中国同化为任其支配的资本主义追随国家。中共十八大以来，美国日益发现同化中国越来越不具备可能性，全面遏制中国成为其新的对华战略。只要中国继续发展，美国就绝不会停止基于霸权逻辑的挑衅，更不会允许中华文化重焕生机，“干扰”资本主义文化的全球殖民。认清这样的现实，就能够深刻理解习近平在党的十九大报告中强调的“坚守中华文化立场”“讲好中国故事，展现真实、立体、全面的中国”[①]的重要战略意义。当前，世界格局已进入以中美软对抗为突出表征的新态势，中国对外文化范式不得不由含蓄转向主动，以使国际社会客观认识中国，理解中国“开放、包容、和平”的文化传统及其支撑下的发展道路。中国从来没有也更加不可能将自身的发展建立在侵略和殖民他国的基础之上，相反，中国“天下合和”的文化特质与马克思主义理想信念的有机结合，反而超越了资本主义文化的侵略性的基因缺陷，有益于推动21世纪人类文明的历史进化。

三、新的思想引领：确立观念文化发展的主导性原则

观念文化的走向对于国家文化建设至关重要。特别是当物质文化短缺问题得到基本解决，文化建设领域的问题和矛盾便更多地集中到观念文化层面，特别是意识形态领域。如果错误的观念文化缺乏有效的引导与规范，那么，党和国家的事业建设便很难凝聚起精神合力。而确立观念文化的主导性原则，关键是要处理好“中、西、马”的关系这一基本问题。中共十八大以来，习近平在理论与实践相结合的层面上，为正确处理三种思想资源的关系提供了清晰、明确的思想遵循，从而使马克思主义的指导地位、中国文化的主体结构、西方文化的互鉴作用获得逻辑确证，并使之有秩序地统合起来形成新的成长动力。

---

① 《中国共产党第十九次全国代表大会文件汇编》，人民出版社2017年版，第33—35页。

（一）“三个地带”批判论：巩固马克思主义在意识形态领域的指导地位

意识形态在观念文化中占据核心地位。马克思和恩格斯始终坚持否定性的意识形态概念，在实践性地考察资本主义经济方式的基础上，深刻揭示了资产阶级为了集团利益而掩盖真实社会矛盾的本质。习近平坚持和发展马克思主义意识形态理论的元批判性，将意识形态斗争作为党的一项极端重要的工作加以推进并创造性地提出了“三个地带”批判论，从而扭转了资本主义意识形态抢占中国思想文化阵地的被动局面，巩固了马克思主义在意识形态领域的指导地位。习近平指出：“思想舆论领域大致有红色、黑色、灰色‘三个地带’。红色地带是我们的主阵地，一定要守住；黑色地带主要是负面的东西，要敢于亮剑，大大压缩其地盘；灰色地带要大张旗鼓争取，使其转化为红色地带。”[①] 这就在认识论和方法论的层面指明了如何在当前复杂多元的意识形态领域开展宣传思想工作。同时，习近平强调坚持以马克思主义为指导，根本上是要“学会运用马克思主义立场、观点、方法观察和解决问题”[②]。也就是说，在坚持和发展马克思主义的过程中，我们不仅要抵御资本主义意识形态的迷惑，更要避免因脱离历史条件、脱离实践而使马克思主义从科学蜕变为意识形态。唯物史观告诉我们，产生意识形态的社会矛盾不被实践地解决，意识形态便不会消失。东欧剧变和苏联解体的历史足以证明，认为社会主义阶段已经解决了所有矛盾是脱离实际的，意识形态斗争必然是一场长期的复杂的斗争。正如拉雷恩所说：“意识形态批判不仅在资本主义社会具有必要性，也同样在社会主义社会具有必要性。”[③] 建立在资本主义经济制度之上的“民主、自由、平等、人权”“普世价值”作为一种虚假意识形态之所以在中国有一定的迷惑性，一方面原因在于某些社会群体特别是部分青年人看不清其本质悖论，另一方面则是由于宣传思想战线上的某些

① 《习近平谈治国理政》第 2 卷，外文出版社 2017 年版，第 328 页。

② 《习近平谈治国理政》，外文出版社 2014 年版，第 154 页。

③ ［英］乔治·拉雷恩：《马克思主义与意识形态：马克思主义意识形态论研究》，张秀琴译，北京师范大学出版社 2013 年版，第 254 页。

工作者被动、含糊、温吞、软弱的工作作风。对于这一点，习近平强调意识形态工作必须保持战斗性，“我们党所进行的一切宣传工作，都应当是主动的，鲜明的，尖锐的，毫不吞吞吐吐。这是我们革命无产阶级应当有的战斗风格。我们要教育人民认识真理，要动员人民起来为解放自己而斗争，就需要这种战斗的风格。”[①]

（二）文化自信动力论：凝聚中华民族伟大复兴的精神力量

文化自信是习近平文化观的思想主脉，其作为“四个自信”谱系的重要组成部分，全面统领新时代中国特色社会主义文化的建设实践。习近平深刻指出：“没有高度的文化自信，没有文化的繁荣兴盛，就没有中华民族的伟大复兴。”[②]这一论断坚持和运用了马克思主义文化哲学的实践性、辩证性、历史性原则，从现阶段中国的现实条件和历史任务出发，指明了主观的精神力量见之于客观的建设行动所能产生的巨大能动作用。习近平在精神动力论的维度上提出文化自信，其落脚点在于精神力量的实践转化，观照的现实主体是劳动实践中的中国人民和中国人民独特的精神特质、禀赋。2018 年 3 月 20 日，在第十三届全国人民代表大会第一次会议上发表的重要讲话中，习近平以“四个伟大精神”高度概括了中国人民在实践创造中所形成的这种特质、禀赋，即“伟大创造精神、伟大奋斗精神、伟大团结精神、伟大梦想精神”，并指出：“中国人民的特质、禀赋不仅铸就了绵延几千年发展至今的中华文明，而且深刻影响着当代中国发展进步，深刻影响着当代中国人的精神世界。”[③]深入考察实践主体的文化心理结构是唯物史观的一个重要哲学特质。作为影响历史进程的主观方面，实践主体的文化心理结构随着历史条件的变化而变化，精神特质、禀赋的发挥也有高低起落。近现代的屈辱历史，使中国的民族精神遭到重创而陷入自卑的低潮。在中国共产党领导中国革命、建设、改革的长期实践中，中国人民才重新找回了对民族历史文化的自信。特

---

① 《十八大以来重要文献选编》（下），中央文献出版社 2018 年版，第 219 页。

② 《中国共产党第十九次全国代表大会文件汇编》，人民出版社 2017 年版，第 33 页。

③ 习近平：《在第十三届全国人民代表大会第一次会议上的讲话》，《人民日报》2018 年 3 月 21 日。

别是随着中国特色社会主义进入新时代，文化自信无疑客观、准确地反映了中国社会的精神气象。[①] 在这种精神气象之下，中国人民的特质、禀赋的发挥迎来了最好的时代条件。与此同时，对中华民族伟大复兴的强烈愿望，使国家、社会、个人形成了高度的内在一致性，产生了强大的精神凝聚力，这些都化作实践行动投入于轰轰烈烈的新时代建设当中。

（三）交流互鉴新文明观：构建人类命运共同体的中国理念

2014 年 3 月 27 日，习近平在联合国教科文组织总部的演讲上提出了交流互鉴新文明观。他强调："只有交流互鉴，一种文明才能充满生命力。"[②] 这一思想与西方霸权主义国家所强调的"文明冲突论"形成了鲜明对照。交流互鉴新文明观所秉持的三个重要的原则和态度是尊重文明的多样性、平等性、包容性，这与马克思主义文明观一脉相承。马克思主义没有抛弃资产阶级时代所产生的那些最宝贵的成就，相反吸收和改造了人类思想文化史中一切有价值的东西，这使马克思主义真正赢得了世界历史性价值。《共产党宣言》早已深刻预见："民族的片面性和局限性日益成为不可能""物质的生产是如此，精神的生产也是如此"[③]。经济全球化的深入发展，应该造就不同文明的深刻交融，而非不断挑起世界冲突。2017 年 1 月 18 日，习近平在联合国日内瓦总部发表的题为《构建人类命运共同体》的演讲，再次强调了坚持文明交流互鉴的中国理念，倡导建设一个开放包容的世界，他指出："不同文明要取长补短、共同进步，让文明交流互鉴成为推动人类社会进步的动力、维护世界和平的纽带。"[④] 实际上，中共十八大以来，习近平一直不遗余力地将包容互鉴新文明观创造性地运用在构建人类命运共同体的倡议与实践中，践行于坚定不移发展开放型世界经济的努力中。从"一带一路"建设到首届中国国际进口博览会的召开，中国始终坚持在开放中分享机会和利益、实现互

① 孟宪平：《马克思主义文化动力思想及其实践研究》，北京师范大学出版社 2018 年版，第 334 页。

② 习近平：《在联合国教科文组织总部的演讲》，《人民日报》2014 年 3 月 28 日。

③ 《马克思恩格斯选集》第 1 卷，人民出版社 2012 年版，第 404 页。

④ 习近平：《共同构建人类命运共同体》，《人民日报》2017 年 1 月 20 日。

利和共赢。习近平部署与推动首届中国国际进口博览会，2018 年 11 月 5 日，他在主旨演讲中强调："人类社会要持续进步，各国就应该坚持要开放不要封闭，要合作不要对抗，要共赢不要独占。在经济全球化深入发展的今天，弱肉强食、赢者通吃是一条越走越窄的死胡同，包容普惠、互利共赢才是越走越宽的人间正道。"[①] 在 21 世纪的广阔未来，交流互鉴新文明观必然将越来越广泛地赢得世界人民的深刻共鸣。

四、新的制度环境：建构有益于文化更平衡更充分发展的政策导向

文化的繁荣兴盛必然以物质文化的平衡充分发展为基本表征。中共十八大以来，习近平在文化建设的顶层设计层面着力解决文化领域出现的新问题、新矛盾。具体体现为：在精准扶贫战略全局中着力解决文化发展不平衡的问题；繁荣发展社会主义文艺以促进中国精神的充分舒展；突出强调社会效益首位原则从而统合文化事业与文化产业的前进方向。

（一）部署精准扶贫战略：着力解决文化发展不平衡的问题

现阶段，文化建设领域的主要矛盾变化体现为文化需求和文化生产两个方面发生的历史性变化，即从"物质文化需要"到"美好生活需要"，从解决"落后的文化生产力"问题到解决文化生产"不平衡不充分的发展"的问题。这里面的"不平衡"，主要是以满足人民群众"美好生活"新需要为标准的城乡、区域、群体之间的文化差距，这就需要更具体地分析实际情况，更细致地提出解决方案。为了有效解决发展不平衡问题，习近平创造性地提出了精准扶贫战略思想。文化精准扶贫寓于整体的精准扶贫战略体系之中，并在"治愚""扶志""扶智"上发挥独特优势，与其他领域精准扶贫形成联动效应。2015 年 11 月，习近平在中央扶贫开发工作会议上的讲话中明确指出："扶贫既要富口袋，也要富脑袋。要坚持以促进人的全面发展的理念指导扶贫开发，丰富贫困地区文化活动，

① 习近平：《共建创新包容的开放型世界经济》，《人民日报》2018 年 11 月 6 日。

加强贫困地区社会建设，提升贫困群众教育、文化、健康水平和综合素质，振奋贫困地区和贫困群众精神风貌。”[①] 这一思想充分体现了马克思主义精神动力论的精髓，没有积极进取的精神意志作为内在驱动，人的实践创造力便无从获得，也就不可能摆脱现实的贫困。所谓美好生活无非就是“积极的生活，如同所有的自然事物，永远都在求新”[②]。2017 年 5 月，文化部发布的《“十三五”时期文化扶贫工作实施方案》对精准扶贫战略作出了具体落实，提出：“到 2020 年贫困地区文化建设取得重要进展，文化发展总体水平接近或达到全国平均水平，人民群众精神文化生活更加丰富，人口素质和社会文明程度进一步提升，文化的‘扶志’‘扶智’作用充分体现”[③]，这就将精神脱贫纳入了与物质脱贫同步实现的轨道。

（二）倡导文艺发时代先声：让中国精神在社会主义文艺中得到充分舒展

文化发展的“不充分”问题，主要集中在文艺生产的产品质与量的矛盾上。从量的方面来看，中国多种文化产品的生产能力已经位居世界前列，某些文化产品甚至已产能过剩。但是，质的方面却并不尽如人意。中共十八大以来，习近平在关于文化建设的系列重要讲话中，不乏尖锐批评。2014 年 10 月，习近平在主持召开文艺工作座谈会时，鞭辟入里地分析了文艺创作的异化现象，指出：“有的调侃崇高、扭曲经典、颠覆历史，丑化人民群众和英雄人物；有的是非不分、善恶不辨、以丑为美，过度渲染社会阴暗面；有的搜奇猎艳、一味媚俗、低级趣味，把作品当作追逐利益的‘摇钱树’，当作感官刺激的‘摇头丸’；有的胡编乱写、粗制滥造、牵强附会，制造了一些文化‘垃圾’；有的追求奢华、过度包装、炫富摆阔，形式大于内容；还有的热衷于所谓‘为艺术而艺术’，只写一己悲欢、杯水风波，脱离大众、脱离现实。”[④] 文艺最能代表一个时代的风貌，最能引领一个时代的风气，开放、包容的文化环境不能反而成

---

① 《十八大以来重要文献选编》（下），中央文献出版社 2018 年版，第 50 页。

② ［美］大卫·哈维：《资本社会的 17 个矛盾》，许瑞宋译，中信出版社 2016 年版，第 238 页。

③ 《文化部发布〈“十三五”时期文化扶贫工作实施方案〉》，《中国文化报》2017 年 6 月 8 日。

④ 习近平：《在文艺工作座谈会上的讲话》，人民出版社 2015 年版，第 9 页。

为滋生消极堕落精神的温床。对此，习近平作出深刻警示——文艺不能在市场经济大潮中迷失方向，不能在为什么人的问题上发生偏差。为了切实提高文化艺术创作的质量和格调，习近平倡导“以人民为中心的创作导向”，激励广大文艺工作者创作出无愧于伟大时代、充分彰显民族精神的文艺作品。2015 年 10 月，中央正式发布了《关于繁荣发展社会主义文艺的意见》，提出“让中国精神成为社会主义的灵魂”，指导文艺创作在新的历史条件下真正起到积极的建构作用，使中国精神在社会主义文艺的载体上得到充分舒展。

（三）强调社会效益首位原则：统合文化事业与文化产业的前进方向

改革开放特别是中共十六大以来，文化产业获得了政策支持，也得到了人们观念上的认可，一直保持着高歌猛进的发展态势。在这种情况下，市场实际上已经演变成为中国文化产品和服务的主导供给渠道。然而，市场的消费性、排他性逻辑，却在一定程度上损害了低收入群体，特别是农村贫困地区人民群众的文化平等权利。特别是随着文化产业与资本市场的深度结合，经济效益最大化越来越成为部分龙头文化企业的最高追求，甚至是唯一追求——唯票房、唯收视率、唯发行量、唯点击率问题日益突出，这就在深层次上损害了广大人民群众获得文化价值的权利，与社会主义文化建设的目标追求产生了内在矛盾。中共十八大以来，为了有效解决这些根本性、方向性问题，习近平将文化建设的社会效益首位原则放在全面深化文化体制改革的顶层设计层面予以强调，指出：“关于文化体制改革，我只强调一点，就是要在继续大胆推进改革、推动文化事业全面繁荣和文化产业快速发展、建设社会主义文化强国的同时，把握好意识形态属性和产业属性、社会效益和经济效益的关系，始终坚持社会主义先进文化前进方向，始终把社会效益放在首位。”[①] 为了形成示范引领效应，中央着重对国有文化企业作出了改革部署。2015 年 9 月，中共中央办公厅、国务院办公厅印发了《关于推动国有文化企业

① 《习近平关于社会主义文化建设论述摘编》，中央文献出版社 2017 年版，第 185 页。

把社会效益放在首位、实现社会效益和经济效益相统一的指导意见》，将国有文化企业履行社会效益首位原则落实到企业章程和评价考核体系当中。该《意见》出台后，全国178家省属重点文化企业迅速以“社会效益第一、社会价值优先”为核心作出了改革行动。[①] 在提质增效的同时，国有文化企业还进一步成为提供公共文化服务的新增量，这与公共文化服务社会化的思路相向对接，成为促进新时代文化事业与文化产业协同合力发展的新的实践路径。

总之，习近平关于新时代社会主义文化建设的最新理论成果，使马克思主义文化观在21世纪中国获得了新的理论生命力，其实践优先性的哲学品格不断推动思想能量的现实转化，为新时代中国特色社会主义文化建设提供强而有力的行动指引。

［原载《科学社会主义》2019年第3期］

① 徐隽、宋豪新等：《改革没有完成时》，《人民日报》2017年10月11日。

十八大以来我国文化体制改革的新发展

曹光章

中共十八大以来的文化体制改革，是改革开放以来特别是中共十六大以来文化体制改革的继续和深化。为了深入理解和把握中共十八大以来文化体制改革的特征和进展，有必要先回顾一下此前文化体制改革的简要历程。

一、文化体制改革历程的简要回顾

中共十八大之前，中国文化体制改革大体经历了以下三个阶段：第一个阶段，20 世纪 80 年代的起步阶段。是以艺术表演团体内部的体制改革为主，探索了艺术表演院团内部领导体制、管理体制、分配体制等方面的改革，一定程度上促进了艺术生产力和艺术创作的发展。第二个阶段，20 世纪 90 年代在探索中不断前进的阶段。艺术表演院团体制改革依然是重点，同时影视领域、出版领域、图书馆行业也都进行了探索。此外，还积极培育和发展社会主义文化市场，加强文化市场管理，出台文化经济政策，探索适应社会主义市场经济要求的筹资机制和多渠道投入体制。这一时期，最重要的成果是在观念上突破了计划经济体制下文化观念的束缚，逐步形成了一系列与社会主义市场经济体制相适应的新的文化发展理念。第三个阶段，中共十六大以来“文化体制改革全面推进”[①] 的阶段。国有经

① 胡锦涛：《坚定不移沿着中国特色社会主义道路前进 为全面建成小康社会而奋斗——在中国共产党第十八次全国代表大会上的报告》，《光明日报》2012 年 11 月 18 日。

营性文化单位转企改制方面，全面完成了出版发行、电影电视剧制作、广电传播等单位的转企改制，基本完成一般文艺院团、非时政类报刊出版等单位的转企改制，重点新闻网站的转企改制取得重大突破。公益性文化事业单位的人事、收入分配和社会保障制度等三项制度改革取得明显成效，管理水平和服务效率显著提高。文化市场综合执法改革基本完成。政府职能大幅度转变，文化行政管理部门正由“办文化”向“管文化”转变，由主要管理直属单位向社会管理转变，由行政管理为主向行政、法规、经济等综合管理转变，文化宏观管理体制进一步完善。

2012 年 9 月，全国文化体制改革工作表彰大会召开。李长春在大会上的讲话中指出，文化体制改革由点到面、有序推开，历经 10 年，“基本完成中央确定的文化体制改革的阶段性任务”[①]。文化体制改革阶段性任务的完成，极大地改变重塑了文化发展的格局：初步形成以公有制为主体，多种所有制共同发展的文化产业格局；初步形成覆盖城乡的公共文化服务体系；进一步形成以民族文化为主体、吸收外来有益文化、推动中华文化走向世界的文化对外开放格局。但是也要看到，“前一阶段文化体制改革成效明显但成果还不稳固，一些制约文化科学发展的深层次矛盾和问题还没有完全破题，文化创新环境还有待进一步优化”[②]。比如，通过转企改制的国有文化企业多数还缺乏活力和竞争力，根本原因在于刚刚完成转制的国有文化企业的法人治理结构还不完善，经营管理水平亟待提高，为此就要进一步推行公司制、股份制改造，形成符合现代企业制度要求、体现现代文化企业特点的资产组织形式和经营管理模式。再比如，面对转企改制后的国有文化企业以及数量越来越多的多种所有制的文化企业，我们的文化管理体制如何适应从过去以管理文化事业单位为主向管理文化企业为主的转变？对于转企改制的重要国有传媒企业，党和政府如何始终保持对国有资产的有效监管，并且始终坚持党管意识形态不动摇？这些都是需要在进一步的改革探索中解决的问题，是中共十八大之后文化体制改革的重要任务。

---

① 李长春：《文化强国之路——文化体制改革的探索与实践》（上），人民出版社 2013 年版，第 260 页。

② 雒树刚：《进一步深化文化体制改革》，《人民日报》2013 年 12 月 3 日。

二、文化体制改革进入全面深化的新阶段

中共十八大以来，习近平从实现中华民族伟大复兴中国梦的高度对文化建设提出了一系列新论断、新思想、新要求；中国特色社会主义建设事业“五位一体”总体布局和“四个全面”战略布局也为文化改革与发展构建了新的历史坐标，提出了新的历史任务。

文化兴盛为民族强盛提供支撑，中华民族伟大复兴需要以中华文化发展繁荣为条件；提高文化软实力，关系“两个一百年”奋斗目标和中华民族伟大复兴中国梦的实现。习近平在这样的高度上强调文化的作用，强调建设社会主义文化强国的重要性，对推进文化体制改革，形成全民族文化创造活力持续迸发的体制产生了巨大的推动力量。中宣部、文化部、新闻出版广电总局等相关部门攻坚克难，奋力推进宏观文化管理体制、微观文化经营机制、文化市场体制、公共文化服务体制、文化法制等一系列重要改革。

核心价值观是文化软实力的灵魂，是文化软实力建设的重点，是决定文化性质和方向的深层次要素；构建具有强大感召力的核心价值观，关系社会和谐稳定和国家的长治久安；必须把培育和弘扬社会主义核心价值观作为凝魂聚气、强基固本的基础工程。宣传思想工作就是要巩固马克思主义在意识形态领域的指导地位，巩固全党全国人民团结奋斗的共同思想基础。中共十八大以来，习近平关于核心价值观和意识形态建设的论述，转化为文化体制改革的要求就是：“要紧紧围绕建设社会主义核心价值体系、社会主义文化强国深化文化体制改革”[①]；“始终坚持社会主义先进文化前进方向，始终把社会效益放在首位。无论改什么、怎么改、导向不能丢，阵地不能丢。”[②]

2012年11月，中共十八大提出全面建成小康社会和全面深化改革开放的目标，强调深化重要领域改革，坚决破除一切妨碍科学发展的思想

① 《中共中央关于全面深化改革若干重大问题的决定》，《人民日报》2013年11月16日。

② 《习近平关于全面深化改革论述摘编》，中央文献出版社2014年版，第85页。

观念和体制机制弊端，构建系统完备、科学规范、运行有效的制度体系，使各方面制度更加成熟、更加定型。这其中就包括文化体制改革的目标："加快完善文化管理体制和文化生产经营机制，基本建立现代文化市场体系，健全国有文化资产管理体制，形成有利于创新创造的文化发展环境。"这里对文化体制改革目标的描述极具概括性，无论字面上还是内容上看起来，同以往文化体制改革目标的要求都似乎没有太大区别。但是，文化体制改革的定位却发生了显著变化，它是全面深化改革的重要组成部分。在这样的定位中，文化体制改革不仅要破除束缚文化发展的思想观念和体制机制弊端，破解难题，而且要更加注重制度建设，形成更加成熟、更加定型的文化制度体系。

2013 年 11 月，中共十八届三中全会通过《中共中央关于全面深化改革若干重大问题的决定》（以下简称《决定》），确定全面深化改革的总目标是完善和发展中国特色社会主义制度，推进国家治理体系和治理能力现代化。《决定》对全面深化改革作出战略部署，并在第十一部分以"推进文化体制机制创新"为标题，提出文化体制改革四个方面的任务：完善文化管理体制、建立健全现代文化市场体系、构建现代公共文化服务体系、提高文化开放水平。《决定》对全面深化改革提出了总的任务书和时间表：到 2020 年，在重要领域和关键环节改革上取得决定性成果，完成《决定》提出的改革任务，形成系统完备、科学规范、运行有效的制度体系，使各方面制度更加成熟更加定型。中共十八大之前文化体制改革也有任务书和时间表：到 2012 年努力在重点领域和关键环节取得实质性突破，完成阶段性改革任务。十八届三中全会关于全面深化改革的任务书和时间表则规定了文化体制改革新的任务书和时间表：到 2020 年，在文化体制改革重要领域和关键环节改革上取得决定性成果，完成《决定》提出的文化体制改革任务。

要理解中共十八大以来文化体制改革的新的历史特点，把握其新的阶段性特征，必须注意联系习近平从实现中华民族伟大复兴中国梦的高度对文化建设提出的一系列新论断、新思想、新要求；必须把握文化体制改革作为全面深化改革战略重要组成部分所具有的共性定位，以及这一共性所赋予它的新目标新任务：加强制度建设，形成更加成熟更加定型的社会主义文化制度体系；推进文化治理体系和治理能力现代化；在重要领域和关键环节改革上取得决定性成果，完成十八届三中全会确定的文化体制改革任务。正是从这个意义上，我们说，中共十八大以来的文化体制改革进入了全面深化改革的新阶段。

三、抓住文化改革发展的主要矛盾，确立文化体制改革的方向

从唯物辩证法角度来说，改革无非就是解决矛盾。在文化领域，存在着各种各样的矛盾，比如，党委、政府和国有文化企业的矛盾，中央文化管理部门和地方政府部门之间的矛盾，中央文化管理部门之间的矛盾，人民文化需求和文化供给的矛盾，艺术产品生产的特殊规律和市场规律的矛盾，经济效益和社会效益的矛盾，等等。这些矛盾，可以归结为人民日益增长的文化需求同文化生产力之间的矛盾；中国不断提升的综合国力同文化软实力之间的矛盾。要解放文化生产力、提升文化软实力，则必须解决政府管理和市场作用的矛盾，经济效益和社会效益的矛盾。可以说，这两对矛盾是文化体制改革始终面临的重大矛盾。这两对矛盾，源于文化产品自身所具有的双重属性之间的矛盾，即精神产品属性和商品属性、意识形态属性和产业属性之间的矛盾。改革开放以来，中国文化体制改革的演进正是基于对这一矛盾的认识深化和实践探索所推动的。

在20世纪80年代的文化体制改革中，由于计划经济体制的观念束缚还相当严重，当时对于文化领域中的一些新的探索，“社会上众说纷纭，褒贬不一，莫衷一是”[①]。根本原因就在于许多人对文化所具有的双重属性认识不够，加上80年代初艺术表演院团实行承包责任制和80年代末实行双轨制导致出现一些片面追求经济效益的乱象，因而很多人否认文化的商品属性，进而否认文化产品的经济效益，否认市场的作用。这给探索文化体制改革的部门造成很大困扰。90年代初，随着社会主义市场经

① 马洪主编:《中国改革全书:1978—1991，文化体制改革卷》，大连出版社1992年版，第3页。

济的发展，社会上又出现了关于文化社会效益和经济效益关系的一些奇谈怪论，比如："社会效益好比公鸡打鸣，经济效益好比母鸡下蛋，要一只鸡又打鸣又下蛋是不可能的。"[①] 1992年，中共十四大提出了中国经济体制改革的目标是建立社会主义市场经济体制，提出要使市场在国家宏观调控下对资源配置起基础性作用。此后，中共十五大、十六大、十七大、十八大报告论述经济体制改革时，都延续了发挥市场在资源配置中的基础性作用这样的表述，这导致"相当长一段时间以来，在谈到市场在文化发展中的作用时，人们常说常听的一句话就是'发挥市场在资源配置中的基础性作用'。这句从经济领域照搬过来的话，流行了很长时间，并诱发了发展文化产业就是对文化搞产业化的误解。这句话，突出了文化的商品属性，淹没了文化的意识形态属性、审美属性，也没有综合考虑对公益性文化事业、经营性文化产业的统筹兼顾"[②]。鉴于上述情况，2011年10月，中共十七届六中全会通过的《中共中央关于深化文化体制改革、推动社会主义文化大发展大繁荣若干重大问题的决定》，明确提出"发挥市场在文化资源配置中的积极作用"，以纠正一些人对于市场作用的模糊认识。不过，简单地把经济体制改革中关于政府和市场关系的定位照搬到文化领域中的观点并没有消失。在中共十八届三中全会把经济体制改革中政府和市场关系的定位进一步界定为"使市场在资源配置中起决定性作用和更好发挥政府作用"之后，有的报道或文章就提出，在文化体制改革中要使市场在资源配置中起决定性作用和更好发挥政府作用。这种说法，或许不是有意为之，但它显然是对十八届三中全会精神的一种误解，也是对中共十八大之后文化体制改革方向的严重误读，反映了人们对于文化体制改革中如何正确处理政府和市场的关系、经济效益和社会效益的关系始终存在着模糊认识。

2013年8月19日，习近平在全国宣传思想工作会议上的讲话中明确指出："关于文化体制改革，我只强调一点，就是要在大胆推进改革、推动文化事业全面繁荣和文化产业快速发展、建设社会主义文化强国的同

---

① 转引自刘忠德：《关于文化工作面临的若干理论和实践问题的思考》，《人民日报》1993年7月22日。

② 程惠哲：《发挥市场在文化资源配置中的积极作用》，《中国文化报》2012年2月7日。

时，把握好意识形态属性和产业属性、社会效益和经济效益的关系，始终坚持社会主义先进文化前进方向，始终把社会效益放在首位。无论改什么、怎么改、导向不能丢，阵地不能丢。”[①]2014 年 2 月 28 日，习近平在中央全面深化改革领导小组第二次会议上的讲话中进一步指出：“要紧紧围绕建设社会主义核心价值体系、建设社会主义文化强国，完善文化管理体制和文化生产经营机制，建立健全现代公共文化服务体系、现代文化市场体系来做好工作，以此推动社会主义文化大发展大繁荣。”[②]习近平关于文化体制改革的重要论述，抓住了文化体制改革中面临的主要矛盾，对文化体制改革中经济效益和社会效益的关系问题，党委、政府和市场的关系问题作出了进一步的明确回答：文化体制改革必须始终坚持社会主义先进文化前进方向，始终把社会效益放在首位，确保党始终掌握文化改革发展的领导权、主导权，确保社会主义核心价值观的引领。这不仅澄清了模糊认识，也为全面深化文化体制改革指明了前进方向、提供了根本遵循。

四、文化体制改革加强顶层设计、攻坚克难、全面深化

（一）加强顶层设计，搭建文化领域的“四梁八柱”

2014 年 2 月 28 日，习近平主持召开中央全面深化改革领导小组第二次会议，审议通过《深化文化体制改革实施方案》（以下简称《方案》），这是中央全面深化改革领导小组审议通过的第一个专项小组改革方案，标志着新一轮文化体制改革开始进入全面实施阶段。《方案》对于深化文化体制改革的顶层设计，可以概括为紧紧围绕一个核心目标，着力抓住两个关键环节，加快构建五个体系。“一个核心目标”，即培育和弘扬社会主义核心价值观、建设社会主义文化强国；“两个关键环节”，即完善文化管理体制、深化国有文化单位改革；“五个体系”，即构建现代公共文化服务体系、现代文化市场体系、优秀传统文化传承体系、对外文化

① 《习近平关于全面深化改革论述摘编》，中央文献出版社 2014 年版，第 85 页。

② 习近平：《在中央全面深化改革领导小组第二次会议上的讲话》，《人民日报》2014 年 3 月 1 日。

传播和对外话语体系、文化政策法规体系。《方案》突出了文化体制改革与全面深化改革其他各个领域协调推进的要求，突出了攻坚克难、解决深层次矛盾和难点问题的要求，突出了狠抓落实，确保各项改革任务能落地、见实效的要求。《方案》为文化改革发展确定了更加具体的时间表和任务书，共开列出 25 项重点工作，细化为 104 项工作项目。据 2016 年 5 月 11 日《人民日报》报道，104 个项目明确应于 2015 年完成的有 50 项，现已基本完成；应于 2017 年完成的 39 项，现已完成 9 项；应于 2020 年完成的 15 项长期性任务也在积极落实，改革正按照既定目标稳妥有序推进。[①]

2014 年以来，围绕使中国特色社会主义文化制度更加成熟、更加定型的核心目标，经中央审议批准，印发了一系列关于文化改革发展的重要文件:《关于繁荣发展社会主义文艺的意见》(2015 年 10 月 3 日)、《关于推动国有文化企业把社会效益放在首位、实现社会效益和经济效益相统一的指导意见》(2015 年 9 月)、《关于推动传统媒体与新兴媒体融合发展的指导意见》(2014 年 9 月)、《关于加快构建现代公共文化服务体系的意见》(2015 年 1 月)、《关于全国性文艺评奖制度改革的意见》(2015 年 12 月)、《关于进一步深化文化市场综合执法改革的意见》(2016 年 4 月)、《关于实施中华优秀传统文化传承发展工程的意见》(2017 年 1 月)、《关于加强文化领域行业组织建设的指导意见》(2017 年 5 月) 等。上述文件中，第一个文件以中共中央名义发布，其余均以中共中央办公厅、国务院办公厅名义联合印发。这些重要文件的出台和实施，一步步建立起文化领域中具有“四梁八柱”性质的一系列体制和机制，推动着社会主义文化制度更加成熟、更加定型。

（二）继续深化文化管理体制改革

全面深化改革战略在行政管理体制领域是以“转变职能、简政放权”为主要内容，文化管理体制改革与此相衔接，在转变职能、简政放权方

① 《以改革创新精神谱写“中国梦”的文化篇章——中共十八大以来文化体制改革述评》,《人民日报》2016 年 5 月 11 日。

面迈出重大步伐。2013 年两会期间，国务院机构改革和职能转变方案公布，其中国家广电总局和新闻出版总署不再保留，整合组建成为国家新闻出版广电总局。接下来，省级新闻出版和广电机构也实现了整合；在副省级以下城市则实现了文化、广电、新闻出版三个部门的整合。文化管理部门的整合对于转变政府职能、简政放权具有重要意义。时任新闻出版总署党组书记、副署长蒋建国指出："整合新闻出版总署和广电总局的职责，组建新的新闻出版广播电影电视总局，可以减少两个部门之间的职责交叉，进一步落实好管理责任，提高行政效率，促进政府职能转变，有利于这些行业的管理部门更好地履行政策调节、行业监管、公共服务的职能。完成两个部门的整合还仅仅是改革的第一步，更重要的是要转变职能，简政放权，释放活力。"自 2013 年至 2017 年 2 月，新闻出版广电总局取消"设立出版物全国连锁经营单位审批"等 15 项行政审批事项，下放"音像复制单位设立审批"等 5 项行政审批事项。文化部网站公布的信息显示，当时文化部仅仅保留了《中外合资经营、中外合作经营的演出经纪机构设立审批》《互联网文化单位进口互联网文化产品内容审查》等 4 项行政许可项目。文化领域的简政放权把市场能办的事情交给市场，把政府不该管的事情交给企业和社会，把地方可以管好的事情交给地方政府，最大限度地调动了个人、企业和社会的文化活力和创造力。

我们在许多领域的改革中，都曾经深陷"一管就死、一放就乱"的二难选择，文化领域在 20 世纪八九十年代的改革也曾为此所困扰。那么"简政放权"之后的文化该怎么管？在此前的改革中，文化市场综合执法改革取得了很好的实践效果。中共十八大以来，继续深化整合文化市场综合执法改革的同时，文化领域与全面依法治国的战略要求相适应，加快了文化立法进程，《网络安全法》《电影产业促进法》《公共文化服务保障法》等文化法规相继出台，文化法治保障日益强化，依法行政全面深入推进，依法管理水平不断提高，取得了很好的实际效果和社会反响。这方面比较突出的是《网络安全法》的出台和实施，有效遏制了前几年网络领域中出现的一些令管理部门头疼、令广大人民群众心痛的乱象，一些网络造谣者、色情提供者和不良网络大 V 被依法惩治，有效维护了国家网络空间主权和国家安全、维护了社会公共利益，得到广大网民和人民群众的热烈支持和高度赞赏。

（三）继续推进国有经营性文化事业单位转企改制，继续深化公益性文化事业单位改革

经营性文化事业单位主要是指新闻出版、广播影视和文化艺术类事业单位，转制包括整体转制（图书、音像和电子出版社，生活、科普等非时政类报刊出版单位，新华书店，艺术院团，电影制片厂和电影发行放映公司，影剧院，重点新闻网站整体转制为企业）和剥离转制（党报党刊和时政类报刊中的广告、印刷、发行、传输网络等部分，影视剧等节目制作与销售机构，从事业体制中剥离出来转制为企业）两种情况；转企改制后的文化单位，要核销事业编制，在工商行政部门注册登记，跟员工签订劳动合同，按企业的办法参加社保。十多年来，经营性文化事业单位转企改制一直是文化体制改革的中心环节，也是衡量改革是否取得实质性进展的重要标志。到2012年，已经完成出版发行、电影电视剧制作、广电传播等单位的转企改制，基本完成一般文艺院团、非时政类报刊出版等单位的转企改制，重点新闻网站的转企改制取得重大突破。中共十八大以来，继续推动少数还没有完成转企改制的国有文艺院团、非时政类报刊出版单位和重点新闻网站完成转企改制任务。《国家“十二五”时期文化改革发展规划纲要》提出，到2015年全部完成经营性文化事业单位转企改制的任务，这个任务已经完成。但是，“经营性文化单位转制为企业，这只是改革的第一步。为什么？因为现在文化企业的规模都很小，实力都很弱，好多现在还是行政单位附属物。这些年，各地都组建了若干文化企业集团，包括演艺集团、出版集团、传媒集团、电影集团、有线网络集团。这些集团的共同特点是两个：一是分业经营。演艺的不做电影，不做图书，电影的不会去做出版，更不会去做演艺。这都是分业经营。再一个是地域很强，各自为政。这是导致文化企业规模小、实力弱的很重要原因”[①]。国有文化企业要在市场经济中发展壮大，

---

① 高书生：《文化改革发展的十个关键词》，中国经济网，2015年11月13日。

就必须加快公司制股份制改造，完善法人治理结构，进一步探索符合现代企业制度要求、体现文化企业特点的资产组织形式和经营管理模式。2014 年 4 月 2 日，国务院办公厅印发中宣部等有关部门和单位拟定的《文化体制改革中经营性文化事业单位转制为企业的规定》和《进一步支持文化企业发展的规定》，把原定延续到 2013 年的文化单位转企改制扶持政策又延长 5 年，适用于所有改制文化单位，继续为转制企业提供扶持政策，“扶上马，送一程”。与此同时，加快了文化投融资体制改革，鼓励支持符合条件的文化企业通过资本市场做优做强。经过“十二五”期间的努力，国有文化企业改革引起中国文化企业整体格局发生了巨大变化，一批新型文化企业脱颖而出，一批老牌文化企业则通过转型迸发出新的活力。2016 年，资本市场掀起了“文化热”，中国文化企业迎来了一波“上市潮”。截至 2017 年 4 月底，沪深两市文化上市公司达 103 家，约占 A 股上市公司总数的 3.21%，形成特色鲜明的“文化板块”，其中营业收入超 100 亿元的有 10 家。全国中小企业股份转让系统启动以来，挂牌的文化企业有 690 家，约占新三板挂牌企业总数的 6.2%。①

2003 年以来，在区分经营性文化单位和公益性文化单位的框架下，公益性文化事业单位按照中央增加投入、转换机制、增强活力、改善服务的要求推进改革，取得了明显的成效。但是依然存在管理体制不顺，运行机制不畅等问题，文化事业单位服务水平和服务效能有待提高。针对上述问题，十八届三中全会通过的《中共中央关于全面深化改革若干重大问题的决定》提出了继续深化文化事业单位改革的要求：根据不同文化事业单位功能定位，建立法人治理结构，完善绩效考核机制。推动公共图书馆、博物馆、文化馆、科技馆等组建理事会，吸纳有关方面代表、专业人士、各界群众参与管理。为落实十八届三中全会精神，文化部在充分调研基础之上，制定了公共文化机构法人治理结构的试点工作方案。2014 年 9 月，文化部公布了国家公共文化机构法人治理结构试点单位名单，南京图书馆、浙江图书馆、重庆图书馆、山东省济南市群众

① 《中共十八大以来文化体制改革成效显著》，载刘阳、郑海鸥：《坚定文化自信开创社会主义文化繁荣新景象——党的十八大以来文化体制改革成效显著》，《人民日报》2017 年 7 月 24 日。

艺术馆、广西桂林临桂县文化馆等 10 家单位被列为试点。11 月 28 日，南京图书馆理事会成立，理事会由 14 人组成，监事会 5 人，面向社会公开招募理事 6 名、监事 2 名，目标是形成理事会、监事会、管理层和党委会“四位一体”的管理体制。公共文化机构法人治理结构试点，旨在明确文化事业单位法人自主权，扩大社会参与，规范运行机制，建立法人治理结构，明确决策层、管理层的职责权限和规则，从而完善文化事业单位的激励机制，提高运行效率，确保公益性文化目标的实现。

（四）健全国有文化资产管理体制、健全坚持正确舆论导向的体制机制

经营性文化单位转企改制推动政企分开，公益性文化单位通过法人治理结构改革获得法人自主权推动政事分开，这些改革进展都实实在在地推动着政府由办文化向管文化转变。但是，政企分开、政事分开之后，党委和政府如何对国有文化单位进行有效管理？哪些该管、哪些不该管，要管应该怎么管？中共十八大提出要“健全国有文化资产管理体制”，十八届三中全会更进一步提出“建立党委和政府监管国有文化资产的管理机构，实行管人管事管资产管导向相统一”。“健全坚持正确舆论导向的体制机制。健全基础管理、内容管理、行业管理以及网络违法犯罪防范和打击等工作联动机制，健全网络突发事件处置机制，形成正面引导和依法管理相结合的网络舆论工作格局。整合新闻媒体资源，推动传统媒体和新兴媒体融合发展。推动新闻发布制度化。严格新闻工作者职业资格制度，重视新型媒介运用和管理，规范传播秩序。”健全国有文化资产管理体制、健全坚持正确舆论导向的体制机制，这是落实习近平“双效统一”要求的重大制度安排。中共十八大以来，从中央到地方都加快了探索国有文化资产管理体制创新的步伐，形成了在财政部门成立文化资产办公室、在宣传部门设立文化资产管理部门、单独设立文化资产管理部门、归口国资委管理等各种不同模式，为进一步形成科学合理的国有文化资产管理体制积累了经验。

特殊管理股制度试点是十八届三中全会以后文化体制改革探索的又一项重点工作。所谓特殊管理股是指具有较多投票权的股票。一般的股

票市场上股票的投票权都是“一股一票”，而特殊管理股的投票权可能是“一股多票”。这种制度设计主要应用在高科技行业和传媒行业，以利于企业创始人或传媒公司股东保持掌控权。2014 年 2 月，中央全面深化改革领导小组第二次会议审议通过的《深化文化体制改革实施方案》，把在传媒企业实行特殊管理股制度试点列为 2014 年工作要点。2016 年 5 月 19 日，国家新闻出版广电总局召开会议。会议提出建议：国资特殊管理股比例至少 1%，拥有董事席位，对内容有一定审查权。2017 年 1 月，中共中央办公厅、国务院办公厅印发了《关于促进移动互联网健康有序发展的意见》，在互联网新闻信息服务、网络出版服务、信息网络传播视听节目服务等领域开展特殊管理股试点。特殊管理股制度在传媒领域的实施仍然在探索之中，它作为推动文化企业坚持把社会效益放在首位、实现社会效益和经济效益相统一的重要制度，有待于进一步完善。

［原载《毛泽东邓小平理论研究》2017 年第 9 期，原题为《新一届党中央推进文化体制改革的新发展》］

十八大以来公共文化服务体系建设的新发展

潘　娜

中共十八大以来，以习近平同志为核心的党中央高度重视公共文化服务体系建设，坚持以人民为中心，大力提高文化民生保障水平与效能。五年来，公共文化服务体系在制度建设与实践发展中均取得了新的进展与成就，突出体现在以下三个方面：以主体重塑为基点推进公共文化服务体系社会化成长，《公共文化服务保障法》开启公共文化服务法治化进程，文化精准扶贫助推公共文化服务体系建设标准化均等化。

一、以主体重塑为基点推进公共文化服务体系社会化成长

中共十八大以来，新一届党中央着力解决掣肘公共文化服务体系建设深入推进的主体性问题，优化政府、社会、市场之间的关系结构，以现代国家文化治理的新理念、新思想、新战略，推进公共文化服务体系社会化成长。

（一）优化增量：培育文化非营利组织

培育文化非营利组织是新阶段公共文化服务体系建设的鲜明表征。长期以来，在政府直接办文化的单一供给模式下，中国公共文化服务体系建设虽然初步形成了行政层次完备、覆盖区域广泛的公共文化设施网络，但层层对上级负责的公共文化体系“重投入、重建设、重政绩”的

供给逻辑不可避免地造成一些文化事业主体职能“空转”的困局，尤其是基层政府主办的公共文化服务机构“空壳化”“空心化”问题严重。而政府激发体制外活力的着力点主要聚焦于引入社会资本层面，对于解决供给主体结构单一、基层组织瘫痪的问题缺乏制度创新。为了突破主体瓶颈，中共十八届三中全会《决定》明确提出“推动公共文化服务社会化发展”的战略决策，突出强调要“培育文化非营利组织”。[①]这是中央首次以培育社会部门主体为改革思路，力图从外部打破公共文化服务体系建构的体制壁垒，充分体现了新一届党中央文化治理的现代思维、现代理路。

非营利组织是社会部门的主体性支撑力量，以达至社会使命为核心动力，具有公共性、自主性、志愿性等基本特征。从西方发达国家的经验来看，非营利组织构成了公共文化服务供给的中坚力量，政府大多倾向于与微观文化活动保持一定距离。由于中国社会发育尚不成熟，组织化的文化非营利组织数量还比较少，全国仅约 5 万个，正式在民政部门登记注册的文化类社会组织仅占社会组织总量的 7% 左右。但是，具有文化非营利组织雏形特征的社区和乡村“草根”组织甚多。据统计，全国由文化馆、文化站指导的群众业余文艺团队就超过 40 万个，各类文化志愿服务团队有 3.2 万多支。[②]这些群众自发建构的民间组织松散、灵活、活跃，构成了中国基层公共文化空间的多元样态。

兼顾“活力与秩序”是中央培育文化非营利组织发展的基本思路。新阶段公共文化服务体系建设既不能像过去那样由政府大包大揽，也不能矫枉过正，走向某些西方国家的“文化无政府主义”状态。习近平深刻指出，“社会发展需要充满活力，但这种活力又必须是有序活动的。死水一潭不行，暗流汹涌也不行。”[③]特别是文化领域，没有意识形态意旨的文化娱乐活动是不存在的。因此，对文化非营利组织的引导与培育同等重要。习近平对如何引导社会组织发展作出过专门论述。一方面，政

---

① 《十八大以来重要文献选编》(上)，中央文献出版社 2014 年版，第 534 页。

② 郭佳：《文化部部长雒树刚：要唤醒沉睡的公共文化资源》，《北京青年报》2017 年 1 月 13 日。

③ 《习近平谈治国理政》，外文出版社 2014 年版，第 93 页。

府该放的权一定要放足、放到位，一些不适宜政府去管的事务让群众依法实行自我管理、自我服务。[①] 另一方面，要特别注意防范一些别有用心的人打着社会组织的旗号干非法勾当。[②] 要辩证处理好活力与秩序的关系，真正发挥文化非营利组织在公共文化服务体系建设中的积极作用。[③]

（二）盘活存量：推进公益性文化事业单位建立法人治理结构

除了培育社会部门主体，对公益性文化事业单位进行社会化改造同样是新阶段公共文化服务体系建设的新亮点。在传统科层制治理模式下，文化事业单位的功能定位与行动逻辑之间存在着深层矛盾，主要表现在以下四个方面：其一，行政“嵌入”与法人自主的矛盾；其二，意识形态宣传与文化自觉的矛盾；其三，政绩逻辑与服务实效的矛盾；其四，财政依赖与自我“造血”的矛盾。这些内在结构性矛盾严重制约了文化事业主体创新发展的动力与活力，大量文化事业资源郁积在体制内，导致体制臃肿庞大、运转效能低下，而人民群众迫切的文化需求却得不到及时有效的满足。因而，推进文化事业单位“管办分离”成为中共十八大以来深化文化体制改革的重要内容。中共十八届三中全会《决定》提出：“明确不同文化事业单位功能定位，建立法人治理结构，完善绩效考核机制。推动公共图书馆、博物馆、文化馆、科技馆等组建理事会，吸纳有关方面代表、专业人士、各界群众参与管理。”[④] 这一战略决策从根本上推动了公益性文化事业单位的决策机制由“命令—服从”模式转向“协商—民主”模式。

从具体改革实践来看，2014 年，文化部采取试点先行的方式推进文化事业单位法人治理结构改革，确立了南京图书馆等十家单位作为改革试点，探索不同类型、不同层级的文化事业单位法人治理结构改革路径。此外，尚未列入试点的文化事业单位以“求活”“求变”的思路积极响应

---

① 《习近平系列重要讲话读本》，学习出版社、人民出版社 2016 年版，第 177—178 页。

② 《习近平关于全面深化改革论述摘编》，中央文献出版社 2014 年版，第 54 页。

③ 康晓强：《经济新常态下社会治理的新趋向》，《科学社会主义》2015 年第 4 期。

④ 《十八大以来重要文献选编》（上），中央文献出版社 2014 年版，第 534 页。

中央改革号召，主动探索改革出路。例如，上海浦东图书馆经过法人治理结构改革，13 位理事会成员中有 11 位是社会人士代表，并且理事长也由社会人士担任，改革较为彻底。经过一年多的实践，浦东图书馆举办的“浦江学堂”公益国学班等活动悄然兴起、树立了好口碑，取得了良好的社会反响，成为文化事业单位法人治理结构探索的成功案例。建立法人治理结构，不仅有利于提高文化事业单位决策效率和专业化水平，更重要的是，在理事会中充分吸纳社会人士代表，对文化事业单位的重大事项行使决策和监督权，能够真正实现人民群众在公共文化事务决策中行使公民权利。

（三）横向整合：国有文化企业为公共文化服务注入新活力

参与公共文化服务体系建设的“社会力量”，不仅包括社会部门主体，同时也包括市场主体，特别是国有文化企业。21 世纪以来，在以市场化为主线的文化体制改革进程中，文化产业快速发展，与公共文化服务之间的差距逐步拉大，二者发展逻辑与运行机制泾渭分明，逐渐形成“平行结构”，相互之间难以借力，二分法的弊端日益凸显。中共十八大以来，中央高度重视文化产业与公共文化服务发展的协同性，尤其以引导国有文化企业“双效统一”为改革亮点。习近平深刻指出，“要把握好意识形态属性和产业属性、社会效益和经济效益的关系，坚持社会主义先进文化前进方向，把社会效益放在首位”[①]。国有文化企业是国家出资设立的文化经营实体，其改革发展的成果必然要“为民所有、为民所用”。国有文化企业的生产经营活动与一般文化企业有本质区别，主要体现在以下三个方面：其一，以国家文化安全和文化发展为逻辑起点；其二，确保国有文化资产保值增值；其三，收益除了用于自身发展壮大之外要最大限度回归社会。也就是说，如果国有文化企业在价值取向、经营能力与社会效用任何一方面出现偏离，党和国家便有责任、有义务对其进行改革或关停。[②]2015 年 8 月，中央印发《关于深化国有企业改革的指导

① 《习近平关于全面深化改革论述摘编》，中央文献出版社 2014 年版，第 85 页。

② 潘娜：《国有文化企业转型之路》，《学习时报》2015 年 10 月 12 日。

意见》，首次将国有企业划分为商业类和公益类两大类别，并对公益类国有企业保障民生、服务社会、提供公共产品和服务的职能作出明确规定。随后，2015 年 9 月，中共中央办公厅、国务院办公厅印发《关于推动国有文化企业把社会效益放在首位、实现社会效益和经济效益相统一的指导意见》，明确要求当社会效益和经济效益、社会价值和市场价值发生矛盾时，国有文化企业的经济效益要服从社会效益，市场价值要服从社会价值。2016 年 7 月，中宣部等五部委联合出台《关于深化国有文化企业分类改革的意见》，具体提出各类国有文化企业社会效益指标考核权重均应占 50% 以上。可以说，上述三个《意见》的出台，勾画出了国有文化企业深化改革的定位和趋向，矫正了此前文化主体"转型过度"的问题，将国有文化企业的主体方位从市场部门拉回到"社会与市场中间"，转型为促进文化产业和公共文化服务体系共同发展的综合性主体。

从实践来看，国有文化企业"社会效益"量化考核的制度设计，为新阶段公共文化服务体系建设注入了新的活力。例如，2016 年底，北京演艺集团已经与北京市东城区、江苏省淮安市洪泽区陆续签署了公共文化建设战略合作协议，探索提供"菜单式""订单式"的标准化、规范化公共文化服务。在试点阶段，北京演艺集团派遣专业文艺院团为东城区居民群众提供文艺演出、艺术培训等公共文化服务活动，惠及群众逾 2 万人次。① 这成为国有文化企业积极参与公共文化服务社会化、专业化发展的新模式、新趋向。

二、《公共文化服务保障法》开启公共文化服务法治化进程

（一）制定公共文化服务保障法进入执政决策结构之中

长期以来，中国文化领域立法数量少、层阶低，并且存在着结构不平衡的问题，施行法律主要集中在文化遗产保护和文化市场管理方面，

---

① 应妮：《北京东城区牵手北京演艺集团全面提升公共文化服务》，中国新闻网，2016 年 11 月 3 日。

保障人民群众公共文化权益的法律一直是空白。中共十八大以来，习近平多次论述法治建设的重要性，明确提出了加强法治建设的新要求。在全面推进依法治国的大背景下，中国公共文化服务体系建设以法治化为改革着力点，建设重心转向制度升级。中共十八届四中全会正式将文化立法列入重点领域立法范畴并明确提出“制定公共文化服务保障法，促进基本公共文化服务标准化、均等化”[①]的要求。在中央决策精神指导下，公共文化服务保障法的立法进程大幅加快。2016 年 12 月 25 日，《中华人民共和国公共文化服务保障法》在十二届全国人大常委会第二十五次会议上正式表决通过，并于 2017 年 3 月 1 日正式实施。该法的立法进度在中国文化立法史上堪称是最快的一部，充分彰显了新一届党中央依法治理文化的决心。同时，它在文化立法领域的优先地位，也充分说明了公共文化服务体系建设在党和国家事业发展全局中的必要性、重要性和紧迫性。

（二）从法律层面明晰公共文化服务的调整区间

文化范畴的多义性、文化获得感的主观性，使公共文化服务相对于教育、卫生、科技、体育等公共服务而言，保障难度更大。特别是在学术研究领域，关于公共文化服务的内涵外延、功能结构、保障范畴、责任主体等基本问题还存在着多种解释和不同主张。《公共文化服务保障法》的出台，将党和国家发展公共文化服务的战略部署转化为法律规范，阐明了公共文化服务的调整区间、厘清了公共文化服务的基本要义。其中，“公共文化服务”“公共文化设施”等重要概念得到了明确界定。该法所称公共文化服务，“是指由政府主导、社会力量参与，以满足公民基本文化需求为主要目的而提供的公共文化设施、文化产品、文化活动以及其他相关服务”[②]。这一概念，首次将政府的主体责任明确写进法律，以此向人民群众作出兜底承诺，突出展现了社会主义文化建设的独特优势。“公共文化设施”的概念，则以列举的方式明确了法律的调整范围。除了

① 《十八大以来重要文献选编》（中），中央文献出版社 2016 年版，第 163 页。

② 《中华人民共和国公共文化服务保障法》，中国法制出版社 2017 年版，第 3 页。

文化部门、新闻出版广电部门主管的文化设施之外，归口“工、青、妇”等群团组织管理的文化设施也纳入了该法的调整范围，将近 7000 处分散的文化设施纳入法律调整范畴综合利用，将让更多人受益。

（三）规范政府保障公民基本公共文化权益的责任边界

公共文化服务在经济社会发展中往往被边缘化，在文化领域也与文化产业的发展不相协调。公共文化服务的供给效能主要取决于地方政府的认识水平和重视程度。而一些地方政府将主要精力集中在搞经济建设上，对人民群众日益高涨的精神文化需求缺乏积极回应。有学者通过对地方文化部门的调研发现，由于文化部门难以对经济指标形成贡献，在很多地方领导眼里常常属于“靠边站”的部门，成为“摆设的花瓶”或定位为“文化搭台，经济唱戏”。[①] 文化部门在行政系统中的边缘地位，以及文化资源分布的散乱现象，直接导致了公共文化服务“存量流失”和“增量不足”两个方面的矛盾十分突出，尤其是公益性的文化设施和场地让位于商业经营活动的现象长期普遍存在。以牺牲文化发展来换取经济效益的行为逻辑，实质上反映了某些地方政府以及某些部门在履行公共服务职能上的片面性与随意性。《公共文化服务保障法》的出台，首先解决了公共文化服务的刚性保障问题。该法规定：“县级以上人民政府应当将公共文化服务纳入本级国民经济和社会发展规划。”[②] 这意味着，公共文化服务不再是可有可无、可多可少、可缓可急的服务内容，而是政府必须要依法履行、落实到位的基本职责。由此，对政府行为的法律约束力大大增强。未履行公共文化服务保障职责的地方各级政府和县级以上政府有关部门将被依法问责，并需承担相应的违法责任。

（四）构建公共文化服务法律制度框架体系

制度生产是现代国家治理的核心内容。中共十八大以来，党和国家出台了一系列支持公共文化服务发展的重要政策。2015 年 1 月 14 日，

① 吴理财等：《文化治理视域中的公共文化服务体系建设》，高等教育出版社 2016 年版，第 284 页。

② 《中华人民共和国公共文化服务保障法》，中国法制出版社 2017 年版，第 3 页。

中办、国办印发的《关于加快构建现代公共文化服务体系的意见》（以下简称《意见》）及附件《国家基本公共文化服务指导标准（2015—2020年）》，对新阶段公共文化服务体系建设进行了新的制度设计。其中，突出亮点是建立了国家指导标准与地方实施标准相互衔接的标准体系。《公共文化服务保障法》出台后，《意见》等一系列重要支持政策上升到法律层面，形成了包括服务标准、考核评价、公示公告、财务监督在内的公共文化服务的基本法律制度框架。新的法律制度框架，不仅涵盖了正在实施的制度体系，还建构了新的制度模式，尤其强化了对供给侧透明度和需求侧满意度的法律规制。当前，如何将法律制度尽快落地，并形成地方法律与之相衔接的法律体系和实施细则至关重要，这决定着公共文化服务法治化的真正实现。

三、文化精准扶贫助推公共文化服务体系建设标准化均等化

中国幅员辽阔，区域、城乡、群体之间的文化水平差异甚大。尽管自1993年以来文化扶贫持续开展，但实现贫困地区公共文化服务体系建设达到全国平均水平的基础条件仍然较为薄弱。中共十八大以来，在中央“坚决打赢脱贫攻坚战”的全面部署下，“文化扶贫”上升到“文化精准扶贫”的历史新阶段。贫困地区公共文化服务体系标准化均等化建设效能不断加快。其中，综合性文化服务中心建设以及县级文化馆、图书馆总分馆制度探索成为突出亮点。

（一）精准发力：完成文化脱贫攻坚的“限时”大考

构建公共文化服务体系是保障人民群众基本文化权益的一项重要制度设计，其逻辑起点是偿还公共文化服务长期供给不足的历史欠账，其目标任务是到2020年基本建成覆盖城乡、便捷高效、保基本、促公平的公共文化服务体系。实现这一战略目标的重点和难点是攻克中国集中连片特困地区数千万人口整体文化脱贫的最后堡垒。为了应对这场“限时”大考，党和国家采取超常规举措，提出了“精准扶贫”的硬办法。习近

平多次明确要求，“促进公共资源向基层延伸、向农村覆盖、向弱势群体倾斜”①。2015年12月，文化部印发《“十三五”时期贫困地区公共文化服务体系建设规划纲要》，提出了“一县一策”的新思路，各地因地制宜建立文化精准扶贫的长效机制，以实现贫困地区公共文化服务体系建设达到全国平均水平。2017年5月，中共中央办公厅、国务院办公厅印发的《国家“十三五”时期文化发展改革规划纲要》，全面部署完成文化小康建设的各项任务，突出强调要落实“一县一策”和精准扶贫，深入实施文化扶贫项目。②从具体落实情况来看，文化精准扶贫在各领域全面脱贫攻坚的大局中取得了良好实效。例如，甘肃省制定《精准扶贫贫困乡村文化场所建设支持计划实施方案》，山东省面向全省7005个贫困村开展实施文化精准扶贫计划，四川省将公共文化服务纳入贫困县党政领导班子扶贫攻坚工作目标考核等。③在全面建成小康社会的最后冲刺阶段，全国各地积极响应中央号召，加大投入、创新机制，拿出了切实有效的文化精准扶贫攻坚解决方案。

（二）夯实阵地：建设综合性文化服务中心

长期以来，基层文化场所被挤占、出租的现象十分突出，很大程度上是由于文化馆（站）规模小、人员少，孤立分散，难以发挥集聚优势。中共十八届三中全会提出“建设综合性文化服务中心”的改革任务，着力推进基层公共文化服务机构综合化、平台化、阵地化发展。为了落实中央提出的改革任务，2015年10月，国务院办公厅印发了《关于推进基层综合性文化服务中心建设的指导意见》，提出“到2020年，全国范围的乡镇（街道）和村（社区）普遍建成集宣传文化、党员教育、科学普及、普法教育、体育健身等功能于一体，资源充足、设备齐全、服务规范、保障有力、群众满意度较高的基层综合性公共文化设施和场所”④，明

① 人民日报社评论部编著：《“四个全面”学习读本》，人民出版社2015年版，第86页。

② 《国家“十三五”时期文化发展改革规划纲要》，《人民日报》2017年5月8日。

③ 郑海鸥：《文化服务做加法提质增效不减速》，《人民日报》2016年8月2日。

④ 《国办印发〈指导意见〉推进基层综合性文化服务中心建设》，《人民日报》2015年10月21日。

确了基层综合性文化服务中心建设的目标取向、功能结构、覆盖标准等基本问题。2017 年 2 月，文化部发布《文化部“十三五”时期文化发展改革规划》，聚焦贫困地区公共文化服务体系建设，提出推动贫困地区普遍建立村级综合性文化服务中心。在一系列支持政策推动下，全国贫困地区综合性文化服务中心建设已经取得较大成效。例如，宁夏启动贫困地区“百县万村”综合文化服务中心建设及文化扶贫工程，计划 2017 年 10 月前完成全区 606 个贫困村综合文化服务中心建设工程。[①] 安徽省重点推进“农民文化乐园”建设并鼓励设置“留守儿童活动室”“妇女之家”，形成独特的安徽方案。内蒙古自治区第一批 353 个嘎查村示范村全部实现文化活动广场、文化活动室、小戏台的 100% 覆盖。[②] 各地基层综合性文化服务中心建设既体现出了综合性、集约性、标准化特点，同时也展现了个性化的创新特点。

（三）区域辐射：县域范围内实现文化资源联动共享

县域范围内实现文化资源联动共享是中共十八大以来公共文化设施建设的重要制度创新。这一创新模式的突破口和切入点是探索在县级文化馆、图书馆实行总分馆制度，以有效解决基层农村文化资源匮乏的问题。2016 年 9 月 12 日，文化部向社会发布《关于推进县级文化馆、图书馆总分馆制建设的指导意见（征求意见稿）》，提出推动具备条件的地方根据自身条件建设县级文化馆、图书馆总分馆制，发挥总馆在县域范围内的枢纽作用，分馆要把高质量的公共文化服务拓展到基层农村。没有纳入分馆建制的要设立基层服务点，作为总分馆服务框架的延伸和补充。此外，坚持整合性原则，统筹推进基层综合性文化服务中心建设和县级文化馆、图书馆总分馆制度建设，在县域范围内实现公共文化设施的有效联通和全面覆盖。从全国较早开展文化馆总分馆服务体系建设的

---

① 艾福梅：《宁夏：“文化扶贫”打通农民共享文化成果“最后一公里”》，新华网，2016 年 9 月 26 日。

② 张贺、宋梁缘：《文化扶贫升级快基层群众获利多——基层综合文化服务中心建设述评》，《人民日报》2016 年 11 月 25 日。

重庆市大渡口区的建设经验来看，“一个总馆＋多个分馆＋若干服务点”[①]的模式创新，有效地将分散、孤立、隶属关系混乱的分馆和文化服务站点，组成联动共享、相互借力的公共文化服务网络，以总馆为中枢，实现区域内分馆和社区（村）文化服务站点共建共享。这一成功实践起到良好的示范效用，成为当前全国范围内探索推广的新模式。

总体来看，中共十八大以来公共文化服务体系建设在社会化、法治化、精准化三个维度上的一系列切实举措，有效提升了公共文化服务供给的质量与效能，增强了社会公众的文化获得感和满意度。更重要的是，新一届党中央以需求侧为先导加强制度建设的治理逻辑，为公共文化服务体系的稳定、可持续成长构筑起良序运转的动力机制。

［原载《社会主义研究》2017 年第 5 期］

① 孙道进：《重庆大渡口实施文化馆总分馆制》，《中国文化报》2013 年 4 月 24 日。

新时代实施文化“走出去”战略的新进展

曹光章

“提高国家文化软实力，不仅关系中国在世界文化格局中的定位，而且关系中国国际地位和国际影响力，关系‘两个一百年’奋斗目标和中华民族伟大复兴中国梦的实现。”① 中共十八大以来，习近平从实现“两个一百年”奋斗目标和中华民族伟大复兴中国梦的高度，审时度势，着眼长远，科学地分析研判国际舆论格局和中国文化软实力现状、挑战、机遇，围绕加强国际传播能力建设、增强国际话语权、提升国家形象、提高国家文化软实力和中华文化影响力，提出了一系列内容丰富、覆盖广泛、影响深远的新理念新思想新战略，成为新时代文化“走出去”战略的理论指导和行动指南。中共中央和国务院先后印发《关于加快发展对外文化贸易的意见》《关于进一步加强和改进中华文化走出去工作的指导意见》《关于加强“一带一路”软力量建设的指导意见》等文件，统筹对外文化传播、文化交流和文化贸易，加快了中华文化发扬光大和走出去的历史进程，国家文化软实力建设取得重大成就。

一、加强国际传播能力建设

2009 年 6 月，中共中央办公厅和国务院办公厅印发《2009—2020

① 《习近平关于社会主义文化建设论述摘编》，中央文献出版社 2017 年版，第 198 页。

年中国重点媒体国际传播能力建设总体规划》，中宣部随后印发《关于〈2009—2020年中国重点媒体国际传播能力建设总体规划〉实施方案的通知》，开始实施国家层面的国际传播能力建设战略。中共十八大以来，中国特色社会主义建设取得全方位、历史性的成就。“同欧美一些国家受困于金融危机、债务危机相比，同一些发展中国家陷入发展陷阱相比，同西亚北非一些国家政治动荡、社会混乱相比，中国发展可以说是风景这边独好。”[①]中国正在日益走近世界舞台的中央，世界正在高度关注中国。以习近平同志为核心的党中央抓住国际传播能力建设的良好机遇，加强对外传播话语体系建设，优化国际传播战略布局，以中国梦为引领，讲中国故事，传播当代中国价值观念，向世界展现一个真实、立体、全面的中国。

加强对外话语体系建设，关键是要“用中国理论阐释中国实践，用中国实践升华中国理论，更加鲜明地展现中国思想，更加响亮地提出中国主张”[②]。这是话语体系建设在内容上的本质要求，其核心就是中国道路、中国理论、中国制度、中国精神、中国力量、当代中国价值观念，是中国之“道”。讲故事，是国际传播的最佳方式。但“不要为了讲故事而讲故事，要把‘道’贯通于故事之中”[③]。在对外话语表达方式上，要采用融通中外的概念、范畴、表述，让中国声音赢得国际社会理解和认同。习近平不但阐发了加强话语体系建设的丰富思想，而且率先垂范，创新、阐释、传播中国理念和中国主张，讲好中国故事。

实现中华民族伟大复兴中国梦，是当代中国最宏大、最精彩的故事。习近平围绕着什么是中国梦、怎样实现中国梦等重大问题，提出了一系列富有创见的新思想、新观点，形成了党和国家面向未来的政治宣言，中国梦的对外传播也成为讲好中国故事，创新对外传播的重要引领。习近平出访演讲时多次讲中国梦的故事，阐释中国梦是中国人民对幸福美好生活的不懈追求和中华民族伟大复兴的美好憧憬，是和平、发展、合作、共赢的梦，与世界各国人民的美好梦想相通。2013年，习近平主席

---

① 《习近平关于社会主义文化建设论述摘编》，中央文献出版社2017年版，第197页。

② 同上书，第213页。

③ 同上。

在莫斯科国际关系学院的演讲中就介绍了中国梦的基本内涵；同年出访美国、2014 年出访韩国、2015 年出访越南，习近平主席分别谈到了中国梦与美国梦、韩国梦、越南梦的相通之处。2014 年 6 月 5 日，中阿合作论坛第六届部长级会议在北京开幕，习近平在开幕式上讲了一位名叫穆罕奈德的约旦商人在义乌市开阿拉伯餐馆扎根中国的故事，并认为穆罕奈德的故事诠释了中国梦和阿拉伯梦的完美结合。[①] 以中国梦为引领，习近平还注重讲中国道路的故事，阐明中国道路是人民的选择、历史的选择、现实的选择，让人们相信中国人民正走在正确的道路上；讲中华文化的故事，展示中华文化的独特魅力，阐发交流互鉴的新文明观，展示中华文化与各国文化交流互鉴的成果，寻找文化和文明的共通点；讲民相亲、心相通的人民友好故事，讲中国与各国友好交往的故事；讲中国倡导的正确义利观、人类命运共同体、新型大国关系、亚洲新安全观、亲诚惠容周边外交理念；讲中国和平发展的故事；讲全球化的故事；讲“一带一路”的故事；展示中国负责任大国的形象。习近平以举足轻重的世界大国元首身份，在国外和国内外事场合，利用世界媒体的关注，面向国际受众，讲中国故事，传播中国声音，使中国话语的国际影响力得到明显提升。2014 年 9 月，《习近平谈治国理政》（后改版为第一卷）出版发行，截至 2017 年 11 月，已经出版 24 个语种 27 个版本，累计发行超过 660 万册，创造了改革开放以来党和国家领导人著作发行量的新纪录。[②]2017 年 11 月，《习近平谈治国理政》第二卷出版发行，截至 2018 年 2 月 2 日，全球发行突破 1300 万册。[③]《习近平谈治国理政》第一卷、第二卷一脉相承、有机统一，集中反映了习近平新时代中国特色社会主义思想的发展脉络和主要内容，生动记录了全党全国和各族人民在新时代坚持和发展中国特色社会主义的伟大实践，既为国际社会观察和理解当代中国发展提供了“窗口”，也为解决人类问题贡献了中国智慧和中国

① 习近平：《弘扬丝路精神 深化中阿合作——在中阿合作论坛第六届部长级会议开幕式上的讲话》，《人民日报》2014 年 6 月 6 日。

② 张福海：《出版好〈习近平谈治国理政〉第二卷 传播好新时代中国声音》，《人民日报》2017 年 11 月 25 日。

③ 《〈习近平谈治国理政〉第二卷 全球发行突破 1300 万册》，《人民日报》2018 年 2 月 4 日。

方案。《习近平谈治国理政》，思想精辟深刻，语言朴实生动，引典故、借形象、讲故事、接地气，具有很强的感染力。在图书翻译过程中，中国外文局组织了包括资深外籍改稿专家和业界一流定稿专家在内的多个语种的翻译骨干从事翻译工作，以确保译本的精准与权威。在图书发行过程中，集合各方力量，坚持深耕细作，做好图书海外发行工作，努力满足国际社会的广泛需求。《习近平谈治国理政》第一卷、第二卷的出版发行，是构建中国话语体系，讲好中国故事、传播好中国声音的经典范例，得到了国际社会广泛关注和好评，对于增进国际社会对中国的了解，提升中国国际话语权具有重大意义。

“支撑话语体系的基础是哲学社会科学体系。没有自己的哲学社会科学体系，就没有话语权。”[①] 为此，习近平要求哲学社会科学工作者要从中国改革发展的实践中挖掘新材料、发现新问题、提出新观点、构建新理论。要善于提炼标识性概念，打造易于为国际社会所理解和接受的新概念、新范畴、新表述，引导国际学术界展开研究和讨论。中共十八大以来，以习近平同志为核心的党中央高度重视并大力推动哲学社会科学发展，哲学社会科学界在开展重大理论和现实问题研究的基础上加快了“走出去”的步伐。全国哲学社会科学规划办公室大力实施国家社科基金“中华学术外译项目”，资助中国哲学社会科学学术研究优秀成果的翻译与国外的出版发行。中国社会科学院统筹规划院属报纸、期刊、出版社、图书馆、网络等多种学术传播平台协同发力，强化对外学术传播，向世界清晰传递中国学术声音，逐渐构建出一个推动中国哲学社会科学“走出去”的立体综合网络。中共十八大以来，第 22 届国际历史科学大会、第 24 届世界哲学大会、第一届和第二届世界马克思主义大会等国际学术会议在中国举办。2017 年 4 月 24 日，中国第一家在欧洲独立注册的智库中国—中东欧研究院在匈牙利首都布达佩斯成立。中国学术走出去，向国际学术界阐释中国道路、中国模式、中国经验，提升了中国话语影响力。

新时代以来，中国媒体走出去工程加快推进，中央主要媒体走出去，

① 习近平：《在全国党校工作会议上的讲话》，《求是》2016 年第 9 期。

参与国际传媒市场竞争，取得重要成果。2016 年 2 月 19 日，习近平到人民日报社、新华社、中央电视台考察调研。调研结束后召开了党的新闻舆论工作座谈会。习近平在座谈会上提出要“优化战略布局，集中优势资源，着力打造具有较强国际影响力的外宣旗舰媒体。中央主要媒体要强化驻外机构对外传播职能，加快实施本土化战略，成为国际传播生力军”①。2016 年 12 月 31 日，中国国际电视（中国环球电视网，CGTN）开播。CGTN 不是一个传统电视台，而是一个多语种、多平台的融媒体传播机构。CGTN 整合了中央电视台的核心对外传播资源，进行了诸多改革创新和升级，尤其在运用新兴媒体和移动终端进行融合传播方面采取了诸多举措，包括打通新闻阅读、移动直播、手表轻阅读、个人电脑（PC）端等多个终端，组建了多语种、多地区的官方移动新闻网络平台，建设了由主账号、北美、非洲、CGTN 多语种账号构成的社交媒体账号集群。② CGTN 的组建经过了长时间的酝酿，是中共中央对国际传播能力进行顶层设计而产生的国际传播旗舰媒体。以 CGTN 开播为标志，中国国际传媒布局进行了重大调整，基本形成“1+6+N”的国际传播格局，即一家国际传播旗舰媒体，六家中央主要新闻单位及其他地方媒体相结合的国际传播模式。新的媒体传播格局的形成，标志着中国国际传播能力建设进入整体战略清晰、媒体真正融合创新、国际传播力迅速提升的新阶段。伴随着新的对外传播格局的形成，中国媒体对外传播理念、节目风格、表达方式、话语体系也不断进行创新。2017 年伊始，CGTN 推出大型系列节目“What is China?”，节目力求突破主旋律题材报道的固有模式，用贴近受众的制作模式，向世界还原一个更加真实的中国。在题材设立方面，主创团队认真筛选了当时海外受众最为关切的中国热点问题。在“中国贫富差距有多大”这一主题下，记者讲述了城市高楼清洁工“蜘蛛人”的故事、他们为现代化城市付出的努力，以及他们改变家人贫困生活的愿望。有海外观众回复：“故事令人落泪，让我们知道了中国政府应对贫富差距的挑战和复杂。”此外，该节目使用了“拉着老外看中国”

① 《习近平关于社会主义文化建设论述摘编》，中央文献出版社 2017 年版，第 214 页。

② 李宇：《从 CCTV4 到 CGTN：浅析中国国际电视频道的发展嬗变》，《对外传播》2017 年第 5 期。

的制作模式，由 CGTN 北美制作中心的资深外籍记者与北京总部资深记者联合打造。外籍记者使用西方观众熟悉的表达方式讲述中国故事，进一步淡化了宣传味道，增强了与外国受众的关联度。[①]议题设置能力是国际传播能力建设的重要抓手。2016 年以来，中央主要媒体紧紧抓住西方刻意回避的事实，围绕美国金钱政治、“安倍经济学”、日本福岛核泄漏等话题，从不同角度设置议题，掌控舆论引导主动权。[②]2016 年，针对一些境外媒体炒作“南海仲裁案”的闹剧，人民日报社、新华社、中央电视台等中央主要媒体主动设置议题，澄清模糊认识，驳斥错误论调，许多报道被美联社、路透社等外媒转引转述，为打赢这场外交战提供了舆论支持。实践证明，中国主要媒体议题设置能力不断增强，极大地提升了中国在重大国际事务中的话语权和主动权。[③]2016 年 12 月 5 日，习近平主持召开中央全面深化改革领导小组第三十次会议，会议通过《关于加强“一带一路”软力量建设的指导意见》，强调要为“一带一路”建设提供有力的理论支撑、舆论支持、文化条件。重点媒体把为“一带一路”护航作为国际传播能力建设的重中之重，推出“一带一路”纪录片全媒体国际传播平台等传播渠道，促进沿线国家“民心相通”。2017 年 5 月，在“一带一路”国际合作高峰论坛召开之际，人民日报社推出被称为“超燃神曲”的《“一带一路”之歌》，新华社、中新社几乎在同一时间各自推出不同曲风的《“一带一路”之歌》，通过年轻、时尚、国际化的表现形式，对“一带一路”的历史渊源和当代意义进行解读，让人耳目一新。

2018 年 3 月，中共中央印发《深化党和国家机构改革方案》，把原国家新闻出版广电总局的管理职责划入中宣部。整合中央电视台（中国国际电视台）、中央人民广播电台、中国国际广播电台，组建中央广播电视总台，作为国务院直属事业单位，归中宣部领导。撤销中央电视台（中国国际电视台）、中央人民广播电台、中国国际广播电台建制。对内保留原呼号，对外统一呼号为“中国之声”。这是重点媒体传播格局的又一次重大调整，进一步加强了党对新闻舆论工作、国际传播能力建设的集中

① 韩斌：《新时代对外传播的理论重构与实践》，《对外传播》2019 年第 3 期。

② 新华通讯社课题组：《习近平新闻舆论思想要论》，新华出版社 2017 年版，第 172—173 页。

③ 《习近平新闻思想讲义》，人民出版社、学习出版社 2018 年版，第 169 页。

统一领导。

在总结国际传播能力建设成就的同时，必须看到中国的对外传播话语体系还没有完全建立起来，哲学社会科学在学术命题、学术思想、学术观点、学术标准、学术话语上的能力和水平同中国综合国力和国际地位还不太相称，在国际舆论格局中“西强中弱”的状况还没有完全改变。建设与中国经济实力和国际地位相匹配的国际传播能力，还需继续努力。

二、扩大文化交流合作

文化是沟通心灵的桥梁。中国自古以来就有主动与世界各国进行文化交流的传统。新中国成立以来，对外文化交流始终是党和国家对外工作的重要组成部分。实施文化“走出去”战略以来，对外文化交流成为提升中国文化软实力的重要途径。进入新时代，以习近平同志为核心的党中央更加重视对外文化交流的作用。2014 年 3 月 27 日，习近平主席访问联合国教科文组织并发表重要演讲，在演讲中阐发了关于文明交流互鉴的新文明观。新文明观主张尊重文明多样性，强调文明平等和包容，呼吁通过文明交流互鉴，推动人类文明进步和世界和平发展。新文明观打破了“文明冲突论”自我实现的预言，也对西方一些人的冷战思维和“大国冲突”逻辑形成有力冲击，为国际社会所广泛接受，也为中国扩大和加强对外文化交流提供了有力的理论说明，成为新时代中国对外文化交流的思想基础和理论指南。

习近平不但是新文明观的提出者，也是新文明观的践行者。在国内外外事场合，他时常通过发表署名文章、演讲、参加活动等方式阐释文明交流互鉴的意义，推动中华文化的对外交流合作。2014 年 7 月，习近平访问巴西期间提出举办 2016“中拉文化交流年”的倡议。2016 年 11 月，习近平出访拉美三国，适逢“中拉文化交流年”接近尾声，他同秘鲁总统库钦斯基共同出席在首都利马举行的中拉文化交流年闭幕式。2018 年 10 月 18 日，他向太湖世界文化论坛第五届年会致贺信时强调，我们愿同国际社会一道，推动不同文明相互尊重、和谐共处，让文明互学互鉴成为推动构建人类命运共同体的积极力量。

在"元首外交"引领和推动下，中国与多个国家建立了高级别人文交流对话机制。高级别人文交流对话机制是双边合作关系中的重要机制，被看作是继高级别战略对话机制、经贸高层对话机制之后双边合作的第三支柱。在这一机制下，合作双方定期举行高层会晤，就文化、艺术、教育等广泛领域展开对话，制定和落实合作规划和项目，推动双方人员和文化交流。中共十八大之前，中国与俄罗斯、美国、英国、欧盟建立了高级别人文交流对话机制。中共十八大之后，又先后与法国、德国、印度尼西亚、南非、印度等国建立了高级别人文交流对话机制。不断深化拓展的高级别人文交流机制，涵盖了教育、科技、文化、卫生、体育、广电、媒体、旅游、妇女、青年、档案和地方合作等多个领域，形成高层支持、官民并举、多方参与的中外人文交流格局。在机制成员共同努力下，机制汇聚了丰富成果，取得显著成效。2016 年 12 月 6 日，中英高级别人文交流机制第四次会议在中国上海举行，时任中国国务院副总理刘延东和前英国卫生大臣杰里米·亨特共同主持会议并签署联合声明。在声明中双方确认了自 2015 年第三次会议以来各领域取得的成果：在教育领域，双方政府通过包括未来英国和中文培优等项目，支持国家年轻人到对方国家学习、实习、学习对方语言。在学校层面，旗舰型中英数学教师交流计划已进入实施的第三年，使近 300 名中英数学教师及其学生直接受益。在文化、新闻媒体领域，举办 2015 年中英文化交流年，充分展示了中英在艺术和创意产业深入而富有活力的合作，共吸引超过 200 万观众现场参与。2016 年，中英两国开展一系列重要文化合作，如纪念莎士比亚和汤显祖逝世 400 周年（1616—2016）以及他们留下的珍贵文化财富等。英国官方认为，"经过双方的多年努力，中英高级别人文交流机制已经成为支撑两国关系及两国人民友好往来的重要支柱"[①]。除建立高级别人文交流对话机制外，截至 2017 年底，中国还与 157 个国家签署了文化合作协定，累计签署文化交流执行计划近 800 个，初步形成了覆盖世界主要国家和地区的政府间文化交流与合作网络。主办中美文化

① 凤智：《"中英高级别人文交流机制"第四次会议获英国各界高度关注》，《世界教育信息》2017 年第 3 期。

论坛、第十五届亚洲艺术节、东亚文化之都、欧洲文化之都等合作论坛、首届金砖国家文化节、第三届中国—中东欧国家文化合作部长论坛和"意会中国""中非文化聚焦"等文化交流活动，进一步扩大中华文化国际影响力。[①] 为服务"一带一路"倡议，2016 年，文化部出台《"一带一路"文化发展行动计划（2016—2020 年）》，推动建立"一带一路"文化交流机制，加强与"一带一路"沿线国家的文化交流。同年 9 月，23 个国家文化部部长或代表受邀出席首届丝绸之路文博会文化部长圆桌会议，并通过《敦煌宣言》。2017 年，举办第四届"丝绸之路国际艺术节"、第三届"海上丝绸之路国际艺术节"和第二届丝绸之路（敦煌）国际文化博览会，参展参演国家和地区总数、演出场次、参展艺术品数量、成交额等再创新高。

中共十八大以来，中国政府加强了海外文化阵地建设的总体战略规划，先后出台《海外中国文化中心发展规划（2012—2020 年）》和《孔子学院发展规划（2012—2020 年）》，推动整合资源，突出重点，快速有序发展。据文化和旅游部国际交流与合作局相关负责人介绍，截至 2018 年底，中国已在海外设立了 37 个中国文化中心。据孔子学院 / 国家汉办网站公布的资料，截至 2018 年底，全球 154 个国家（地区）建立 548 所孔子学院和 1193 个孔子课堂。大型海外文化交流活动进一步加强了品牌化运营和传播，"欢乐春节""东亚文化之都""中非文化聚焦""拉美艺术季""相约北京"等国际性文化节庆、赛事和展会品牌逐步成为传播中华文化的重要载体。

内地与港澳文化合作长效机制不断巩固，《内地与香港特区 2016—2018 年文化交流与合作执行计划》《内地与澳门 2016—2018 年文化交流与合作执行计划》分别于 2015 年和 2016 年签署。根据合作执行计划，持续打造"根与魂""艺海流金"等品牌项目。开启两岸文化交流新模式，组织开展了"情系青春——两岸青年八闽行""情系中华——海峡两岸文化创意产业展""守望精神家园——两岸非物质文化遗产月"等品牌活动，

---

① 文化和旅游部财务司：《中华人民共和国文化和旅游部 2017 年文化发展统计公报》，《中国文化报》2018 年 5 月 31 日。

促进两岸人民的文化认同。

三、促进对外文化贸易

市场经济条件下，一个国家的文化产品和服务在国际文化市场上占有的份额是反映该国文化软实力的重要指标；经济全球化条件下，对外文化贸易是文化走出去的重要途径。联合国教科文组织一份题为《文化贸易全球化：文化消费的转变——2004—2013 文化产品与服务的国际流动》的报告显示：2013 年中国文化产品出口总额为 601 亿美元，而美国为 279 亿美元，中国取代美国成为文化产品的最大出口国。[①] 但是，在核心文化产品和服务贸易方面中国文化贸易逆差仍然存在，对外文化贸易占对外贸易总额的比重还较低。为此，中共十八大报告指出，要增强文化贸易的整体实力和国际竞争力。中共十八届三中全会通过的《中共中央关于全面深化改革若干重大问题的决定》进一步要求提高文化开放水平，培育外向型文化企业，支持文化企业到境外开拓市场。2014 年，国务院发布《关于加快发展对外文化贸易的意见》，要求加快发展传统文化产业和新兴文化产业，扩大文化产品和服务出口，加大文化领域对外投资，力争到 2020 年使核心文化产品和服务贸易逆差状况得以扭转，对外文化贸易额在对外贸易总额中的比重大幅提高，中国文化产品和服务在国际市场的份额进一步扩大，文化整体实力和竞争力显著提升。2015 年，国务院发布的《关于加快发展服务贸易的若干意见》，进一步强调积极推动文化艺术、广播影视、新闻出版、教育等承载中华文化核心价值的文化服务出口，大力促进文化创意、数字出版、动漫游戏等新型文化服务出口，加强中医药、体育、餐饮等特色服务领域的国际交流合作，同时也指出要推进文化服务业有序开放。

认定和支持国家文化出口重点企业和重点项目是中国政府促进文化对外贸易的重要举措。2013 年以来，商务部会同相关部门先后认定和公布三批文化出口重点企业和重点项目，从资金、税收、金融、通关、营

---

① 《中国取代美国成为最大文化产品出口国》，《印刷质量与标准化》2016 年第 4 期。

销网络、中介组织建设、境外投资、技术创新、信息平台建设等方面给予支持。为进一步推动对外文化贸易高质量发展，2017 年，商务部又会同相关部门启动了国家文化出口基地建设，并于 2018 年 6 月认定公布北京天竺综合保税区、上海市徐汇区、江苏省无锡市、中国（浙江）影视产业国际合作区等 13 家国家文化出口基地。文化出口基地建设重在创新文化贸易发展的体制机制和政策措施，摸索适应文化贸易创新发展的模式和经验。2017 年 12 月，文化部公布 2018 年“一带一路”文化贸易与投资重点项目名单，24 个省区市的项目入选，覆盖了面向“一带一路”沿线国家的文化投资和基础设施建设、数字文化产业营销推广、文化贸易人才培训、对外文化贸易服务平台建设等七大领域。2016 年，文化部印发《开拓海外文化市场行动计划（2016—2020 年）》，启动“国家艺术院团海外商演计划”，推动直属文化企业探索走出去的有效模式。一系列促进文化贸易高质量发展的政策和举措，产生了积极效果。

2016 年 1 月，“中国电影普天同映”国产电影全球发行平台成立，相继在海外发行了《西游记之三打白骨精》《战狼Ⅱ》《非凡任务》等多部影片。其中《战狼Ⅱ》创造了近十年来新西兰和澳洲华语影片发行的票房纪录，以 760 万美元的成绩成为年度海外发行票房冠军。《流浪地球》在北美票房突破 500 万美元，是中国科幻电影走出国门的标志。2017 年，中国国际电视总公司在尼泊尔播出的尼泊尔语版电视剧《西游记》，取得了平均收视率超过 34.5% 的好成绩；现实题材作品《国民大生活》出口蒙古国；《延禧攻略》风靡越南；《择天记》被翻译成 15 种语言，海外上线三天单集突破流量 100 万。承载着中华文化、反映中国人现实生活的电视剧越来越多地走向世界。2015 年，刘慈欣凭借科幻小说《三体》获第 73 届雨果奖最佳长篇；2016 年，郝景芳凭借《北京折叠》获第 74 届雨果奖最佳中短篇小说奖；同年，曹文轩获“国际安徒生文学奖”。中国文学作品在世界文学发展中越来越占有重要地位。伴随中国游戏特别是移动游戏产品质量的提升，中国游戏厂商出海热情高涨，除了原来的东南亚市场，中国网络游戏公司纷纷抢占西亚、非洲以及欧美市场。2017 年，自主研发的网络游戏海外营业收入约为 76.1 亿美元，同比增长

10.0%。[1]数字影视内容、网络文学和数字音乐出口增长迅速。截至2018年底，有超过500部中国网络文学作品被译为英、日等十多种语言文字，海外读者对中国网文翻译作品关注度空前提高，日均访问量超过500万人次。[2]2018年11月11日，浙江卫视就《我就是演员》原创节目与美国IOI（Is or Isn't Entertainment）公司签署模式销售协议，授权其及合作伙伴在美国、英国、加拿大等诸多英语地区制作《我就是演员》国际版《I AM THE ACTOR》。这是中国原创综艺节目模式首次落地欧美。

根据商务部和海关公布的数据，2018年，中国文化贸易实现快速增长，进出口总额达1370.1亿美元。其中文化产品进出口1023.8亿美元，出口925.3亿美元，增长4.9%；进口98.5亿美元，增长10.3%；顺差826.8亿美元，规模比上年扩大4.3%。相比文化产品贸易，文化服务贸易的增长速度更快。2018年，中国文化服务进出口总额346.3亿美元，增长17.8%，占文化产品和服务进出口总额的比重为25.3%，比上年提升2.1个百分点。文化产品和文化服务贸易的出口结构趋于优化：文化产品贸易方面，中华文化内涵较为丰富的工艺美术品及收藏品、出版物出口增幅较高，分别增长9.9%和5.9%，增幅比上年分别提升12.4和9.3个百分点；文化服务贸易方面，处于核心层的文化和娱乐服务、著作权等研发成果使用费、视听及相关产品许可费三项服务出口18.7亿美元，增长21.4%，高出整体增速3.2个百分点，占比提升0.8个百分点至25.7%。贸易伙伴更加多元，美国、中国香港、荷兰、英国、日本为中国文化产品出口前五大市场，合计占比59.6%。对“一带一路”沿线国家文化产品出口总额达162.9亿美元，为历年最高水平。[3]文化贸易结构的优化，是文化贸易高质量发展的重要体现。

新时代以来，中国在国际传播能力建设、对外文化交流和对外文化贸易等领域都取得重大成就，大大提高了中国的国际话语权、中华文化影响力、国家文化软实力和国家形象。中国外文局对外传播中心发布的

---

① 《〈2017年中国游戏行业发展报告〉发布》，新华网，2017年11月29日。

② 《又到年末盘点时！2018年版权十大热点来了》，《中国知识产权报》微信公众号，2018年12月30日。

③ 刘昕：《我国文化贸易结构持续优化》，《国际商报》2019年3月21日。

《2016—2017 中国国家形象全球调查报告》显示，中国整体形象好感度稳中有升，中国内政外交表现受好评，中国的国际贡献得到更多认可，历史悠久、充满魅力的东方大国和全球发展的贡献者成为中国最突出的国家形象。这表明，中国文化软实力的提升得到世界认可。但是，调查报告也指出，谈及中国文化的代表元素，海外受访者首选中餐（52%），其次是中医药（47%）和武术（44%）。这表明，中国的文化软实力建设还需要在传播中华文化核心价值观和当代中国价值观，展现中国道路、中国理论、中国制度、中国精神、中国力量等核心实力上进一步加强。

［原载《北京党史》2019 年第 6 期］

统筹推进文化扶贫的“五个结合”

魏立帅

与传统扶贫注重经济帮助不同，文化扶贫在进行经济辅助的同时，兼顾文化精神层面上的扶贫，以提高贫困地区人口素质和知识技能，帮助他们摆脱贫困。文化扶贫是实现脱贫攻坚的重要内容和举措，与经济扶贫相辅相成，只有二者协同并进，才能彻底改变贫困地区的落后状态。当此扶贫攻坚关键时刻，统筹推进文化扶贫工作意义重大。

一、历史经验与文化扶贫现实相结合

历史是过去与现在的对话，总结前期文化扶贫工作走过的历程，借鉴 20 多年来文化扶贫的经验教训，可指导当前文化扶贫工作。

文化扶贫工作开展至今已有 20 多年。1993 年 12 月国家文化扶贫委员会成立，从此文化扶贫成为公共文化建设的重要内容之一。委员会还启动了“万村书库”等工程。从 2006 年国家全面取消农业税和具有地方税性质的“三提五统”，并推行《国家“十一五”时期文化发展规划纲要》开始，农村公共文化建设纳入国家公共财政保障范畴。这个时期，乡镇综合文化站建设成效显著，农家书屋工程等项目次第展开。

经过多年发展，中国文化扶贫取得了巨大成就，概而论之有以下几点：一是文化扶贫的理念已经得到党和政府以及社会各界的广泛认可，并逐渐深入人心；二是文化扶贫在空间上实现了政府主导下由点到面的全面覆盖，文化扶贫与现代公共文化服务体系建设相得益彰；三是形成了一套党和政府领导下全社会共同参与的完整工作机制和资金、社会保障渠道。实践证明，文化扶贫是扶贫工作的关键点，对彻底改变贫困地区落后状态有决定性意义。今后文化扶贫要利用好这些前期基础和条件，通过加强领导，切实整合社会资源，把政府推动和贫困地区群众的自我发展要求结合起来，在文化精准扶贫上下功夫。

二、理论指导与文化扶贫实践相结合

理论是实践的先导，文化扶贫也需要科学理论的指导。要在理论与实践统一的基础上，实现文化扶贫理论与工作实践的进一步发展。

党和政府历来高度重视扶贫，尤其是文化扶贫工作。习近平对此发表过一系列重要讲话，各级政府也出台了大量关于文化扶贫的政策措施。关于文化扶贫的重要性，习近平提出了“治贫先治愚”“扶贫必扶智”的重要论述。这一论述是对文化扶贫工作重要性的深刻认识和高度概括。习近平还提出了“把脱贫攻坚作为‘十三五’期间头等大事和第一民生工程”，“要看真贫、扶真贫、真扶贫”，“扶贫开发贵在精准，重在精准，成败之举在于精准”，“形成扶贫开发工作强大合力”，“要坚持输血和造血相结合”以及“坚决阻止贫困现象代际传递”等重要思想。这些理论是马克思主义与中国扶贫实际相结合的产物，已成为扶贫工作的重要理论指导。

贫困文化理论对于文化扶贫有强大的解释力。扶贫中的“扶贫—脱贫—返贫”现象是全世界面临的难题。美国学者刘易斯等针对这一现象提出了著名的贫困文化理论，揭示了贫困并非单纯经济现象，其成因也不是仅仅由经济因素造成，而是由经济、社会、文化等因素共同导致。这一理论揭示了文化扶贫对于扶贫的重要性，也提供了一些工作方法和思路，如必须抛弃或改造贫困文化中不利于社会发展的文化因子；还要重视贫困文化的代际传递现象，把义务教育搞好，使他们掌握摆脱贫困的知识和技能，树立摆脱贫困的信心和决心，从而彻底摆脱贫困。

三、文化扶贫与经济发展、社会建设相结合

经济扶贫离不开文化扶贫，同样文化扶贫也离不开经济扶贫和社会民生建设。中共十八大形成了经济、政治、文化、社会、生态文明五大建设共同发力的中国特色社会主义事业"五位一体"总体布局。文化扶贫必须从"五位一体"总体布局的战略高度出发，将文化扶贫与经济脱贫和社会保障建设结合起来。

对于文化扶贫、经济扶贫与社会民生建设在扶贫工作中的地位和作用，习近平发表过大量论述，概括起来为："治贫先治愚"，"发展是甩掉贫困帽子的总办法"，"民生是'指南针'"。"治贫先治愚"指的是文化扶贫。它既是实现贫困人口脱贫的重要技术手段，也是阻止贫困代际传递从而彻底解决贫困问题的最重要措施。"发展是甩掉贫困帽子的总办法"指的是经济发展。发展是硬道理，只有通过经济建设，才能不断提高贫苦地区和贫困人口的经济社会发展水平，帮助他们摆脱贫困，从而实现全面建成小康社会的奋斗目标。所谓"民生是'指南针'"指的是社会民生建设，要努力做好包括就业、教育、医疗、文化、住房等公共服务体系建设，不断保障和改善民生。由此可见，在党和国家的扶贫工作布局中，文化扶贫与经济发展、社会民生建设是一个有机整体，三者相互牵动、相辅相成，互为条件和保障。只有把这三项工作都做好，才能形成文化繁荣、经济发展和民生保障完备的良好局面，从而圆满完成贫困地区的脱贫攻坚任务。

四、文化普遍扶贫与文化精准扶贫相结合

与扶贫工作贵在精准一样，文化扶贫也需要在精准上下功夫，这是20多年来文化扶贫工作的经验总结，也是今后文化扶贫工作的重心所在。对于精准扶贫，习近平提出了"扶贫开发贵在精准，重在精准，成败之举在于精准"这一重要理念，并提出了"六个精准"的重要思想，即扶持对象精准、项目安排精准、资金使用精准、措施到户精准、因村

派人精准、脱贫成效精准，这对于文化精准扶贫同样有指导意义。文化精准扶贫是对文化普遍扶贫的补充和完善，要求文化扶贫要“扶到点上、扶到根上”，通过“因户施策、因人施策”等措施提高文化扶贫精准度。

所谓文化精准扶贫，就是在文化扶贫工作中，坚持从贫困地区实际出发，采取实事求是、因地制宜的方针，针对不同贫困地区、不同贫困人群、不同贫困对象的实际情况区别对待，采取“因人因地施策，因贫困原因施策，因贫困类型施策”的办法，有针对性地推动贫困地区的文化发展，为最终帮助他们摆脱贫困服务。政府应以文化扶贫需求为导向，促进公共文化服务供给精细化；以文化扶贫问题为中心，推动公共文化服务治理整体化；以文化脱贫效果为标准，协调公共文化服务保障系统化。

五、“输血”与“造血”并举，文化扶贫与文化建设相结合

同扶贫工作一样，文化扶贫也要坚持“输血”与“造血”相结合，通过内外结合，变“要我创新”为“我要创新”，实现文化扶贫与文化建设的有机统一，这是习近平扶贫思想的重要内容。为此，他提出了“要坚持输血和造血相结合”的重要思想，这一比喻生动体现了马克思主义内因与外因相结合的哲学思想。

文化扶贫工作要努力做到政府“自上而下”的推动。当前文化扶贫工作的主要任务是：一方面要继续加大文化扶贫与现代公共文化服务体系建设力度，为贫困地区和贫困人口提供尽量多的文化产品和文化生活基本保障；二是培育贫困群众的文化建设参与治理能力，扶持和培育贫困地区的文化产业和艺术创作生产，使贫困地区贫困人口由文化扶贫对象变为文化生产者与消费者，将文化扶贫工作与贫困地区文化建设有机结合起来。2017 年文化部发布的《“十三五”时期文化扶贫工作实施方案》充分体现了“以人为本，激发群众内生动力”的思想，实现了党和国家“自上而下”的文化扶贫工作与贫困地区“我要发展”文化建设的有机统一。

［原载《人民论坛》2017 年第 34 期］

《国家记忆》：以真实纪录抵制历史虚无主义

潘　娜

中央电视台重点创新节目《国家记忆》是国内第一档关于新中国史电视节目，自 2016 年 10 月 3 日在中文国际频道（CCTV4）每周一至周五晚间 8 点黄金档播出以来，激发了全国观众强烈的国家自豪感和爱国热情，在导向引领、澄清谬误、凝心聚力等方面发挥了积极作用。从收视效果来看，第一季的 60 集收官后，该节目不仅荣登全国专题类节目第一名，更打破了综艺娱乐类节目霸占晚间黄金档的局面，创造了严肃题材纪录类节目的收视高峰。2017 年 4 月至 12 月，《国家记忆》自第二季开始常态化播出，更进一步筑牢了风清气正的主流电视媒体宣教阵地，同时在互联网上也形成了求真求实、知史爱国的舆论场域。可以说，在中国意识形态领域面临错综复杂的考验与挑战的形势下，《国家记忆》节目充分发挥了电视媒体以真实影像纪录抵制历史虚无主义的独特优势和责任担当。该节目对各类媒体如何坚持党性原则树立阵地意识、如何端正创作态度勇出精品，作出了积极示范。

一、充分发挥电视媒体优势，筑牢新中国史传播话语权

当前，历史虚无主义思潮暗流涌动，其主要表现是利用党史新中国史中的重大事件和重要人物大做文章，篡改历史事实、抹黑党史人物；其主要策略是抢夺媒体宣传阵地、抢占大众舆论先机；其核心意旨是否

定我们党的执政合法性。习近平深刻指出："历史虚无主义的要害，是从根本上否定马克思主义指导地位和中国走向社会主义的历史必然性，否定中国共产党的领导。要警惕和抵制历史虚无主义的影响，坚决抵制、反对党史问题上存在的错误观点和错误倾向。"[①] 电视媒体作为党和政府主办的重要宣传阵地，必须坚持党性原则，发挥媒体优势，牢牢把握新中国史传播话语权。《国家记忆》节目的推出可以说恰逢其时，它通过全方位展现党史新中国史军史中的重大历史事件、详述重大历史决策形成的来龙去脉、还原真实历史细节与历史现场，正面反驳了历史虚无主义颠倒黑白、蛊惑人心的煽动性言论，践行了主流电视媒体维护国家意识形态安全的职责使命。

（一）正面引领：讲好新中国史"必修课"

"历史是最好的教科书。"中共十八大以来，习近平多次发表重要讲话强调要讲好新中国史"必修课"。电视作为当代中国最具社会影响力的主流传播媒介，无疑成为普及新中国史知识、形塑正确史观的最佳平台。尽管此前《苦难辉煌》《大国崛起》《将改革进行到底》等一大批优秀纪录片以各自不同的立意和视角在一定程度上取得了宣传教育的效果，但全方位、系统性、常态化展现新中国历史的电视节目十分欠缺，可以说《国家记忆》填补了这一空白。《国家记忆》将"为国家留史，为民族留记，为人物立传"作为节目宗旨，以时间为主轴、专题为枝干、人物为灵魂，聚焦中国共产党领导中国人民进行革命、建设、改革历史进程中的重大事件和辉煌成就。与其他同类节目相比，在节目内容上，它具有全面性、系统性、知识性等鲜明表征，并首次公开了多个从未在电视平台上展现过的领域和细节，如中央特科的完整建制、活动方式、规律准则等；在选题编排上，注重新闻性，紧密跟踪当下舆论热点，注意播出的时间节点。例如，在恰当的时间回应社会公众广泛关注的"慰安妇"等问题；在播出时间上，通过常态化的日播形式和晚间黄金档的时段选取，着力培养观众收视习惯，稳定受众群体，形成长效机制，最终达到

---

① 中共中央党史研究室：《历史是最好的教科书——学习习近平同志关于党的历史的重要论述》，《人民日报》2013 年 7 月 2 日。

吸引更多电视观众关注新中国史、热爱新中国史的传播效果。

（二）权威把关：以专业性战胜历史虚无主义的荒谬性

历史类节目可以说是专业难度最大的电视节目形态之一，专注于中国当代史的节目更是难上加难。作为一档全景式展现新中国历史的电视节目，涉及领域十分庞阔，包括政治、经济、文化、社会、外交、国防等方方面面，而能否做到求真求实、准确无误地还原各领域、各历史分期的新中国史真相，能否以专业性战胜历史虚无主义的荒谬性，将最终决定节目的质量和成败。在这一问题上，《国家记忆》节目组邀请了权威智库外援——中国顶级新中国史研究机构当代中国研究所和中华人民共和国国史学会提供学术支持。此外，节目组还邀请了中央文献研究室、中共党史研究室、国防大学等机构的专家学者和相关部委对不同主题系列的节目内容进行把关，确保历史事实不出差错。更为重要的是，学术智库的支持有效提升了该节目在历史叙事话语体系上的专业性。“话语体系表面上似乎只是一个‘说什么、怎么说’的技巧问题，实际上它涉及价值表达、思想影响和文化传播等重大问题。”[①] 也就是说，话语体系实际上蕴含着节目在新中国史话语权上的主体意识和权力意识，并最终决定节目表现出什么样的政治导向和价值取向。关于节目的立意与目标，制片人贺亚莉明确表示：“在当下的社会中，存在一些虚无主义的历史观，部分人质疑真实的历史事件，希望通过《国家记忆》这个栏目引领正确的国家观、历史观、价值观，展现家国情怀、中国道路、中国精神、为国家为社会凝心聚力。”[②] 可以说，权威研究机构的学术支撑，保障了《国家记忆》节目抵制历史虚无主义、增强新中国史话语权的专业性与有效性。

（三）真实还原：以档案、历史影像和亲历者口述回击敌对势力的造谣抹黑

“灭人之国，先去其史。”历史虚无主义思潮之所以危害甚大，是

---

① 欧阳雪梅：《推进国史话语体系建设和创新》，《中国社会科学报》2017 年 6 月 8 日。

② 张艳玲：《中国首档国史节目〈国家记忆〉10 月 3 日开播》，中国网，2016 年 9 月 30 日。

因为它并非简单的学术争鸣，而是敌对势力通过歪曲新中国史、颠倒黑白全面否定党的领导，以达到颠覆中国社会主义国家政权、实行全盘西化的目的。抵制历史虚无主义之所以困难重重，在于其手段和伎俩十分复杂恶劣，不仅在网络上散布谣言、蛊惑人心，更无底线地以“独立学者”“社会公知”等貌似高级知识分子的面目伪造历史证据，或冒充历史亲历者“揭秘”历史“真相”，不从事专业历史研究的普通群众很难辨别真伪。为了还原真实国史，《国家记忆》节目组秉持着严肃、严谨的创作态度，工作人员为了在节目中呈现信实史料，不仅跑遍了国家档案馆和地方档案馆，还与新华社中国图片社、中央新闻纪录电影制片厂（集团）等机构合作，挖掘珍贵的历史照片和历史视频。除此之外，节目组到全国各地寻找真正的历史亲历者。例如，2017 年 9 月中旬播出的“大三线”系列，历时两年多才拍摄制作完成，其间节目组走访了 6 省区 20 个城市，采访了近百家机构、500 余位亲历者。又如，为了正面回击互联网上肆意调侃、诋毁、抹黑英雄先烈的恶意言论，2017 年清明节期间，《国家记忆》播出了“为了新中国”系列，通过采访军史专家和英雄先烈的战友，捍卫他们的名誉和荣誉。邱少云所在班班长锁德成，董存瑞生前战友程抟久等，用朴实的言语回顾了年轻的钢铁战士壮烈牺牲时的情景，激起了社会公众缅怀英烈、致敬英雄的敬畏之情，有效引导了网络舆论回归正义与理性。

二、创新纪录节目艺术表现方式，增强收视吸引力

在泛娱乐化的电视节目生态下，严肃题材纪录类节目的收视率往往并不理想，甚至可以说十分边缘化。而《国家记忆》凭借高水准的节目品质，产生了广泛而积极的社会影响，形成了稳定且持续增长的收视群体，实现了思想导向与艺术趣味的有机统一，在内容结构、视听感受、节目模式等多个维度上形成了独特的创新亮点。

（一）故事性：以悬念结构打破历史纪录片沉闷单一的叙事逻辑

“寓教于趣”可以说是电视节目的吸引力法则，纪录类节目也不能忽

视这一点，否则失去受众的观看期待，所谓的宣传阵地也只能是空谈。《国家记忆》借鉴了故事情节类电视节目的表现方式，以问题式的叙事逻辑和环环相扣的悬念结构，打破了传统纪录片沉闷单一的基调，使30分钟的节目充满节奏感。同时，注重挖掘历史事件中的小事和趣事，使节目气氛既端正又轻松。例如，在2017年12月7日播出的“高考1977”系列的第四集“走上考场”节目中，受访者山东省教育厅工作人员马庆水就讲述了当年高考试卷印制过程中的一件小趣事：莱芜法院的某工作人员因溜进高考试卷印刷的绝密车间看到了试卷命题，无奈成为误入高考车间的“义工”，直到高考结束后才恢复了自由身。为了表扬他工作努力，教育部门还为他出具了工作鉴定。实际上，节目通过这样的一个小插曲，以小细节见大历史，充分展现了决定一代人命运的高考1977，是在怎样一种绝密的环境下守护了公平。

（二）科技感：虚拟技术还原具有视觉冲击力的历史现场与历史细节

具有科技感的虚拟历史现场是《国家记忆》节目的另一个突出艺术亮点。历史纪录类节目的一个棘手问题是如何将抽象的文字语言转换为生动的视听语言。除了能够找到的珍贵历史视频之外，许多重要的历史现场或历史细节并没有可利用的视听素材。一般来说，大多数节目的处理方式是以主持人解说的方式一带而过，但这样无疑就削弱了节目的表现力和冲击力。《国家记忆》一方面尽最大努力寻找原始视频史料，另一方面充分运用虚拟技术、三维动画，为观众营造出一种穿越到历史现场的震撼感。例如，在2016年10月6日播出的“新中国1949”系列的第五集“揭秘开国大典”，充分利用虚拟技术展示了具有蓝色科技感的悬浮式中国地图和三维立体的西苑机场、天安门广场地形图，使开国大典阅兵式到底在哪举行更合适这一问题得到更直观的展现。另外，在节目的关键节点进行场景转换——讲述人推开历史的书架，穿越到开国大典仪式现场，引出毛泽东在天安门城楼上庄严宣布中华人民共和国成立的经典历史时刻。这样的处理方式，充分利用多元化的视听元素调动起观众的振奋情绪，避免了平铺直叙所造成的审美倦怠。2018年，《国家记忆》

还将引入电影拍摄手法，进一步提升节目的视觉品质。

（三）亲切感：展现“有温度”的国史

《国家记忆》并没有因新中国史题材的宏大叙事特征而与观众产生疏离感，反而尤为注重拉近与传播对象的心理距离。每集节目都设置一位历史讲述人，将一段段新中国史故事娓娓道来，形成具有交流感的节目氛围。并且，这些讲述人的选取可谓别具匠心，主要为德艺双馨的文艺工作者。其中，还包括了被观众所熟知和喜爱的领袖人物扮演者，如周恩来的扮演者刘劲、邓小平的扮演者马少骅等。他们着装朴素、神情温和，特别在语言表达方式和口音上注重靠近历史原型，让人产生一种历史的逼真性和亲切感。按照节目组的初衷，这些考究的细节，无一不是为了给观众呈现出真实的、有温度的新中国史。

三、全媒体互动传播模式形塑风清气正的国史舆论场

随着传统媒体与视听新媒体融合的逐渐加深，全媒体布局的互动传播模式已经成为当前电视节目扩大覆盖面与影响力的主流方式。《国家记忆》节目的传播网络架构完善、层次清晰——夯实电视平台主阵地、拓展碎片化非线性的延伸空间、打造网上即时互动与反馈的舆论场域。

（一）主阵地：创造纪录类电视节目晚间黄金档收视高峰

《国家记忆》自 2016 年秋季开播以来，收视率节节攀升，大幅提高了中央电视台中文国际频道的收视水平。据统计，《国家记忆》第一季播出后，该播出时段的收视表现对中文国际频道收视水平提升的贡献率近 60%。该时段在 CSM52 城的收视监测排名中跃居到第 3 位，在全国上星频道的收视排名更是跃升了 7 个位次，排名第 6 位。2017 年 4 月开始，新节目播出三季后，更是在中央电视台节目综合评价排名体系中进入前十名，一跃成为中央电视台最年轻的品牌节目，纳入了“观众必看”节目单。据统计，2017 年《国家记忆》的观众规模超过 6 亿人，单集观看人数超过 3500 万人。在各大电视台晚间黄金档竞争激烈的情况下，《国

家记忆》独树一帜地创造了纪录类电视节目的收视高峰，筑牢了国史大众传播的主流宣传阵地。

（二）延伸场域：萃取精彩短视频拓展碎片化收视空间

除了在主流电视平台取得了卓越的收视效果之外，节目组还颇为意外地发现《国家记忆》在“B 站”（bilibili 网站）走红，吸引了大量青年网络用户群体的追看，不仅点击率蔚为可观，并且评价积极正面。可见，只要制作精良，严肃题材的纪录类节目同样可以获得市场与口碑的双赢。在良好的网络反馈激励下，节目组进一步精粹了 3 至 5 分钟易于在碎片时间观看的精彩节目片段和珍贵视频史料，在其央视官方网站、“两微”公众号等平台上实时更新。从新浪微博公众号“央视国家记忆”发布的视频片段来看，其最低点击率都在万次以上。其中，“第四代战斗机歼 -20 成功研制”“中国第一枚潜地导弹诞生”“中国第一艘核潜艇诞生”等历史视频的播放次数短时间内达到 70 余万次，“周恩来总理宴请尼克松夫妇”经典历史时刻的影像史料更是达到 400 多万次的播放量。2018 年，随着《国家记忆》节目品质的再升级，其网络传播效能将得到进一步拓展。

（三）互动平台：通过“两微”公众号直接汲取网络舆论反馈

《国家记忆》不仅在节目的微信公众号和微博公众号上实时更新节目和播放动态，更重视汲取评论区网友对节目的评价意见，特别是积极回应网友指出的错误和问题，表现出了严谨、诚恳的创作态度。例如，2017 年 12 月 12 日，“央视国家记忆”官方公众号发布的一条微博，误将“抗战 14 年”表述为“抗战 8 年”，节目组快速作出了更正，并就这一错误和疏漏向网友道歉，赢得了网友的谅解和好评。网络互动平台拉近了节目组与受众之间的距离，相比于收视率与点击率数据对节目收视效果的总体判断，与受众直接沟通显然更有针对性，两种方式结合对于节目质量的提高大有裨益。

总体而言，《国家记忆》开创了新中国史大众传播的新起点、新高度、新品格，为电视媒体如何维护国家意识形态安全、反对历史虚无主义提供了鲜活范本、积累了有益经验。《国家记忆》的成功表明，尽管媒介终端日益多元，视频节目形态花样翻新，但主流电视媒体在核心价值建构方面的独特优势仍然不可替代。广大电视从业者应坚守“工匠精神”、扎实创作，以精品节目筑牢电视宣传阵地。

[原载《中国广播电视学刊》2018 年第 2 期]

《记住乡愁》：润心正道铸魂的优秀范本

潘　娜

2019年元旦，大型纪录片《记住乡愁》开播特别音乐会拉开了当年第五季节目的序幕。这已经是该节目播出的第五个年头。该节目每季60集乡韵悠长的故事，展现了百余个古村老街的独特场景和历史记忆，深深召唤着广大观众的爱国思乡之情，五年来累计收视规模已经超过了百亿人次。[①] 作为“中华优秀传统文化传承发展工程”的重点项目之一，《记住乡愁》由中宣部等四部门联合发起并着手推进。创作期间，中宣部等部门召集了中央电视台制作团队和全国相关省、自治区、直辖市的党委宣传部及电视台负责人共同参加创作培训班，以细致扎实的准备工作全力确保节目的质量和品质。五季节目播下来，《记住乡愁》已然作出了电视纪录片润心、正道、铸魂的一流示范。

一、润心：充分调动富有情感召唤力量的视听元素

2013年12月，习近平在中央城镇化工作会议上发表的重要讲话，提出要“让居民望得见山、看得见水、记得住乡愁”[②]。这既指明了新时代城镇化建设的新理念新方向，更表现出对普遍“离乡”背景下广泛的“乡

① 周玮：《激发传统文化新活力描绘文脉传续新图景——中华优秀传统文化传承发展工程实施一周年巡礼》，《光明日报》2018年3月2日。

② 王晔：《中央城镇化工作会议在北京举行》，《人民日报》2013年12月15日。

愁”情感基础的政治回应。以此为前提，《记住乡愁》节目实际上蕴含着社会需求与政治寄寓的双重期待，在创作上既有优势，更有难度。从实际效果来看，该节目无疑创造了视听元素表达情感召唤的新高度、新境界。

其一，以炊烟袅袅的生活场景为基础画面。“接地气”是《记住乡愁》在创作取向上的一个基本落点。通过对一街一景、一粥一饭、一曲一调的浅描细画，悠然自得的传统生活气息跃然而出，浓浓的乡愁便也在这些熟悉而又远去的场景中得到了具象化的展现。虽然古村老街各有风光、乡音民俗自秉传奇，但居民日常生活中温暖的人情味是共通的，主创团队准确抓住了这一点，并将其作为情感表达的主要视觉元素。如第五季第一集讲述正定老街，就专门设计了当地最负盛名的美食“正定八大碗”从烹制到一家人围坐共享的情境，伴随着一道道令人垂涎欲滴的菜肴摆盘上桌的画面，这桌隆重宴席来源于赵子龙以“八大碗”犒劳士兵打胜仗的历史典故也娓娓道来。在一番家常话中，正定人崇尚英雄、传承慷慨忠义的性格面貌自然而然地呈现了出来。各集节目中，都能看到以物质生活符号抒写历史文化精神的巧妙手法。

其二，以诗意优美的画境营造为审美旨趣。诗意化的生活情境是《记住乡愁》在视觉构造上的一个突出亮点。节目组借鉴国画的构图风格对基本的生活场景素材进行了艺术化的再现，使 30 分钟的电视节目如一幅流动着的人文山水画。不同于一般纪录片因追求写实而略显粗糙的视觉效果，《记住乡愁》更追求写意，在画面的色彩与构图、动态与静态、整体与细节的搭配上甚为细腻、精致、考究。该节目与其说是向观众展现真实的乡土风情和人间烟火，不如说是带着离家的人回到梦中思念想象的故乡，这才有了屋檐上的夕阳、轻轻摇曳的杨柳、牵手散步的家人、热气腾腾的饭菜等不承担实际叙事功能但却能够营造出温馨氛围的穿插画面。总的来说，该节目的创作团队尤其擅长将诗风古韵的整体气质与细腻婉转的情感细节有机融合到一组连贯的叙事影像之中。

其三，以清丽灵动的民族音乐为情感铺衬。音乐是情感召唤能力最强的听觉元素之一，尤其是民族乐器“揉吟滑颤”的指法技巧更加善于表达婉转缥缈的情感，如细雨抚桐、微风拂柳般滋润心田。《记住乡愁》充分调动发挥了民族音乐的这一特点。每集的配乐随着不同的古村老街而变换，以达到与自然景观和人文气质相呼应的效果。例如，第五季第 7 集的苏州平江路，在苏州评弹的吟咏唱腔中，小桥流水、粉墙黛瓦的江南水乡更增添了一份疏朗淡雅的魅力；第五季第 36 集的龙州老街，清丽哀婉的壮族天琴声，如泣如诉地表达出对戍边勇士的怀念与告慰。此外，还有琵琶、二胡、扬琴、笛子等民族乐器，都能够恰到好处地运用在或明快爽朗或悲壮凄婉的叙事氛围中。与此同时，在民族乐器的铺衬下，节目形成了一种静谧舒缓的叙事节奏，能够使观众静下心来，融入到乡音乡景的润泽当中。

二、正道：将思想价值传播寓于文史哲的熏陶之中

《记住乡愁》绝不仅仅停留在地域人文历史风貌的展现层面，它实际上承载着鲜明的核心价值引领功能。但不同于一般主旋律电视节目简单直白的思想价值宣展，《记住乡愁》以其文学性、历史性、哲学性的内涵追求，将中华优秀传统文化、革命文化和社会主义先进文化的核心要义寓于民俗家训的生动叙述当中，变“说教”为“熏陶”，真正达到了“润物细无声”的效果。

首先，塑造淡雅别致的文学叙事风格。一方面，注重设计并运用书法、篆刻、棋艺、曲艺等韵味悠长的文学场景。例如“抚州文昌里”一集的《牡丹亭》戏曲片段，“绍兴书圣故里”一集中临摹于古民居墙壁上的书法大作等画面，充分展现了古村老街的人文底蕴。另一方面，解说词的语言精巧优美，具有散文与诗歌的灵动美感，与景观和配乐融为一体。正如《记住乡愁》栏目制片人王海涛在创作谈中所总结的那样，该节目在具体实践中逐渐探索出了一种全新的“文史哲一体化的乡愁表达体系”[①]，文学的、诗性的、人性的叙事方式使节目的内容空间大为扩展，叙事自由度更加舒张。

其次，挖掘丰富生动的历史故事。故事表达使《记住乡愁》既有历史纵深感又有情节趣味性，每一集都能够将当地古城老街最富代表性的历史

---

① 王海涛：《讲好中国故事　致敬中华优秀传统文化——大型纪录片〈记住乡愁〉的探索与思考》，《现代视听》2018 年第 5 期。

典故和历史记忆悉数道来。例如，在“遵义杨柳街”一集中，就生动讲述了这条老街的那段红色记忆。三千老百姓欢迎“朱毛红军”进城，并以最高礼遇在丰乐桥以清水和镜子摆香案，深情赞誉中国共产党和红军清如水、明如镜品格的生动故事，将杨柳街百姓与红军的鱼水之情充分表达了出来。除此之外，节目还注重挖掘当地居民生动质朴的个性化故事。例如，在“龙州老街”一集，戍守边疆的普通老兵谭国芳的那场没有新郎出席的婚礼，侧面呈现了他在 19 公里长的边境巡逻线上热血戍关的义勇担当。无须过多阐释与渲染，节目组就准确抓住的这个龙州新娘独自拜堂的风俗故事，就是对龙州人优良军事传统和爱国情怀的最鲜活抒写。

最后，升华“悟道”与“明德”的哲学意境。每一集的老街历史故事，实际上都在诠释一种端严中正的价值理念、赞美一种朴实无华的传统美德。但是，节目组力求将这种诠释与赞美“藏”在故事背后，只为观众创造“悟道”与“明德”的诗意情景，而不去作平铺直叙的说教。例如，“东阳卢宅”一集，从卢氏一族的家风家训，来看中国传统家庭教育对“行正道、守本心”品格的追求与传承；“燕赵老街”一集，以字字泣血的《祭侄文稿》和一门忠烈血染城池的故事，深刻诠释何谓铮铮铁骨、取义成仁的英雄气节；还有陕西“石泉老街”的正直厚道、安徽“屯溪老街”的义利合一、重庆“北培老街”的敢为人先、贵州“石阡老街”的齐心互助、上海“川沙老街”的实干精神等各集主题，不管是崇文还是尚武、论道还是扬德，主创团队都能够营造出一种回味无穷、余音绕梁的哲学意蕴。

三、铸魂：以中国精神的涵化铸造为节目的灵魂本质

2019 年 3 月 4 日，习近平在看望参加全国政协十三届二次会议的文艺界、社科界委员时发表重要讲话，指出：“一个国家、一个民族不能没有灵魂。文化文艺工作、哲学社会科学工作就属于培根铸魂的工作。”他寄寓文艺工作者要“深刻反映我们这个时代的历史巨变，描绘我们这个时代的精神图谱，为时代画像、为时代立传、为时代明德”[①]。中国精神是

① 姚大伟：《坚定文化自信把握时代脉搏聆听时代声音 坚持以精品奉献人民用明德引领风尚》，《人民日报》2019 年 3 月 5 日。

社会主义文艺的灵魂。缺少对以爱国主义为核心的民族精神和以改革创新为核心的时代精神的深情抒写、细致描绘和热情赞颂，就不能称之为肩负起时代要求和社会使命的优秀电视作品。《记住乡愁》恰恰在这一点上最值得称道，不卷入娱乐化潮流的裹挟而保持自己的精神追求，显得别具一格、难能可贵。

第一，用心用情用功抒写爱国主义精神。中共十八大以来，习近平多次谈到爱国精神，在北京大学师生座谈会上更是深情表达："爱国，是人世间最深层、最持久的情感，是一个人立德之源、立功之本。"①《记住乡愁》节目的灵魂就是爱国主义精神。节目组以大气磅礴的叙事格调，将爱国主义精神在时间维度和空间维度上进行了最大限度的整合。千古忠义事、铁作脊梁魂，无不将中国人民文化基因中的爱国情怀抒写到极致。而生活在古村老街里的现代居民，依然恪守传承家规祖训，将为国建功立业作为光宗耀祖和个人奋斗的根本动力与最高追求。节目呈现出一种积极向上且饱满充沛的精神力量，深深地润泽与召唤着青年观众的爱国情感，也有助于迷茫、空虚、麻木的少部分人重新找回奋斗的动力和方向。

第二，生动描绘伟大的民族精神图谱。2018 年 3 月 21 日，习近平在十三届全国人大一次会议上以"四个伟大精神"对中国人民的特质和禀赋作出了简明而又深刻的概括，指出："中国人民是具有伟大创造精神的人民、中国人民是具有伟大奋斗精神的人民、中国人民是具有伟大团结精神的人民、中国人民是具有伟大梦想精神的人民。"②《记住乡愁》通过对全国百余个古村落故事的挖掘拍摄，生动擘画出一部鲜活的"民族精神志"。这其中，包括了藏族、土家族、锡伯族、壮族、回族、苗族、彝族等各个少数民族聚居的乡村古镇，可以说是对中华民族的精神文脉进行了一次规模浩大的"抢救性"修复。随着五季 300 集节目的播出，创造、奋斗、团结、梦想精神的谱系轮廓日益清晰、历史源流愈加深厚，全国各族人民共同的特质和禀赋也在人文与历史的实证中不断得到正面加强，形成更深层次的价值认同。

① 习近平：《在北京大学师生座谈会上的讲话》，《人民日报》2018 年 5 月 3 日。

② 习近平：《在第十三届全国人民代表大会第一次会议上的讲话》，《人民日报》2018 年 3 月 21 日。

第三，深入实践热情赞颂时代精神。没有改革创新的时代精神，就不可能创造中国经济腾飞的奇迹，也不可能重拾中国人文化自信的历史传统。因此，浓墨重彩地描绘时代精神、歌颂时代精神，无疑是在新的历史起点上对团结凝聚中华民族伟大复兴建设力量的一种精神号召。《记住乡愁》充分发挥电视节目在社会动员方面的独特优势，将新中国成立70多年的奋斗历程留下来的历史坐标作为讴歌时代精神的最佳载体。例如，“洛阳涧西工业遗产街”一集，节目组来到焦裕禄带领车间职工生产出共和国第一台卷扬机的矿山机械厂，探寻新中国创业者集体拓荒、团队创业的精神动力源。在这里，一批七八十岁退而不休的老工程师们，将无私奉献、持续奋斗、薪火相传的精气神儿，传、帮、带给新一代涧西创业者。年轻的涧西人果然不负众望，通过扎实的技术钻研与探索，继续创造着一个又一个“第一”，在不断超越中传承并发展着改革创新的时代精神。

总的来说，《记住乡愁》在质量和品质上创造了近年来同类电视节目的一个新高峰，这与主创团队认真严肃的创作态度、精益求精的艺术追求密不可分。根据该节目文学统筹郭文斌记述的幕后故事，可以发现这支创作队伍具有三个方面的主要特点。一是团结和谐的创作氛围。制片人以身作则，编导认真执行，团队上下为了节目质量齐心协力。二是把节目当事业来做。不管是资深老编导，还是年轻编导，都能够以勤勉谦逊的态度全身心投入到创作当中。三是集体攻坚、互相配合。电视节目是集体创作的成果，不能单打独斗、逞个人英雄，创作团队严肃的纪律性和高效的执行力都建立在对集体身份的高度认同基础上。正如中宣部部长黄坤明的评价：“《记住乡愁》团队是一个信得过，靠得住，打得赢的团队。”①当前，电视节目的制作播出环境如大浪淘沙，《记住乡愁》团队的创作态度无疑为电视节目的创新创优提供了有益示范。

［原载《中国广播电视学刊》2019年第5期］

---

① 郭文斌：《打捞“乡愁”的团队——纪录片〈记住乡愁〉创作的幕后故事》，《文艺报》2017年9月13日。

改革开放史研究如何应对大数据时代的新挑战

潘　娜

随着大数据浪潮的深卷，人类社会正在加速进入计算型和智能型社会。就当前的科学研究而言，大数据不仅广泛应用于自然科学领域，社会科学中的许多研究领域也逐渐转变为数据密集型学科，包括历史学。纵观改革开放以来的历史，其中的半部已然是数字信息技术驱动中国经济社会创新发展的历史。数据不仅是记录和测量这段历史的工具，更是继续创造这段历史的“基础设施”。在大数据时代，数据收集与数据挖掘技术已经发生了翻天覆地的变化。甚至继大数据之后，信息科学领域对元数据（metadata）的认知与挖掘正在快速加强人类应对复杂数据世界的能力。这一趋势使量化历史研究迎来了前所未有的黄金时代。但遗憾的是，我们的思维方式和研究方法还没有跟上这种改变。在探讨改革开放史学科建设和方法体系建设时，大数据已经成为一个无法回避的话题。

一、大数据时代改革开放史研究面临哪些新挑战?

大数据是计算机技术和互联网技术发展到一定阶段的必然产物。然而，大数据的影响已经远远超出了信息技术领域，正在深刻改变着整个人类历史的发展逻辑和发展方向。在这种情况下，改革开放史研究的外部条件和历史本体均发生了质的变化，传统的历史资料、研究范式、学科发展正在一步步受到冲击与挑战。

首先，大数据时代改革开放史研究资料巨量化、多源化、数据化的新挑战。一是巨量化。与年代较远的历史相比，改革开放史研究的史料瓶颈不在于稀缺，反而在其巨量特征上。正如有学者指出的那样，虽然改革开放史研究的机密档案多未解密，但是通过公开渠道披露信息的速度极快、数量极大[①]。这实际上加重了研究者收集史料和应用史料的难度。二是多源化。随着互联网和智能移动终端的普及，历史资料的来源越来越广泛，保存的介质也更加多元，文本、图片、音频、视频等各种载体的历史资料丰富多样。传统的党史新中国史研究往往较多依赖解密档案和权威部门文献这些集中呈现历史事实的“直接史料”，而在大数据条件下，原本鲜少作为史料使用的历史信息，一旦数量达到一定规模形成完整信息链或相关性信息网，便可以作为更为客观的历史资料反映历史事实，但处理这些海量“新史料”需要借助新的研究方法和分析工具。三是数据化。一方面，改革开放进程中越来越多的历史信息直接以数据的形式产生并存储。另一方面，非数据形式存储的历史信息数据化的速度也在不断加快，特别是国内图书档案管理机构和教学研究机构，甚至研究者个人都在大规模、系统性地将珍藏史料进行数据转化。数据化意味着计算机可识别、可检索、可复制、可计算，这将从根本上改变史料应用的逻辑和效能。

其次，大数据时代改革开放史研究面临“范式失灵”的危机。每一个学科经过一段时期的发展和积累，都会形成本学科独特的内在结构和研究模式。例如，改革开放史研究的学术共同体在史观、史料、史学理论、研究手段、技术标准等各方面所达成的基本遵循，构成了该学科的研究范式。研究范式往往具有稳定性，但如果研究对象或研究条件发生巨大变迁则会导致“范式失灵”，即传统研究范式不能提供解决新问题、应对新挑战的科学方法和理论预设。在大数据的冲击下，改革开放史研究的范式失灵突出体现在两个方面。一是传统研究方法缺少量化研究流程的缺陷被放大，定性研究或抽样统计方法正在受到大样本量化研究的挑战。传统历史研究方法以具体档案或文献为支撑，依靠研究者经验判

① 章百家：《积极开展改革开放史研究》，《中共党史研究》2009 年第 1 期。

断和理论思辨得出结论，不管被大数据证实或证伪，其科学性和规范性显然都难有说服力，难免被诟病为“史观学派”。二是传统的解释性研究难以揭示历史规律的弊端更加显露。党史国史领域已有的改革开放史研究成果较多聚焦于对改革开放缘起、分期、主线等的学理探讨以及对改革开放进程中某些争论的思想交锋，而对波澜壮阔的历史实践和历史规律性问题研究较为薄弱。由于改革开放史与现实发展紧密相接，改革开放实践中的全局性、规律性问题恰恰是党和国家现实决策亟须汲取的历史经验。在大数据条件下，挖掘隐藏在海量历史资料中的规律性问题在技术上已经具备可行性，而传统学科范式缺乏对技术发展的积极回应，局限性日益突出。

最后，非专业领域的“数据治史”挑战改革开放史学科发展的地位和前景。当前，统计学、经济学、新闻传播学、情报学、管理学等社会科学中的许多领域已经建立了大数据的研究体系和挖掘平台，产出的研究成果也深入改革开放史研究的广阔领域。例如，清华大学公共管理学院建立“政府文献中心”并研制开发“政府文献信息系统”供学者进行量化研究[①]；北京师范大学新闻与传播学院与大数据平台公司合作建立视频大数据挖掘研究基地，形成开放性平台吸引国内外学者进行视频大数据挖掘等[②]。在非专业学科积极主动将大数据内化为学科发展新动力的形势下，党史国史领域的改革开放史研究对大数据的反应相对迟滞。虽然20世纪80年代以来随着西方计量史学研究方法的引入，人口史、经济史、军事史、社会史等领域产生了一些关于改革开放历史阶段的计量研究成果，但量化研究远未形成主流。此外，在互联网开放平台上，各种真伪难辨的“历史档案”“历史回忆”“历史数据”往往居心叵测地抹杀改革开放的历史成就。而反驳历史虚无主义，仅靠逻辑之辩或个别史料

---

① 有学者基于这一系统，对1978年至2013年的科技政策文献进行数据挖掘，在联合行文部门之间行文数量的异常变化中发现了科技主管部门与其他部门的合作与冲突关系，而政府部门间冲突往往很隐蔽，不通过大样本量化研究很难证实。参见黄萃：《政策文献量化研究》，科学出版社2016年版，第202、215—217页。

② 《北师大——蓝鹰视频大数据挖掘研究示范基地成立将探索校企合作良好范式》，《北京师范大学学报》2017年3月15日。

回击，恐怕也难以体现学术研究的专业性、严肃性和权威性。总之，在大数据条件下，非专业领域计算历史、检验历史的技术能力越来越强，党史国史学科开展改革开放史研究的专业优势在逐渐减弱，“专家治史”越来越受到“数据治史”的挑战，研究成果影响力式微、学科发展边缘化的风险日益严峻。

二、改革开放史研究如何应对大数据时代的新挑战

从积极的角度来看，大数据冲击是“倒逼”改革开放史夯实量化研究基础，逐步趋向于科学研究范式的宝贵契机。事实上，对历史全面进行量化研究并不是新理念，早在20世纪20年代，梁启超就提出了“历史统计学”的概念，并设想将统计学应用到全部史学研究当中[①]。时至今日，这一史学理想终于具备了时代条件。当前，利用大数据开展改革开放史的量化研究，既在技术上具备可能性，又在政策上进入窗口期，亟须在史料基础、范式转换、人才结构等层面提出应对大数据挑战的可行路径。

第一，呼吁改革开放以来的政府数据实现全面开放共享。没有历史数据的全面开放共享，改革开放史的量化研究只能是空谈。与传统计量史学“抽样样本+数学模型”的研究方法不同，大数据逻辑是全样本逻辑，需要尽可能穷尽历史数据。而改革开放以来高质量的历史数据大部分集中在政府部门和行业机构，不是研究者个人或个别研究单位收集史料自建数据库就能完成的，需要得到国家的支持。当前，世界各国都在加快政府数据开放以助力经济社会和科学研究的创新发展。以美国为例，美国政府的数据开放网站发布的数据集已经超过19.2万个。当前，中国

---

① 梁启超认为：“欲知历史真相，绝不能单看台面上几个大人物几桩大事件便算完结；最要的是看出全个社会的活动变化。全个社会的活动变化，要集积起来比较一番才能看见。往往有很小的事，平常人绝不注意者，一旦把他同类的全搜集起来，分别部居一研究，便可以发现出极新奇的现象而且发明出来极有价值的原则。”《梁启超全集》第7册第14卷，北京出版社1999年版，第4047页。这一设想实际上就是大数据时代的计算特征即全样本，可见中国史学研究在理念上是十分超前的。虽然这一超越时代条件的设想在实践中并没有实现，但梁启超史学研究的量化思维和全景思维直到今天仍然有其前沿启示性。

正在加快透明政府建设的步伐。2015 年 9 月，国务院印发《促进大数据发展行动纲要》，着力解决中国各级政府数据“不愿共享开放、不敢共享开放、不会共享开放”[①] 的问题，明确提出到 2018 年底建成国家政府数据统一开放平台。借这一政策窗口期，改革开放史专业领域应进一步呼吁将政府历史数据开放纳入国家大数据战略，并提出全面清理和开放政府历史数据的实施方案。除了处于保密期的档案和敏感部门的数据，应将改革开放以来大量沉积在各级政府部门和公共机构的历史数据进行数据库化建设，并在一定范围内全面开放共享，不宜联网获取的数据也应建立完整的信息资源目录以备研究者申请利用。

第二，充分利用元数据建构改革开放史量化研究的分布式数据关联平台。在数据开放的基础上，数据关联是更为重要的基础建设。实际上，近年来国内相关研究单位和图书档案管理机构基本上都在大规模、系统性地将库藏档案和文献资料进行数据库建设，如“中国共产党思想理论资源数据”“中国共产党历史文库”“人民数据库”“文献研究室资料数据库”“国家图书馆海外中国问题研究资料”“当代中国研究所自建数据库”以及大量由高校和社会研究机构建设的历史档案资料数据库等。当前亟须将分散在全国各地的数据库进行平台一体化整合，形成数据库联盟，这是大数据量化研究的重要基础准备。在技术层面，元数据的挖掘和运用提供了数据库整合的解决路径。例如，欧洲数字图书馆和美国数字公共图书馆都开发了独有的元数据模式，将来自于数千个文化遗产机构（图书馆、档案馆、博物馆）的资料进行平台性整合与在线共享。而这两个机构并不存放这些巨量资料，只是作为“枢纽”为用户提供在线搜索和利用这些资料的操作平台。改革开放史的量化研究亟须建立数据库联盟，以分布式数据共享平台的模式实现高质量的政府数据、行业数据、文献数据一体化整合，从而扩大样本规模，加强多源数据的相关性研究。当前，建立数据库联盟的难点不在技术层面，而在于学术共同体有没有合作的意识和意愿，能否以开放的心态实现改革开放历史数据的共享共建。

---

① 单志广:《抓住“开放共享”这个关键》,《人民日报》2015 年 11 月 20 日。

第三，改革开放史量化研究的范式转换要与大数据挖掘相结合。在做好基础数据准备的同时，更为重要的是如何形成善用数据的研究范式。这就需要改革开放史研究的学术共同体能够对本学科逐渐转向数据密集型学科的发展趋势有清醒认识，从而达成推进量化研究主流化的共识。研究者要能够突破传统研究范式的思维惯性和流程缺陷，从学科规范的角度将量化研究内化为研究流程中一个不可或缺的步骤，更要将大数据挖掘作为检验研究结论、发现历史事实、探寻历史规律的基本方法。在此基础上，逐步建构历史数据科学的研究框架体系。需要特别强调的是，强化数据挖掘的基础作用并不是否定史学研究者的主体性，而是为研究者抓住改革开放过程中的大线索、大脉络、大节奏提供客观的判断依据，正如舍恩伯格指出的那样："'数据挖掘始于数据'的观念十分错误。数据的挖掘始于问题。弄清解决什么问题，才知道需要什么样的数据，才知道选择何种数据源。"[①] 当前，党史、新中国史学科的研究重心正在整体向改革开放史阶段转移，很多重点难点问题尚未找到研究突破口，数据挖掘无疑是打破学科发展内在瓶颈的"他山之石"。

第四，通过改革开放史量化研究，积极培养历史数据科学专业人才。学科发展的根本动力在人才，特别是创新型人才。史学研究者往往并不善于使用有一定技术门槛的统计方法和分析工具，这实际上是量化历史研究精深发展的最大瓶颈。有研究者考察已有计量历史研究成果，发现大多是频率分析、回归分析等基本统计方法，主成分分析、判别分析和聚类分析等高级统计方法在史学界很少有人用。[②] 在大数据时代，数据挖掘的多维性和复杂性更抬高了史学研究者开展改革开放史量化研究的进入门槛。短期内完成阶段性研究项目，可以委托专业大数据公司承接数据挖掘的基础工作，也可以与相关专业加强跨学科合作。但从长远来看，改革开放史量化研究的可持续性发展，最终还是要培养本专业人才开展长期深入的研究，这就需要积极探索历史数据科学这一新的专业领域。当前，大数据挖掘刚刚起步，产学研合作培养数据科学专业人才也在探

---

① ［英］维克托·迈尔－舍恩伯格、肯尼思·库克耶：《大数据时代》，盛杨燕、周涛译，浙江人民出版社 2013 年版，第 49 页。

② 陈争平：《大数据时代与经济史计量研究》，《中国经济史研究》2016 年第 6 期。

索之中。例如，2015 年，阿里云与八所高校合作开设“云数据与数据科学”专业方向，未来几年将逐步扩大数据科学教育的覆盖面。历史数据科学在史学领域和数据挖掘领域均处于学科探索的最前沿，应当通过开展改革开放史量化研究的契机，积极加强产学研合作，联合培养历史数据科学的专业人才。

［原载《中共党史研究》2017 年第 6 期］

后 记

本书由欧阳雪梅进行审读定稿，根据研究文库的体例要求做些调整，对个别判断、史实不够准确的方面做了些许修订，撰写前言。魏立帅、苏熹协助进行稿件整理、初编等事宜，付出了辛勤劳动。当代中国研究所尤其是武力副所长对论文集的出版给予了积极指导和鼎力支持；当代中国出版社李正华社长、曹宏举总编辑和王敏等同志对本书的出版给予了大力支持与帮助；所办公室、科研办、各研究室的同仁给予了帮助与鼓励，由于篇幅所限，不能一一列举他们的名字，在此一并致以诚挚的谢意。如有疏漏之处，敬请批评指正。

是为记。

欧阳雪梅

2020 年 3 月